高职高专“十二五”规划教材

汽·车·系·列

汽车电脑原理与检修

赵 胜 主编
崔培雪 主审

化学工业出版社
·北京·

本书是根据教育部《关于全面提高高等职业教育教学质量的若干意见》精神编写的。主要介绍了汽车电脑（ECU）的基础理论以及与之相关的检测维修技能。其内容包括：汽车电子技术基础；单片机的基础知识；汽车电脑结构与工作原理；汽车电脑传感器与执行器；汽车电脑核心电路原理；汽车电脑检测与维修。

本书涵盖了汽车电脑技术领域的基本知识，精选了20个典型的汽车电脑故障检测与维修实例，内容丰富，视野开阔。本着“必需”和“够用”的原则，强化功能的理解，突出对知识与技能的掌握，体现了高等职业技术教育的特点。

本书可作为高等职业院校、专科学校汽车类专业的教材，也可以作为汽车工程技术人员的参考用书或岗位培训教材。

图书在版编目（CIP）数据

汽车电脑原理与检修/赵胜主编. —北京：化学工业出版社，2013.7（2025.1重印）

高职高专“十二五”规划教材——汽车系列

ISBN 978-7-122-17637-0

Ⅰ.①汽… Ⅱ.①赵… Ⅲ.①汽车-计算机控制系统-高等职业教育-教材②汽车-计算机控制系统-检修-高等职业教育-教材 Ⅳ.①U463.6②U472.41

中国版本图书馆CIP数据核字（2013）第129093号

责任编辑：韩庆利　　文字编辑：云　雷

责任校对：吴　静　　装帧设计：尹琳琳

出版发行：化学工业出版社（北京市东城区青年湖南街13号　邮政编码100011）

印　　装：北京科印技术咨询服务有限公司数码印刷分部

787mm×1092mm　1/16　印张10½　字数256千字　2025年1月北京第1版第6次印刷

购书咨询：010-64518888　　售后服务：010-64518899

网　　址：http://www.cip.com.cn

凡购买本书，如有缺损质量问题，本社销售中心负责调换。

定　　价：34.00元

前　言

本书是根据教育部《关于全面提高高等职业教育教学质量的若干意见》的精神编写而成。本书可作为高等职业院校、专科学校汽车类各专业的教材，也可作为汽车检测维修技术人员的培训教程。

现代汽车技术发展的重要标志是电子技术和计算机技术的大量应用。近年来，随着电子技术的发展，汽车电脑技术有了更广阔的发展空间。比如：电控燃油喷射发动机、电控点火系统、电控自动变速器、安全气囊系统、自动防抱死系统以及涡轮增压系统、定速巡行控制系统、电控悬架防盗系统等。汽车电脑技术使汽车的操纵越来越简单，动力性和经济性越来越高，行驶安全性越来越好。

目前，随着中国经济的发展以及汽车市场的全球化进程，我国汽车的拥有量突破了1亿辆大关。这样的拥有量使得汽车从业人员的数量急剧增加。

随着汽车工业的迅猛发展，各种新技术新装备越来越多地应用在汽车中，使汽车检修工作进入一个新阶段。现代汽车检修的难点是对汽车电脑（ECU）的检修，要开展这些系统的检修工作必须从学习汽车电脑开始。能够认识汽车电脑并且检修汽车电脑一直是广大汽车维修人员的梦想，本书也正是基于此出发点而编写的。

对于汽车电脑，各种书籍，各类人员对其称呼很多，“有车载计算机”、“电子控制装置ECA”、“电子控制单元ECU”、“电子控制模块ECM”、“处理器”、“微处理器”、“逻辑模块”等，各种称呼都有其不同的侧重和优势。本书重点讲解以汽车电脑（ECU）为核心的汽车电子控制系统结构及其工作原理。

本书涵盖了汽车电脑技术领域的基本知识，内容丰富，视野开阔。全书共6章，包括汽车电子技术基础、单片机基础知识、汽车电脑结构与工作原理、汽车电脑核心电路原理、汽车电脑检测与维修等。本书图文并茂，实例丰富，本着“必需”和“够用”的原则，知识上力求把复杂的电路简单化，没有繁琐的公式推导，强化功能的理解，突出对知识与技能的掌握，以体现现代高等职业技术教育的特点。

本书由赵胜主编，全书编写人员及具体分工如下：第1、2、3、4章由崔培雪、郭龙、赵胜编写，第5章由祁根元编写，第6章由刘飞编写。

本书由崔培雪主审，吕宏立、纪春明、陈建权、方红彬、佟海侠、孟然平、冯立新协助完成了资料整理、文字录入和绘图工作。在本书的编写过程中，还得到了许多业内同行和一线专家的大力支持和帮助，编者在此表示衷心的感谢。

本书有配套电子课件，可赠送给用本书作为授课教材的院校和老师，如有需要，可发邮件到 hqlbook@126.com 索取。

由于汽车电脑技术知识面较广，发展变化较快，书中的疏漏和不妥之处在所难免，热诚期望广大同仁及读者批评指正。

编者

目录

第 1 章　汽车电子技术基础

【本章知识要点】

- 电阻、电容的种类及检测方法
- 二极管、三极管的种类及检测方法
- 集成电路的分类与使用
- 数字信号与模拟信号的区别
- 逻辑门电路与触发器电路

1.1　电　　阻

1.1.1　电阻的种类

在电子产品中，电阻是一种必不可少的元件。它的种类繁多、形状各异，功率也不同，在电路中用来限制电流、分担电压。

（1）按制作材料分类

各种类型的电阻按制作材料可分为金属质电阻、碳质电阻、半导体电阻等，一个电阻所使用的材料从外观上是无法识别的。

（2）按结构形式分类

从内部结构来看，电阻可分为线绕电阻和膜式电阻，电阻常制作成圆柱体形状。图 1-1 为几种电阻外形图。

(a) 线绕电阻　　(b) 金属膜电阻　　(c) 碳质电阻

图 1-1　各种电阻

从电阻值参数来看，电阻可分为固定电阻和可变电阻两大类。固定电阻的阻值是固定的，一经制成不再改变。可变电阻的阻值可以在一定范围内调整。图 1-2 为固定电阻和可变电阻。

图 1-2　固定电阻和可变电阻

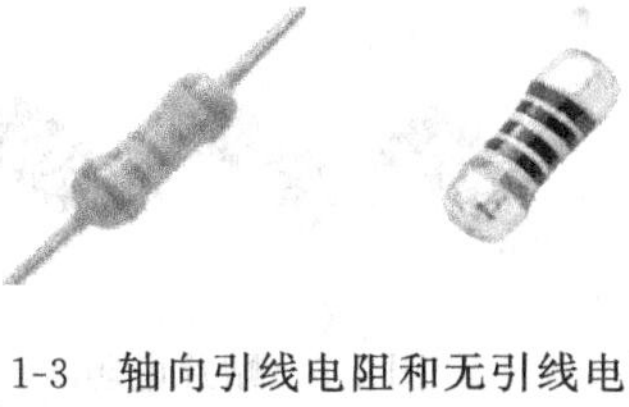

图 1-3　轴向引线电阻和无引线电阻

(3) 按封装形式分类

常见电阻的封装形式有表面安装和直插安装两大类，常见的表面安装的电阻有贴片封装的电阻 [如图 1-1(b)，图 1-5]、无引线电阻等。轴向引线电阻是最常用的直插安装的电阻。图 1-3 为轴向引线电阻和无引线电阻。

(4) 按用途分类

电阻按用途可分为精密电阻、高频电阻、高压电阻、大功率电阻、热敏电阻、熔断电阻、光敏电阻等。图 1-4 为大功率电阻和光敏电阻。

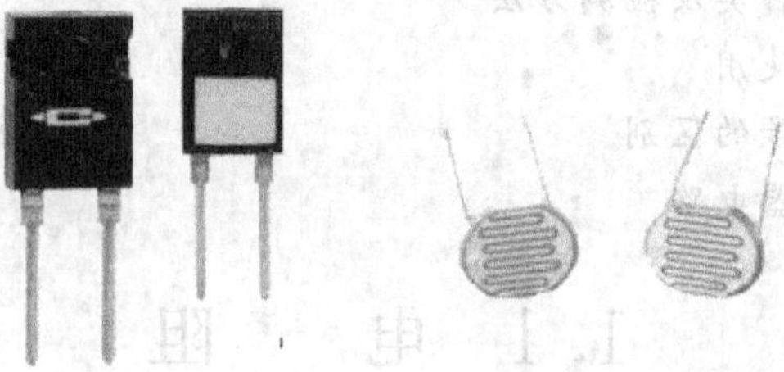

图 1-4 大功率电阻和光敏电阻

1.1.2 汽车电脑常用电阻器及其特点

汽车中使用的电阻多为固定电阻，其中最常用的电阻器有碳膜电阻器、金属膜电阻器、金属氧化膜电阻器和合成碳膜电阻器。在封装形式上，汽车电脑中用得最多的是直插电阻器、贴片电阻器和排电阻。

① 碳膜电阻　碳膜电阻是使用的最早、最广泛的电阻。它由碳沉积在瓷质基体上制成，通过改变碳膜的厚度和长度可以得到不同阻值。其主要特点是价格便宜、耐高温，当环境温度升高时，与其他电阻相比，其阻值变化很小。另外，其高频特性好，精度高，常在精密仪表等高档设备中使用。

② 金属膜电阻　金属膜电阻是在真空条件下，在瓷质基体上沉积一层合金粉制成。通过改变金属膜的厚度和长度可得到不同的阻值。与碳膜电阻相比，其主要特点是耐高温，当环境温度升高后，其阻值变化很小。其高频特性好，精度高，常在精密仪表等高档设备中使用。

③ 贴片电阻　贴片电阻因体积小、节省空间等优点而广泛应用在各种汽车电脑中。贴片电阻有以下特性：a. 体积小，重量轻；b. 适应再流焊与波峰焊；c. 电性能稳定，可靠性高；d. 装配成本低，并与自动装贴设备匹配；e. 机械强度高，高频特性优越。图 1-5 为贴片电阻。

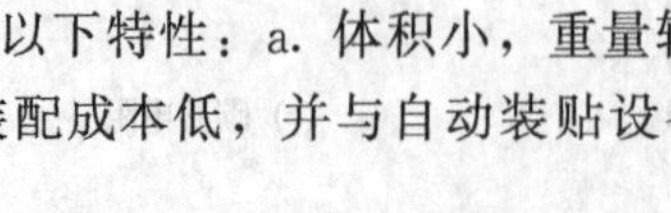

图 1-5 贴片电阻

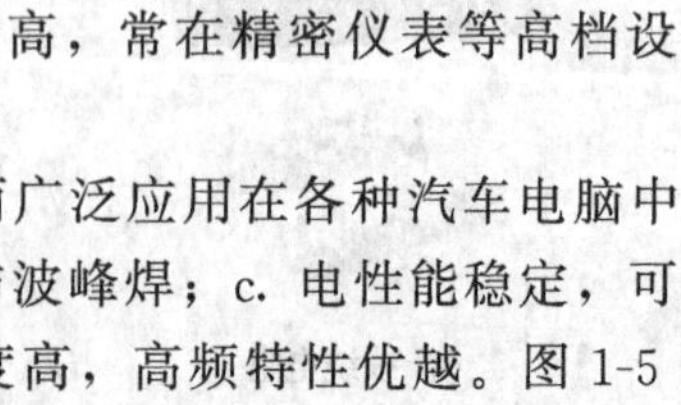

图 1-6 排电阻

④ 排电阻　在汽车电脑中还经常用到排电阻。它是一种将按一定规律排列的分立电阻器集成在一起的组合型电阻器，也称集成电阻器。排电阻有单列式 SIP 和双列直插式 DIP 两种结构，其中单列式用得较多。排电阻具有体积小、安装方便等优点，在各种电子电路中与大规模集成电路（例如 CPU 等）配合使用但价格昂贵。图 1-6 为排电阻。

1.1.3 电阻的主要参数和标识

标称阻值是指电阻表面所标示的阻值。除特殊定做的以外，其阻值范围应符合国际规定的阻值系列。标称阻值往往与其实际阻值有一定偏差，这个偏差与标称阻值的百分比为电阻的误差。误差越小，电阻精度越高。图 1-7 为常见电阻的符号。

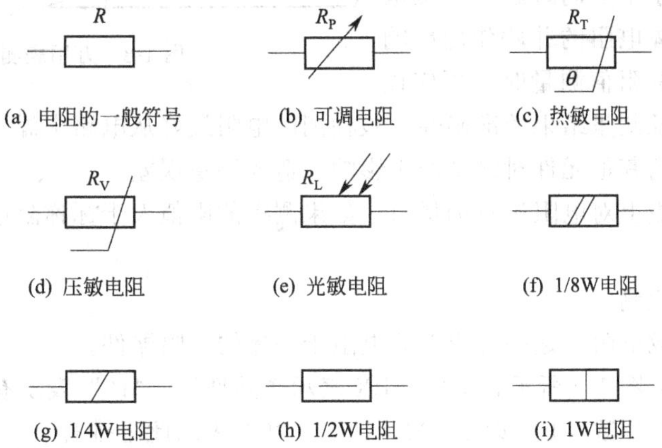

图 1-7　常见电阻符号

（1）电阻的单位

电阻的国际单位是欧姆，用 Ω 表示。除欧姆外，还有千欧（kΩ）和兆欧（MΩ），当 $R<1000\Omega$ 时，用 Ω 表示；当 $1000\Omega \leqslant R \leqslant 1000\text{k}\Omega$ 时，用 kΩ 表示；当 $R \geqslant 1000\text{k}\Omega$ 时，用 MΩ 表示。

（2）阻值的表示法

① 直标法：直接用数字表示电阻的阻值和误差，例如，电阻上印有 80kΩ±5%，则阻值为 80kΩ，误差为±5%。

② 文字符号法：用数字和文字符号或两者有规律的组合来表示电阻的阻值。文字符号 Ω、k、M 前面的数字表示阻值的整数部分，文字符号后面的数字表示阻值的小数部分。例如，一标有 3k6 的电阻，其阻值为 3.6kΩ。

③ 色标法：用不同颜色的色环表示电阻的阻值和误差。

1.1.4 电阻的检测

（1）固定电阻检测

① 量程的选择　为了提高测量精度，应根据被测电阻标称值的大小来选择量程。一般的数字万用表有 6 个电阻挡位：200Ω、2kΩ、20kΩ、200kΩ、2MΩ 和，200MΩ。R_x 为被测电阻，选取挡位的原则为 $R_x<200\Omega$ 的选择 200Ω 挡位，$200\Omega<R_x<2\text{k}\Omega$ 的选择 2kΩ 挡位，依此类推。若所选量程小于被测量电阻的阻值，则仪表将显示溢出符号“1”，此时，应改用更大的量程进行测量。图 1-8 为万用表测电阻。

② 测量电阻值的操作方法　将万用表置于合适的量程，对仪表进行零欧姆测试检查。

方法是：将红、黑两支表笔相互短接后，仪表应显示“000”。两表笔为开路时，仪表应显示为“1”（超量程指示）。

测量只有几欧姆的低阻值电阻时，要特别注意使电阻引线与表笔接触良好，注意测试时间不要太长，以减少内部电池的损耗。在测量低阻值电阻时，应记录零点偏差值，用以修正测量结果。

测量电阻时，手不要同时触及被测电阻的两端，以免人体电阻的并联作用影响测量结果，当进行高阻值测量时，更应该注意这一点。为保证测量结果的准确性。被检测的电阻最好从电路中焊下来，或至少焊开一个头，以免电路中的其他元件对测试产生影响，造成测量误差。

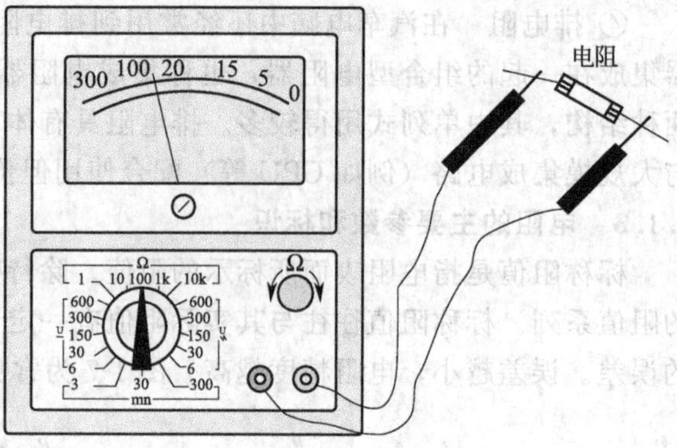

图 1-8　万用表测电阻

如必须在电路板上对电阻进行测量时，如果测得的阻值大于标称阻值，则可断定电阻是坏的，需要更换。

（2）排电阻的检测

排电阻也叫集成电阻，是一种集多只电阻于一体的电阻器件。

排电阻正面图如图 1-9 所示，图中，BX 表示产品型号，“10”表示有效数字，“3”表示有效数字后边加 0 的个数，103 即 10000（10k）。“9”表示此阻排有 9 个引脚，包括一个公共引脚。公共引脚一般都在两边，用色点表示。排电阻体积小，安装方便，适合多个电阻阻值相同，而且其中一个引脚连在电路的同一位置的场合。

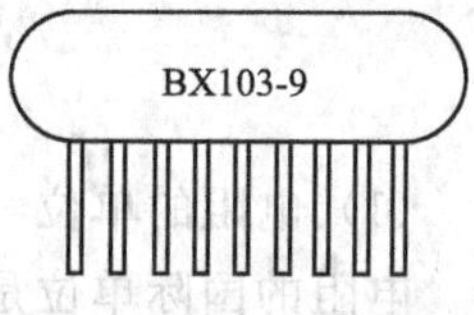

图 1-9　排电阻正面图

测量排电阻的方法比较简单。对已知引脚排列顺序的排电阻，可将一支表笔接公共引脚，用另一支表笔依次对每个电阻引脚进行测量，其阻值应符合标称值。

对于引脚排列顺序未知的排电阻，可先将红表笔接被测量电阻的任一个引脚，然后用黑表笔去测试其他引脚，若所得值相同，则说明红表笔所接的是被测量排电阻的公共脚。

（3）贴片电阻的测量

贴片电阻因体积小、节省空间而广泛地用在各种控制单元内。贴片电阻的测量方法与普通电阻的方法相同，仅在结构形式和标称方法上有所区别。一般在电阻体上直接印有标称值，例如 101、102、473 等。其数值前两位为有效数字，第三位为倍乘数，算法同色环电阻，例如，101 为 10×10^1（100Ω）；102 为 10×10^2（1000Ω）等。

注意：在电路中测量电阻时要切断电源，要考虑电路中的其他元件对电阻值的影响。如果电路中接有电容器，还必须将电容器放电，以免烧毁万用表。

1.2 电容器

电容器是由两个金属电极中间夹一层绝缘材料（介质）构成的，它是一种储存电能的元件，在电路中具有交流耦合、旁路、滤波和信号调谐等作用。在各种电子设备与汽车电脑中，电阻器被使用得最多，其次就是电容器。

电容器按结构可分为固定电容器、可变电容器和微调电容器；按介质可分为空气介质电容器、固体介质（云母、陶瓷、涤纶等）电容器和电解电容器；按有无极性可分为有极性电容器和无极性电容器。

1.2.1 常用的电容器

（1）低频独石瓷介电容器

低频独石瓷介电容器用于旁路和低频隔直电路，特别适用于半导体电子电路，具有体积小、电容量大、特性稳定、电感小和高频性能好等优点。图 1-10 为低频瓷介电容器。

图 1-10　低频瓷介电容器

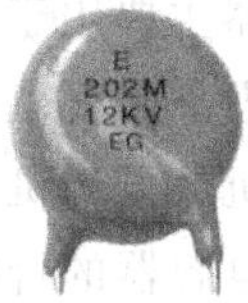

图 1-11　圆片形瓷介电容器

（2）圆片形瓷介电容器

瓷介电容器的主要特点是介质损耗较低，电容量对温度、频率、电压和时间的稳定性比较高，常用在高频电路和对电容器要求比较高的场所。圆片形低频瓷介电容器供电子设备中对损耗和容量稳定性要求不高的电路使用或作旁路、耦合用。图 1-11 为圆片形瓷介电容器。

图 1-12　云母电容

（3）云母电容器

云母电容器用于直流、交流和脉冲电路。云母电容器具有优良的电气性能，绝缘强度高，损耗小，而且温度、频率特性稳定，但抗潮湿性能差。图 1-12 为云母电容。

（4）涤纶电容器

涤纶电容器是塑料薄膜电容器（聚苯乙烯、聚丙烯、涤纶、聚碳酸酯电容器等）中的一种，其电容量和耐压范围最宽。涤纶电容器的电参数随温度变化较大，因此它不宜作功率交流电容器。图 1-13 为涤纶电容。

图 1-13　涤纶电容

图 1-14　金属化纸介电容器

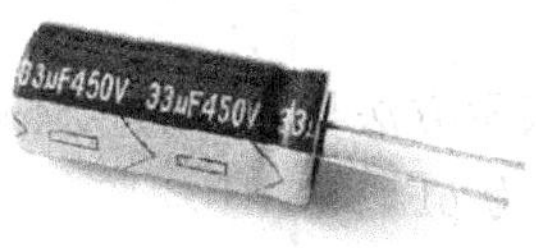

图 1-15　铝电解电容器

图 1-16　钽电解电容器

（5）金属化纸介电容器

金属化纸介电容器的体积仅相当于纸介电容器的 1/4，其主要特点是具有自愈作用，当介质发生局部击穿后，经自愈作用，其电气性能可恢复到击穿前的状态，但其绝缘性能较差。该电容器广泛应用于自动化仪表和家用电器中，但不适用于高频电路，它的工作频率一般不宜超过几十千赫兹。图 1-14 为金属化纸介电容器。

（6）铝电解电容器

铝电解电容器用于直流或脉冲电路。该电容器是有极性的，除正、负引出头外，外壳为负极。图 1-15 为铝电解电容器。

（7）钽电解电容器

钽电解电容器主要用于铝电解电容器性能参数难以满足要求的电路中，例如，用于要求电容器体积小、上下限度范围宽、频率特性和阻抗特性要求高、产品稳定性和可靠性要求较高的电路。电视机、录像机、摄像机、高保真音响设备等也选用部分钽电解电容器，以提高整机质量。电解电容器的价格较高。图 1-16 为钽电解电容器。

1.2.2 电容器的主要参数

（1）电容器容量的单位

电容器容量是指其加上电压后储存电荷能力的大小，它的国际单位是法拉（F），由于法拉这个单位太大，因而常用的单位有毫法（mF）、微法（μF）、纳法（nF）和皮法（pF），换算关系如下：

$1F=10^3 mF$，$1mF=10^3 \mu F$，$1\mu F=10^3 nF$，$1nF=10^3 pF$

（2）额定工作电压

额定工作电压又叫耐压，是指在允许的环境温度范围内，电容上可连续长期施加的最大电压有效值。它一般直接标注在电容器的表面，使用时绝不允许电路的工作电压超过电容器的耐压，否则电容器就会击穿。

1.2.3 电容器的识别

常用电容器的标识方法有直标法、数码法和色标法 3 种。

① 直标法：将电容器的容量、耐压和误差直接标注在电容器的外壳上，其中误差一般用字母来表示。表示误差的常用字母有 J（±5%）和 K（±10%）等。例如，标有 58nK100 的电容的容量为 58nF 或 0.058μF，误差为±10%，耐压为 100V。

当电容器所标容量没有单位时，在读其容量时可参照以下方法：

a. 容量在 $1\sim10^4$ 之间时，单位为 pF，例如，580 读作 580pF。

b. 容量大于 10^4 时，单位为 μF，例如，33000 读作 0.033μF。

② 数码法：用 3 位数字表示容量的大小，单位为 pF。前两位为有效数字，第三位表示倍率，即乘以 10^7，第三位的范围是 1～9，其中 9 表示 10^{-1}。例如，204 表示 20×10^4pF，556 表示 55×10^6pF。

③ 色标法：这种表示方法与电阻的色环表示方法类似，其颜色所代表的数字与电阻色环完全一致，基本单位为 pF。

1.2.4 电容器的检测方法

（1）固定电容器的检测

大部分的数字万用表具有测量电容的功能，其量程为 2000pF、20nF、200nF、2μF 和 20μF 五个挡位，个别表可能略有差别。测量时可将已放电的电容两引脚直接插入表板上的插孔，选取适当的量程以后就可以读取显示的数据。

（2）电解电容器的检测

① 电解电容器与普通固定电容器在结构上有很大的不同。电解电容器以金属板上的一层很薄的氧化膜作为介质，金属极板作为正极，负极则是固体或非固体的电解质。

使用电解电容器时，必须将正极接高电位，负极接低电位。如果在使用中把两个电极弄颠倒，轻则使电容器击穿、失效，重则将使其发生爆裂。

② 电解电容的测量。对于小容量的电解电容，可以按照前面介绍的方法，直接用万用表的电容挡位进行测量，但是一般的数字万用表（非电容专用测试表）其电容挡的最大量程只有 20μF，不能直接测量容量超过此量程的电容。

对于大容量电解电容，可以利用数字万用表观察电容器的充电过程，可以用它检测电容器的好坏和估测电容量的大小。此方法适合于测量 0.1μF 至几千微法的大容量电容器。

将数字万用表拨至合适的电阻挡位，红表笔和黑表笔分别接触被测电容器 C_X 的两极，这时显示值从“000”开始逐渐增加，直至显示溢出符号“1”。若始终显示“000”，说明电容器内部短路；若始终显示溢出，则可能是电容器内部极间开路，也可能是所选择的电阻挡位不合适。检查电解电容器时需要注意，红表笔（带正电）接电容器正极，黑表笔接电容器负极。图 1-17 为电解电容的测量。

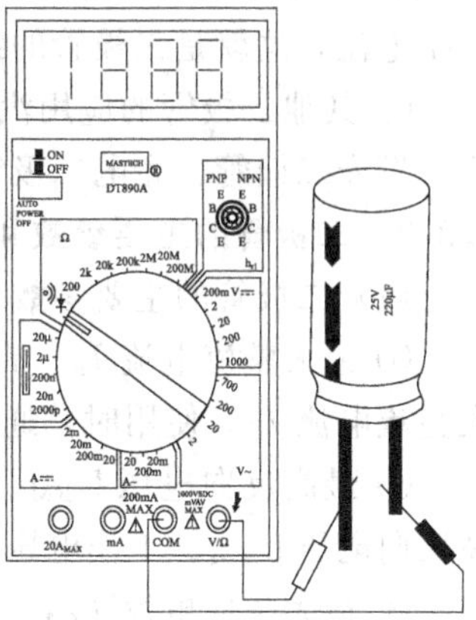

图 1-17　电解电容的测量

1.3　半导体二极管

半导体二极管也称晶体二极管，简称二极管。二极管具有单向导电性，可用于整流、检波、稳压和混频电路中。

1.3.1　二极管的分类

（1）按材料分类

二极管按材料可分为锗管和硅管两大类。两者性能区别是：锗管正向压降比硅管小（锗管为 0.2V；硅管为 0.5～0.7V）；锗管的反向漏电流比硅管大（锗管约为几百微安，硅管小于 1μA）；锗管的 PN 结可以承受的温度比硅管低（锗管约为 100℃，硅管约为 200℃）。

（2）按用途分类

二极管按用途不同可分为普通二极管和特殊二极管。普通二极管包括检波二极管、整流二极管和开关二极管。特殊二极管包括稳压二极管、变容二极管、光电二极管和发光二极管。图 1-18 为普通二极管。

图 1-18　普通二极管

图 1-19　汽车发电机用二极管

1.3.2 二极管在汽车上的应用

可以利用二极管的单向导电性组成整流、续流、限幅及检波等电路应用到汽车电路中。

① 二极管的整流应用将交流电变成直流电的过程叫做整流。在汽车交流发电机中，就是利用二极管组成的整流板将发电机发出的三相交流电整流为直流电。为了适应汽车发电机的需要，专门制作了用于汽车的整流二极管，它们分为正极管和负极管。图 1-19 为汽车发电机用二极管。

② 二极管的续流电路通电线圈突然断电时产生反向电动势，通过二极管回路进行放电，产生电流，这就是二极管的续流作用。

③ 其他二极管的应用汽车的电器系统中还经常用到一些特殊的二极管，例如稳压二极管、发光二极管、光电二极管等。

1.3.3 二极管的主要参数和型号

（1）二极管的主要参数

① 最大整流电流 I_F　在正常工作的情况下，二极管允许通过的最大正向平均电流叫最大整流电流 I_F。使用时，通过二极管的平均电流不能超过这个数值。

② 最高反向电压 U_{RM}　反向加在二极管两端，而不致引起 PN 结击穿的最大电压叫最高反向电压 U_{RM}。工作电压仅为击穿电压的 1/3～1/2，工作电压的峰值不能超过 U_{RM}。

③ 最大反向电流 I_{RM}　因少数载流子的漂移作用，二极管截止时仍有反向电流通过 PN 结，该电流受温度和反向电压的影响。I_{RM}越小，二极管质量越好。

④ 最高工作频率　最高工作频率指保证二极管单向导电作用的最高工作频率，若信号频率超过此值，则二极管的单向导电性将受到影响。

（2）二极管的型号识别

半导体二极管的型号由 5 部分组成。第一部分：用数字 2 表示二极管。第二部分：用字母表示二极管的材料和极性。第三部分：用字母表示二极管的类别。第四部分：用数字表示序号。第五部分：用字母表示二极管的规格号。

1.3.4 二极管的简易测试

（1）极性识别方法

常用二极管的外壳上均印有型号和标记。标记箭头所指的方向为阴极。有的二极管只有一个色点，有色的一端为阴极：有的带定位标志，判别时，观察者面对管底，由定位标志起，引出线按顺时针方向依次为正极和负极，如图 1-20 所示。

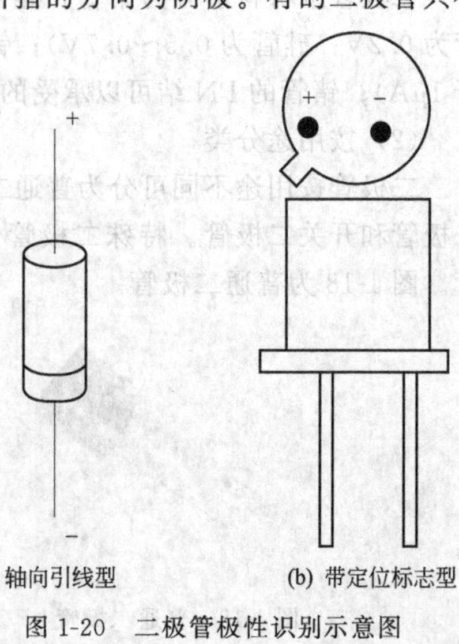

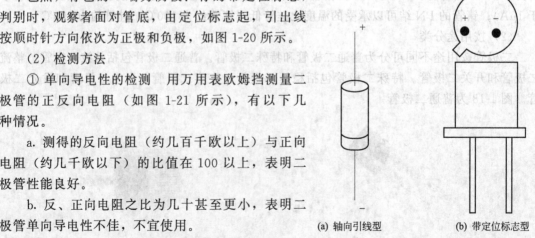

(a) 轴向引线型　(b) 带定位标志型

图 1-20　二极管极性识别示意图

（2）检测方法

① 单向导电性的检测　用万用表欧姆挡测量二极管的正反向电阻（如图 1-21 所示），有以下几种情况。

a. 测得的反向电阻（约几百千欧以上）与正向电阻（约几千欧以下）的比值在 100 以上，表明二极管性能良好。

b. 反、正向电阻之比为几十甚至更小，表明二极管单向导电性不佳，不宜使用。

c. 正、反向电阻为无限大，表明二极管断路。

d. 正、反向电阻为0Ω，表明二极管短路。

测试时需注意，检测小功率二极管时应将万用表置于R×100挡或R×1k挡，检测中、大功率二极管时可将量程置于R×1挡或R×10挡。

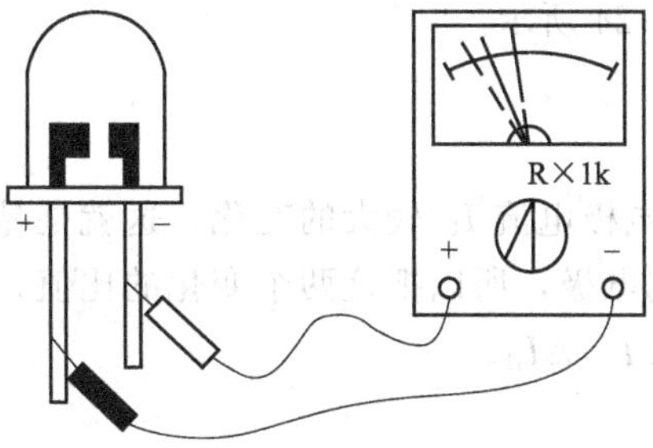

图1-21　万用表欧姆挡测量二极管

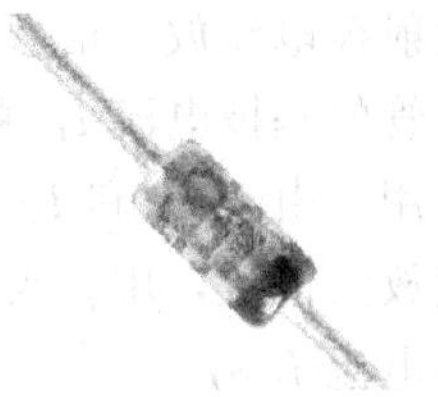

图1-22　IN4148二极管

② 开关二极管的检测　在汽车电子中常见的小功率二极管代表产品为IN4148。IN4148是玻璃封装硅材料开关二极管，具有良好的高频开关特性，反向回复时间短。它是由一个具有单向导电特性的器件，在正向导通时呈低阻，而在反向偏置时呈高阻。图1-22为IN4148二极管。

利用数字万用表不仅能鉴别二极管的性能，区分引脚极性，而且还能测量二极管的正向导通电压V_F。

使用数字万用表的二极管挡，将红表笔接二极管的正极，黑表笔接负极，所测得的为其正向压降V_F。正常情况下硅二极管的正向压降为0.5～0.7V，反偏时应显示溢出符号“1”。测量时，若正反向均显示“0”，则表明二极管已经被击穿短路；而如果正反向皆溢出，则表明二极管内部断路；若测得结果与正常数值相差较远，则表明该二极管性能不佳。

1.4 半导体三极管

半导体三极管又称晶体三极管，通常简称晶体管或者叫双极型晶体管。它是一种小电流控制大电流的半导体器件，可用来对微弱信号进行放大和作无触点开关。它具有结构牢固、寿命长、体积小、耗电省等优点，故在各个领域广泛应用。

1.4.1 三极管的分类

(1) 按材料分类

三极管按材料分为硅三极管和锗三极管。

(2) 按导电类型分类

三极管按导电类型分为PNP型和NPN型。锗三极管多为PNP型，硅三极管多为NPN型。如图1-23。

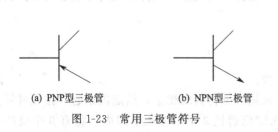

(a) PNP型三极管　(b) NPN型三极管

图1-23　常用三极管符号

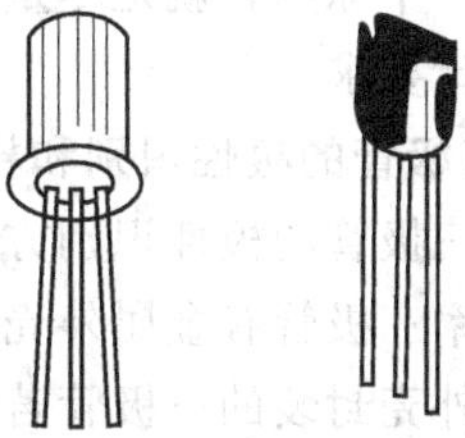

图1-24　常用三极管外形

（3）按用途分类

三极管按工作频率分为高频三极管（$f_T \geqslant 3MHz$）、低频三极管（$f_T < 3MHz$）和开关三极管，按工作功率又分为大功率三极管（$P_c > 1W$）。中功率三极管（$P_c = 0.5 \sim 1W$）和小功率三极管（$P_c < 0.5W$）。常用三极管外形如图 1-24 所示。

1.4.2 三极管的主要参数

（1）共发射极电流放大倍数 β

晶体三极管的基极电流 I_B 微小的变化能引起集电极电流 I_C 较大的变化，这就是晶体三极管的放大作用。由于 I_B 和 I_C 都以发射极作为共用电极，所以把这两个变化的比值，叫做共发射极电流放大倍数，用 β 或 H_F E 表示，即 $\beta = \Delta I_C / \Delta I_B$。

（2）穿透电流 I_{CEO}

I_{CEO}是指基极断路，集电极与发射极之间加上规定的反向电压时，流过集电极的电流。穿透电流也是衡量管子质量的一个重要指标。在室温下，小功率硅管的 I_{CEO} 为几十微安，锗管约为几百微安。I_{CEO}大的管子，热稳定性较差，且使用寿命也短。

（3）集电极允许最大电流 I_{CM}

I_{CM}指允许通过三极管集电极的最大电流。使用三极管时，集电极电流不能超过 I_{CM}，否则会引起三极管性能变差，甚至损坏。

（4）发射极和基极反向击穿电压 $U_{(B)EBO}$

$U_{(B)EBO}$指集电极开路，发射结的反向击穿电压。虽然通常发射结加有正向电压，但当有大的信号输入后，在负半周峰值时，发射结可能承受反向电压，该电压应远小于 $U_{(B)EBO}$，否则易使三极管损坏。

（5）集电极和基极击穿电压 $U_{(B)CBO}$ 指发射极开路时，集电结的反向击穿电压。在使用中，加在集电极和基极之间的反向电压不应该超过 $U_{(B)CBO}$。

（6）集电极和发射极反向击穿电压 $U_{(B)CEO}$

$U_{(B)CEO}$指基极开路，允许加在集电极与发射极之间的最高电压值。集电极电压过高，会使三极管击穿，所以，使用时加在集电极的工作电压（即直流电源电压）不能高于管子的 $U_{(B)CEO}$，一般应取 $U_{(B)CEO}$ 高于电源电压的一倍。对于连接感性负载的三极管，因为感应电压的影响，$U_{(B)CEO}$应该取得更高。

（7）集电极最大耗散功率 P_{CM}

三极管工作时，集电结要承受较大的反向电压和通过较大的电流，因消耗功率而发热。当集电结所消耗的功率（集电极电流与集电极电压的乘积）过大时，就会因产生高温而烧坏。一般锗管的 PN 结最高结温为 75～100℃，硅管的最高结温为 100～150℃。规定三极管集电极温度升高到不至于将集电结烧毁所消耗的功率为集电极最大耗散功率 P_{CM} 工作在不同的电路中，对 P_{CM}的要求也不同。使用三极管时，不能超过这个极限值，当然这也是在维修中的一个原则，就是尽量使用同型号的元器件，所代换用元件的关键参数必须要达到或超过原设计要求。

1.4.3 三极管的极性识别和检测

（1）三极管的极性识别方法

小功率三极管有金属外壳和塑料外壳两种。

金属外壳封装的三极管若管壳上带有定位销，则将管底朝上，从定位销起，按顺时针方向，3 个电极依次为 E、B、C，若管壳上无定位销且 3 个电极在半圆内，将有 3 个极的半圆置于上方，3 个电极按顺时针方向依次为 E、B、C，如图 1-25(a) 所示。

塑料外壳封装的三极管，面对平面，3 个电极分别置于下方，从左到右依次为 E、B、C，如图 1-25(b) 所示。

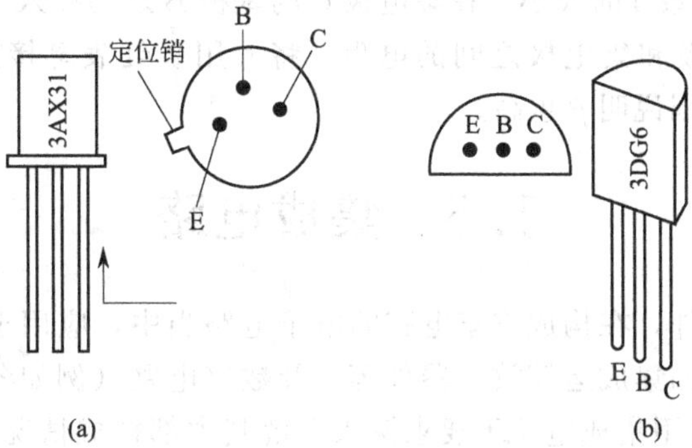

图 1-25　小功率三极管电极的识别

对于大功率三极管，外形上一般分为 F 型和 G 型两种。F 型管从外形上只能看到两个电极［如图 1-26(a) 所示］，将管底朝上，两个电极置于左侧，则上为 E，下为 B，底座为 C。G 管型的 3 个电极一般在管壳的顶部［如图 1-26(b) 所示］，将管底朝下，3 个电极置于左方，从最下电极起，按顺时针方向依次为 E、B、C。必须弄清三极管的管脚，否则误接入电路中可能烧坏管子。

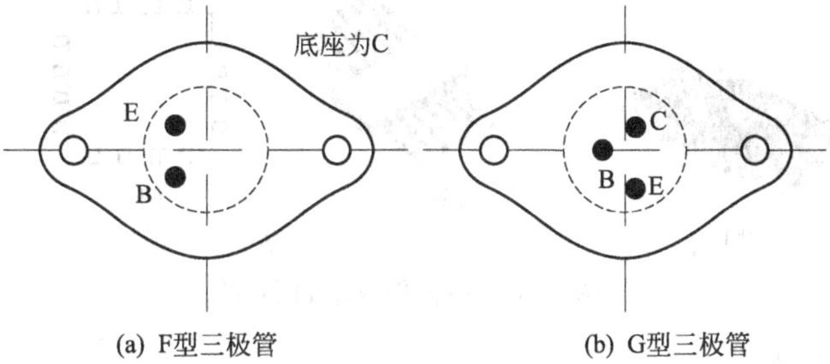

图 1-26　大功率三极管电极的识别

(2) 三极管的检测方法

① 检查穿透电流 I_{CEO} 的大小　以 NPN 型管为例进行介绍。将基极 B 开路，测量 C、E 极间的电阻。将万用表红表笔接发射极，黑表笔接集电极。若阻值较高（几十千欧以上），

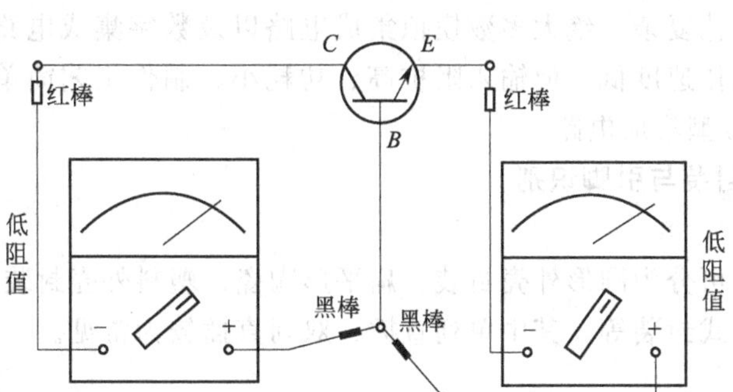

图 1-27　三极管的检测方法

则说明穿透电流较小，管子能正常工作；若电阻小，则穿透电流大，受温度影响大，工作不稳定，在技术指标要求高的电路中不能用这种管子；若测得阻值近似为 0Ω，则表明管子已被击穿；若阻值为无穷大，则说明管子内部已断路。图 1-27 为三极管的检测方法。

② 检查直流放大系数 β 的大小　在集电极 C 与基极 B 之间接入 100kΩ 的电阻 R_B，测量 R。接入前后两次发射极和集电极之间的电阻。将万用表红表笔接发射极，黑表笔接集电极，电阻值相差越大，则说明 β 越高。

1.5　集成电路

除了专用单片机以外，在构成汽车电脑的电子电路当中，应用于大量的常规集成电路，包括一些模拟电路（例如集成运算放大器件等）及数字电路（例如各种逻辑电路、定时器、触发器等）。对于这些通用集成电路不要求深入了解其内部构成情况，但如果能够掌握其引脚功能，了解在电路中的用法，无疑对于维修工作是很有益处的。

集成电路是采用半导体制作工艺，在一块较小的单晶硅片上制作许多晶体管及电阻器、电容器等元器件，并按照多层布线或隧道布线的方法将元器件组合成完整的电子电路。它在电路中用字母“IC”表示。图 1-28 为各种集成电路芯片。

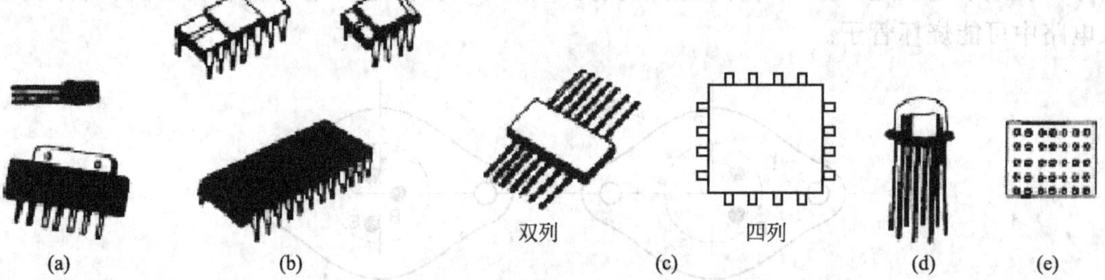

图 1-28　各种集成电路芯片

1.5.1　集成电路的分类

按功能分类可分为模拟集成和数字集成电路两大类；

按制作工艺不同，可分为半导体集成电路和膜集成电路两大类；

按集成度高低不同，可分为小规模、中规模、大规模及超大规模集成电路 4 类；

按导电类型不同，分为双极型集成电路和单极型集成电路两类。前者频率特性好，但功耗较大，而且制作工艺复杂，绝大多数模拟集成电路以及数字集成电路中的 TTL、ECL 型属于这一类。后者工作速度低，但输入阻抗高、功耗小、制作工艺简单、易于大规模集成，其主要产品为 CMOS 型集成电路。

1.5.2　集成电路的封装与引脚识别

（1）封装

集成电路的封装可分为圆形外壳封装、扁平形陶瓷、塑料外壳封装、双列直插型陶瓷和塑料封装、单列直插式封装等，其中单列直插、双列直插较为常见。

（2）引脚识别

集成电路引脚排列顺序的标志一般有色点、凹槽、管键和封装时压出的圆形标志。对于双列直插集成电路，引脚的识别方法是：将集成电路水平放置，引脚向下，标志朝左，左下角第一个引脚为 1 脚，然后按逆时针方向数，依次为 2、3…；对于单列直插集成电路。如图 1-29 所示为 LM741 双列直插集成电路。

1.5.3 集成电路的使用

集成电路是一种结构复杂、功能多、价格贵、安装与拆卸麻烦的电子元件，在选购检测和使用中应十分小心。

① 集成电路内部包括几千甚至上百万个 PN 结，因此，它对工作温度很敏感，环境温度过高或过低都不利于其正常工作。

② 集成电路在使用时不允许超过极限参数值。

③ MOS 集成电路要防止静电感应击穿。焊接时要保证电烙铁外壳可靠接地。在无接地线的场合，可将电烙铁从电源拔下，利用余热进行焊接，这样可以防止由于烙铁漏电而损坏集成电路。

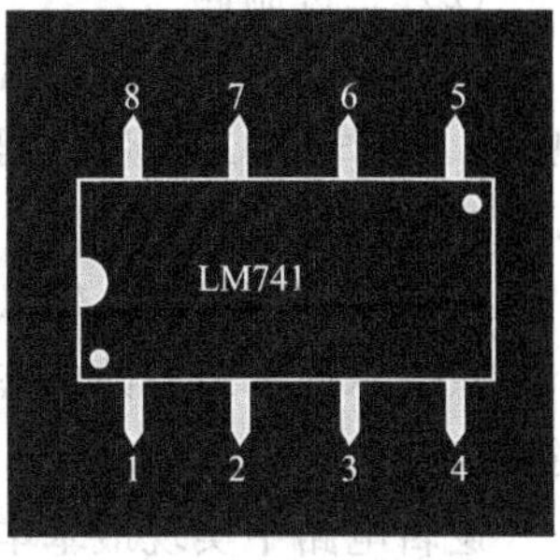

图 1-29 LM741 双列直插集成电路

④ 手工焊接集成电路时，尽量使用功率不大于 45W 的电烙铁，连续焊接时间不应超过 10s。

⑤ 数字集成电路型号的互换。绝大多数数字集成电路为国际通用型，只要后面的数字对应即可。

1.6 数字电路

1.6.1 数字信号与模拟信号

汽车电路中的电信号主要在传感器、ECU 及执行器件之间进行传递。传感器输入 ECU 的信号大体上可以分为两大类：一类信号是连续变化的信号，如热敏电阻式冷却液温度传感器，输出的信号是随着冷却液温度变化而连续变化的信号，这类信号被称为模拟信号，如图 1-30(a) 所示；另一类信号是电压“高”、“低”间隔变化的脉冲式信号，如光电式曲轴位置传感器，输出的信号是遮光盘不断通过光电耦合器而产生的“有”或“无”（透光或遮光）的规律变化的脉冲信号，这类信号被称为数字信号，如图 1-30(b) 所示。

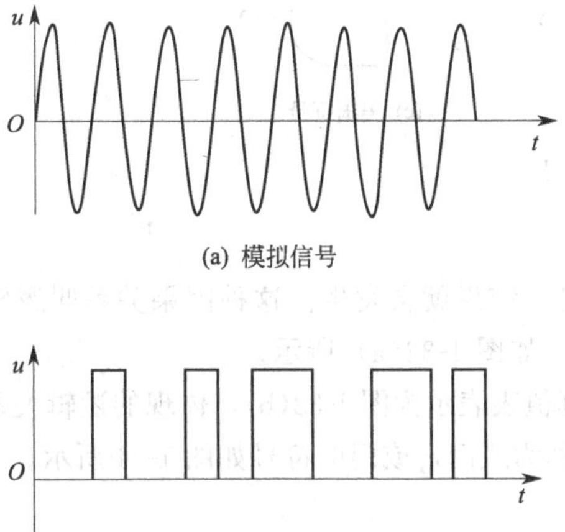

图 1-30 模拟信号和数字信号

数字信号电压值本身没有什么意义，重要的是有无电压（脉冲）、间隔电压出现的次数（脉冲数量）、高电压或低电压维持的时间（脉冲宽度）等。数字信号与模拟信号的特性不同，在检测时一定要区分开。

汽车上传递的电信号绝大部分都是数字信号。数字信号的特点是只与电平高低的变化有关，而与电平的具体大小关系不大，传递的信息经常是“有”或“无”，“开”或“关”等非此即彼的关系。

1.6.2 进制

(1) 二进制数

二进制顾名思义就是“逢二进一”。数字也是从右向左依次排列，如 11，右边的 1 表示 1 个 1，左边的 1 表示 1 个 2。依此类推，数值 2

用 10 表示；4 用 100 表示；5 用 101 表示等。

（2）二进制码

二进制数按照一定的规律组合在一起，表示一定的信息，这样的一组二进制数称为二进制码。最常用的二进制代码是 8421BCD 码。

1.6.3 逻辑门电路

在二进制逻辑中，输入和输出信号只能有两个状态 1 或 0，这里它们不再表示数值的大小而只表示两种对立的状态。输入输出之间的关系称为逻辑关系，实现逻辑关系的电路称为逻辑电路。

逻辑电路中实现最基本逻辑关系的电路为逻辑门电路，简称为门电路。最基本的门电路有与门、或门、非门、与非门或或非门。

（1）与门

只有决定事物结果的全部条件同时具备时，结果才发生。这种因果关系叫逻辑与，或者叫逻辑相乘，表示的逻辑关系是 Y＝AB。如图 1-31(a) 所示。

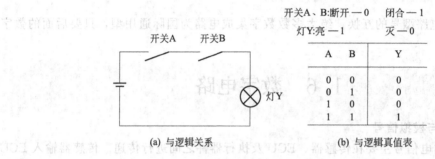

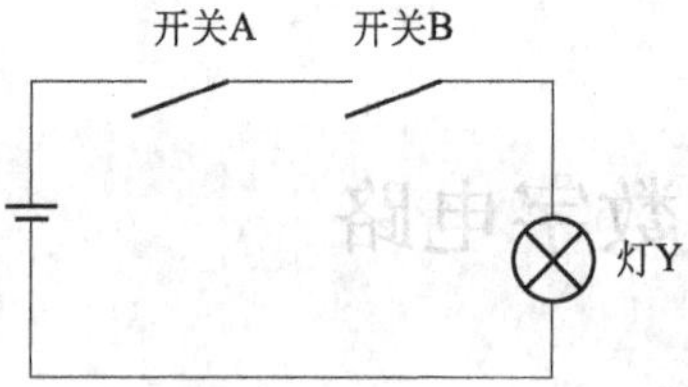

(a) 与逻辑关系

开关A、B:断开 — 0　闭合 — 1

灯Y:亮 — 1　灭 — 0

A	B	Y
0	0	0
0	1	0
1	0	0
1	1	1

(b) 与逻辑真值表

图 1-31　逻辑与

当开关 A 与 B 均闭合时，灯 Y 才亮。用真值表表示为图 1-31(b)。体现的逻辑关系是“全 1 为 1，有 0 为 0”。实现逻辑与关系的门电路称为与门，与门的符号如图 1-32 所示。

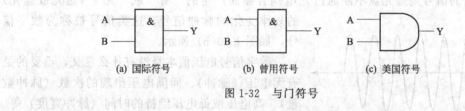

(a) 国际符号　(b) 曾用符号　(c) 美国符号

图 1-32　与门符号

（2）或门

在决定事物结果的诸条件中只要有任何一个满足，结果就会发生。这种因果关系叫逻辑或，或者叫逻辑相加。表示的逻辑关系是 Y＝A＋B。如图 1-33(a) 所示。

当开关 A 与 B 只要有一个闭合，灯 Y 就亮。用真值表表示为图 1-33(b)，体现的逻辑关系是“有 1 为 1，全 0 为 0”。实现逻辑或关系的门电路称为或门，或门的符号如图 1-34 所示。

（3）非门

只要条件具备了，结果便不会发生；而条件不具备时，结果一定发生。这种逻辑关系叫做逻辑非，也叫做逻辑求反。表示的逻辑关系是 Y＝A。如图 1-35(a) 所示。

当开关 A 闭合，灯 Y 就不亮。用真值表表示为图 1-35(b)。体现的逻辑关系是“是 0 则 1，是 1 则 0”。实现逻辑非关系的门电路称为非门，非门的符号如图 1-36 所示。

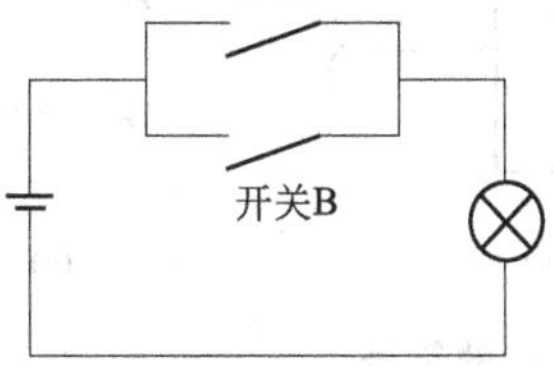

(a) 或逻辑关系

开关A、B:断开—0　闭合—1

灯Y:亮—1　灭—0

A	B	Y
0	0	0
0	1	1
1	0	1
1	1	1

(b) 或逻辑真值表

图 1-33　逻辑或

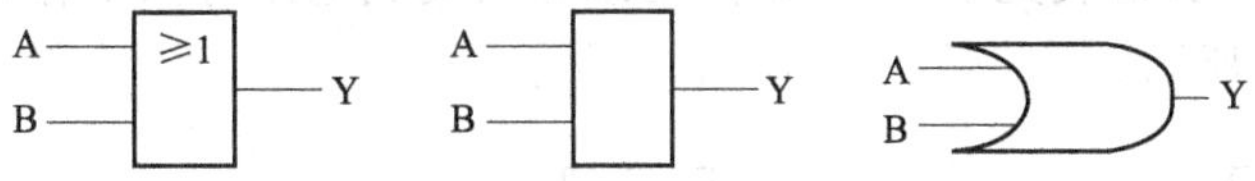

(a) 国际符号　(b) 曾用符号　(c) 美国符号

图 1-34　或门的符号

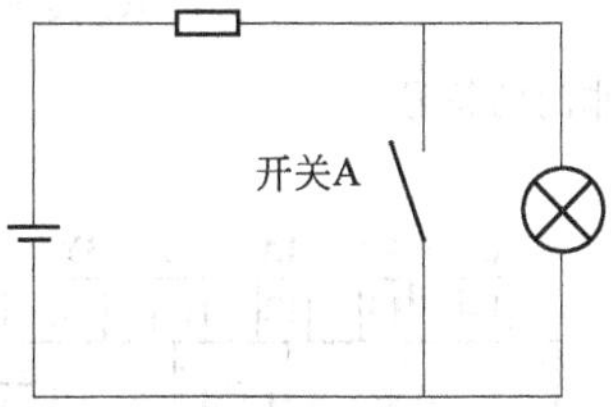

(a) 非逻辑关系

开关A:断开—0　闭合—1

灯Y:亮—1　灭—0

A	Y
0	1
1	0

(b) 非逻辑真值表

图 1-35　逻辑非

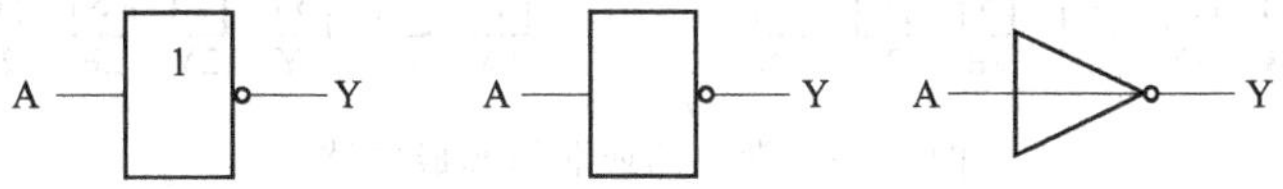

(a) 国际符号　(b) 曾用符号　(c) 美国符号

图 1-36　非门的符号

(4) 与非门

与非门表示逻辑关系是 $Y=\overline{AB}$，相当于在与门的基础上加了一个非门，与非门的符号如图 1-37 所示，其真值表见表 1-1。

表 1-1　与非门和或非门真值表

输入		与非门	或非门
A	B	$Y=\overline{AB}$	$Y=\overline{A+B}$
0	0	1	1
0	1	1	0
1	0	1	0
1	1	0	0
体现的逻辑关系		有 0 为 1 全 1 为 0	有 1 为 0 全 0 为 1

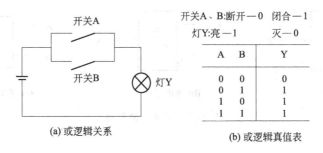

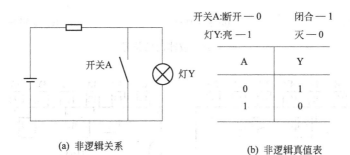

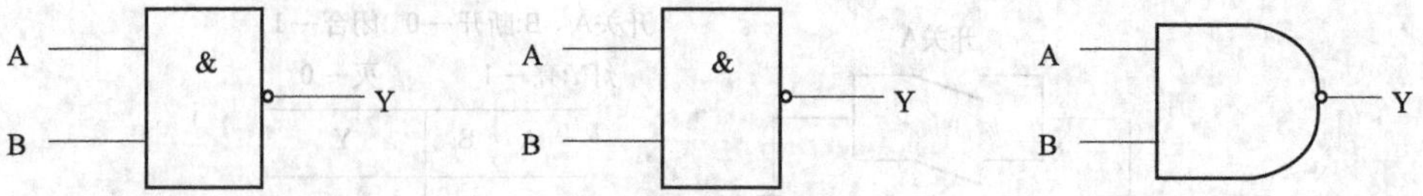

(a) 国际符号　(b) 曾用符号　(c) 美国符号

图 1-37　与非门的符号

(5) 或非门

或非门表示逻辑关系是 $Y=\overline{A+B}$，相当于在或门的基础上加了一个非门，或非门的符号如图 1-38 所示，其真值表见表 1-1，常用的或非门集成电路有四 2 输入或非门 74LS02 和 CD4001，如图 1-39 所示。

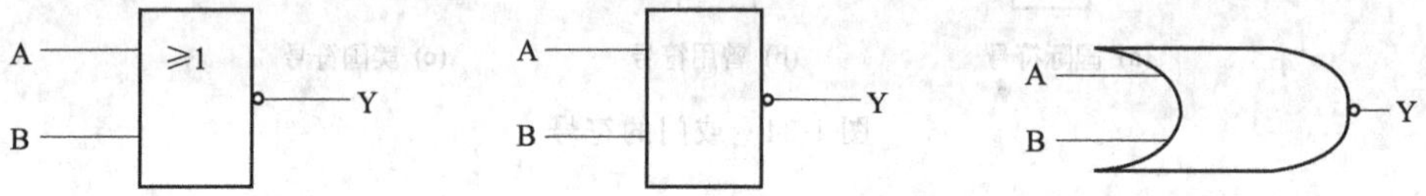

(a) 国际符号　(b) 曾用符号　(c) 美国符号

图 1-38　或非门的符号

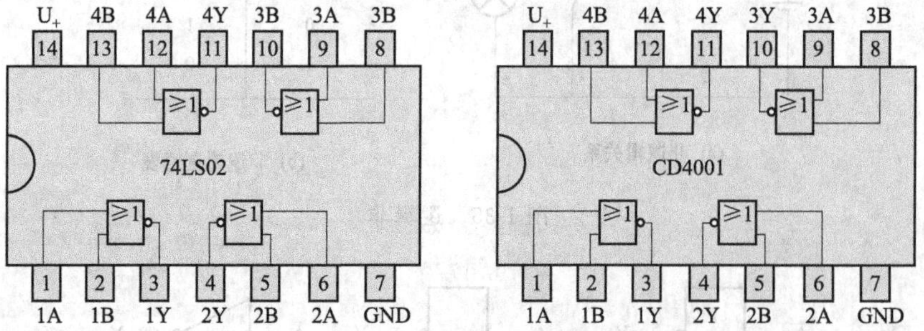

图 1-39　常用的或非门集成电路

门电路的输入可以两个以上，逻辑关系与两输入同理分析。常用的数字集成电路主要有两大类型 TT 型 74 系列和 CMOS 型 4000 系列。两个系列的电源电压不同，TTL 为+5V，CMOS 为 3～30V。而且 CMOS 电路因电源电压不同，输出的高低电平的值是不同的。

1.6.4　触发器电路

数字电路中除了门电路之外，还有触发器电路。触发器起到信息的接受、存储、传输的作用。触发器按其稳定工作状态可分为双稳态触发器、单稳态触发器、无稳态触发器（多谐振荡器）等；按其功能可分为 RS 触发器、JK 触发器和 D 触发器等。在汽车电路中应用较多的主要有 RS 触发器、D 触发器等。

习题与思考题

1. 电阻有哪些分类？
2. 汽车电脑常用电阻器有哪些？
3. 怎样用万用表粗略检测大容量电解电容？

4. 如何判别二极管极性?
5. 怎样直观地判断识别三极管E、B、C三脚?
6. 集成电路的使用要注意什么?
7. 简述数字信号与模拟信号的区别。
8. 简述门电路的概念，最基本的门电路有哪些?

第 2 章　单片机的基础知识

【本章知识要点】

- 单片机的结构与组成
- Intel 系列 MCS-51 单片机
- Motorola 系列 M68HC08 单片机
- SIEMENS 系列单片机

2.1　单片机的结构与组成

单片机是一个微型电脑，内部有 CPU、存储器、输入输出接口。汽车上用单片机来控制各种执行器工作。如图 2-1 为单片机结构及外形图。

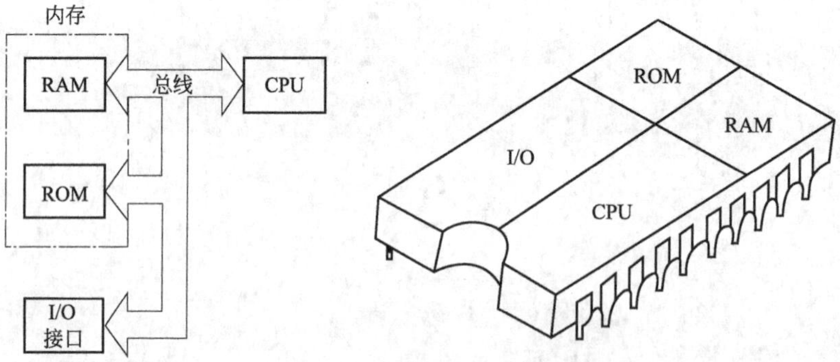

(a) 结构图　　(b) 外形图

图 2-1　单片机结构及外形图

单片机在其内部程序的控制下运行，其内部程序可以修改。通过改变单片机的内部程序可以实现各种不同功能的控制。汽车单片机的程序在出厂时就已固化写好了，不需使用者修改。汽车控制只是根据各种传感器收集来的情况，通过写好的程序来控制汽车，传感器的数据只是帮助程序选择运行路径。

2.1.1　中央处理器（CPU）

中央处理器是汽车电脑的核心，直接参与运算并存放中间运算结果。其结构如图 2-2 所示，它由运算器、控制器和寄存器等组成。

运算器是计算机的运算部件，用于实现数学运算和逻辑运算。汽车上各种电控系统，比如燃油喷射系统 EFI、防抱死制动系统 ABS、安全气囊系统 SRS、自动变速器 FCT 控制系统等的 ECU 内部的数据运算与逻辑判断都在 CPU 中运行。

控制器是单片机的指挥控制部件，它本身不具有运算功能。控制器负责从内存储器中读取指令或数据，并对指令进行分析，根据指令的具体要求向单片机的各个部件发出控制信号，协调单片机各部分的工作。图 2-3 为整个单片机内部工作图，包括 CPU、存储器、输入输出电路等。

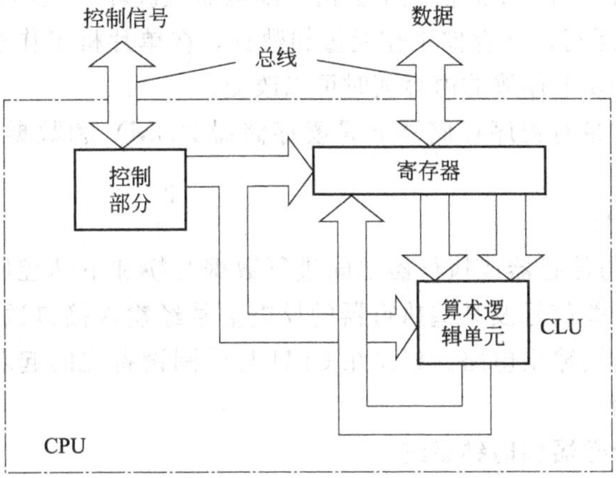

图 2-2 单片机的 CPU 结构框图

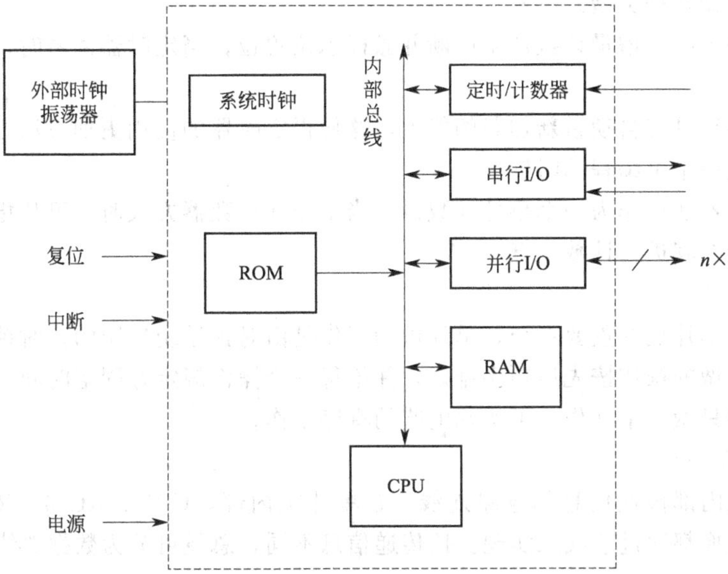

图 2-3 单片机内部工作

2.1.2 存储器

在单片机或微机中，存储器是用来存储程序指令和数据的部件。存储器分为随机存取存储器 RAM 和只读存储器 ROM 两类，RAM 用于存放可读写的数据，ROM 用于存放程序、原始数据或表格，常被称为程序存储器。

所谓程序，就是根据所要解决问题的要求，应用指令系统中所包含的指令，编成一组有次序的指令集合。

所谓数据，就是单片机工作过程中的信息、变量、参数、表格等，例如传感器反馈回来的信息。

一个具体的单片机中，程序是固定不变的，但数据是可变的，根据它们的不同，存放它们的存储器类型也不同。固定不变的程序由 ROM 来存放。ROM 内除存放应用程序外，还要存放程序中用到的常数和表格，这里程序、常数、表格被永久性存放在ROM中，是无法改变的。一般说来，写入ROM的信息不会由于断电而被破坏，也不会由于断电而丢失。

RAM用于在程序运行期间存储工作变量和数据，在单片机工作过程中，这些数据可能被要求改写，所以RAM中存放的内容随时可以改变。

单片机芯片内通常带有程序存储器（只读存储器ROM）和数据存取存储器（随机读/写存储器RAM)。

2.1.3 输入输出（I/O）

I/O接口是CPU与传感器或执行器之间进行数据交换和下达控制指令的通道。从输入电路送来的传感器、开关信号及某些执行器的反馈信号经输入接口送入CPU。CPU的控制指令通过输出接口传送到输出电路。I/O在CPU与外围设备之间起着数据的缓冲、电平和时序的匹配等多种作用。

2.1.4 定时器/事件计数器和时钟系统

（1）定时器/事件计数器

为了提高单片机的实时控制能力，一般微控制器内都设有定时器电路。定时器有增量计数器和减量计数器两种类型。

当定时器溢出时，增量计数产生中断并做标志位置位；当定时器回零时，减量计数器产生中断。

有的定时器还具有自动重新加载的能力，这使得定时器的使用更加灵活方便，利用这种功能很容易产生一个可编程的时钟。

此外，定时器还可作为一个事件计数器，当工作在计数器方式时，可从指定的输入端输入脉冲，计数器对其进行计数运算。

（2）时钟系统

这一系统是单片机的重要系统，单片机的工作是由时钟系统控制的。时钟信号把微处理器执行指令时要做的操作按先后顺序排好，并给每一个操作规定好固定时间，这样就可以使单片机在某时刻只做一个动作，可实现电路的有序工作。

2.1.5 总线（BUS）

总线是微机内部传递信息的电路连线。在单片机内部，CPU、ROM、RAM与UO接口之间的信息交换都通过总线来实现。按传递信息不同，总线可分为数据总线、地址总线和控制总线三种。

① 数据总线　主要用于传递数据与指令。数据总线的导线数与数据的位数一一对应。例如16位微机，其数据总线就有16根导线。

② 地址总线　用来传递地址数码。在微机内，各器件之间的通信主要是靠地址数码进行联系。例如，当需要存入或读出存储器中某个单元的数据时，必须先将该单元的地址数据码送到地址总线上，然后才能送出读取指令或写入指令完成读出或写入操作。地址总线的导线数与地址数码的位数及地址数码的传送方式（并行或串行传送）有关。

③ 控制总线　微机中的器件都与控制总线连接，CPU可通过控制总线随时掌握各个器件的状态，并根据需要随时向某个器件发出控制指令。

2.1.6 输出回路

输出回路是单片机与执行器之间的中继站，其功用是根据微机发出的指令，控制执行器动作。微机对采样信号进行分析、比较、运算后，由预定的程序形成控制指令并通过输出端子输出。

2.1.7 单片机系统硬件与软件

单片机（微控制器）系统由硬件和软件两大部分组成。要使微控器进行各种计算或处理，必须给微控制器编制各种各样程序。所谓软件，就是为了进行管理、维修和开发各种微控制器所编制的各种程序的总和。

对一种微控制器系统进行计时，已经将解决各种问题、实现各种自动操作的步骤、方法等，用指令编成了程序，事先存入微控制器。微控制器在执行时，只要将指令一条条取出来，加以译码，变成相应的控制信号，去控制单片机运行。

给微控制器输入各种操作指令时，要使用程序设计语言，通常为汇编语言或 C 语言。汇编语言要通过编译软件转化为机器语言。机器语言是一种利用二进制代码表示的，能够由微控制器直接识别和执行的机器码所构成的语言，就是微控制器的指令系统。

微控制器的软件包括各种程序设计语言、系统软件和相应软件。微控制器硬件基本相同，但功能、具体控制对象、执行方式、运行速度等千变万化，这是由于各种微控制器所使用的软件不同所致。

2.2 Intel 系列 MCS-51 单片机

Intel 公司于 1980 年推出了 8 位高性能 MCS-51 单片机，MCS-51 单片机根据其内容结构分成三档，即 8051/8751/8031、8052/8032 和 8044/8744/8344。采用 CHMOS 工艺制造的产品属于低功耗产品，编号为 80C51、80C31 等。8051 系列产品都是 40 脚封装，其引脚功能与指令系统完全兼容。应用比较广泛的是 8051/8751/8031，其中 8031 应用最多。

2.2.1 MCS-51 单片机的基本特征与组成

MCS-51 单片机基本特征是：①8 位中央处理器（CPU）；②有片内振荡和定时电路；③128B/256B 片内数据存储器（RAM）；④4KB/8KB 片内程序存储器（ROM/EPROM）；⑤21/26 个特殊功能寄存器；⑥32 根（4 个并行口）I/O 线；⑦2/3 个 16 位可编程定时器/计数器；⑧5/6 个中断源，可编程位两个优先级；⑨一个全双工的可运行于同步/异步方式的串行口；⑩可惊醒片外 64KB 程序存储器空间寻址；⑪可进行片外 64KB 数据存储器空间寻址；⑫具有位寻址功能；⑬使用单一＋5V 电源，主时钟频率 6～12MHz。MCS-51 单片机的组成图如图 2-4 所示。

(1) 中央处理器（CPU）

中央处理器是单片机的核心，用于实现运算和控制功能，因此其中的运算器和控制器是 CPU 的两个主要部分。

① 运算器。运算器主要包括算术逻辑运算部件（ALT）、位处理器、累加器 A、寄存器 B 缓存器（TMP1 和 TMP2）、程序状态字寄存器（PSW）以及十进制调整电路。运算器的主要功能是实现数据的算术运算、逻辑运算、位操作和数据传送等。

② 控制器。控制器主要是由时钟和时序电路以及一些控制寄存器组成。控制器的主要功能是调整整个单片机的工作，产生时序脉冲，提供控制信号等。

(2) 数据存储器

MCS-51 单片机芯片内的数据存储器共有 128 个存储单元，用以存放可读写的数据。为了与外部扩展的数据存储器相区别，通常将芯片内部的数据存储器称为内部数据存储器，简

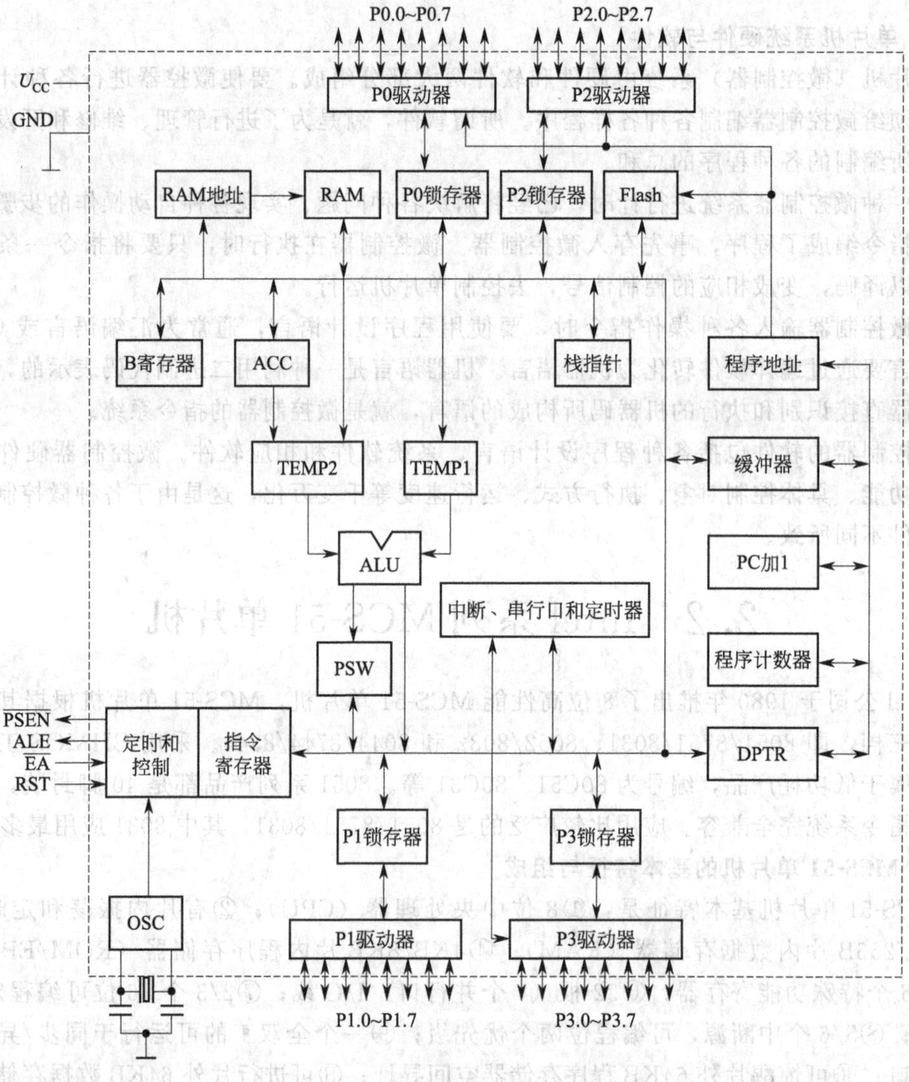

图 2-4 MCS-51 单片机组成图

称内部 RAM。其主要是用来存储计算操作时的可改变数据，如用来存储计算机输入、输出数据和计算过程中产生的中间数据等。根据需要，可随时调出或被新的数据代替（改写）。RAM 在计算机中起暂时存储信息的作用。当电源切断时所有存入 RAM 的数据将完全消失。

(3) 程序存储器

标准的 8051 芯片内有 4KB 掩膜 ROM，用于存放程序和原始数据，通常称之为内部程序存储器或简称内部 ROM。ROM 用来存储固定数据，即存放各种永久性程序和永久性、半永久性数据，如电子控制燃油喷射发动机系统中的一系列控制程序软件、喷油脉谱图、点火脉谱图以及其他特性数据等。这些信息资料一般都是制造厂家一次性存入且无法改变的，即计算机工作时，新的数据不能存入，只有在需要时读出存入的原始数据资料。当电源切断时，ROM 中的信息不会丢失，通电后又可以立即使用。8031 芯片内无 ROM。

(4) 定时器/计数器

MCS-51 共有 2 个 16 位定时器/计数器，以实现定时和计数功能。

（5）并行 I/O 口

MCS-51 共有 4 个 8 位 I/O 口（即 P0、P1、P2 和 P3），用以完成数据的并行输入/输出。

（6）串行 I/O 口

MCS-51 有 1 个全双工的串行口，以实现单片机与其他计算机或设备之间的串行数据传送。

（7）中断控制系统

通常计算机只有 1 个 CPU，但可能同时要进行数据输入/输出、运行程序等，借助中断控制系统可逐一完成多项任务。

2.2.2 AT89C51 单片机

（1）AT89C51 单片机概述

AT89C51 单片机在引脚和指令上与标准的 MCS-51 单片机完全兼容，是国内比较流行的 MCS-51 单片机。AT89C51/LV51 的引脚结构如图 2-5 所示，它有双列直插封装（DIP）方式和方形封装方式。与标准 MCS-51 的明显区别是：

① 4KB 可改编程序 Flash 储存器（可经受 1000 次的写入/擦除）。

② 全静态工作：0Hz～24MHz。

③ 三级程序存储器加密。

AT89C51 采用全静态逻辑设计，其工作频率可以下降到 0Hz，并提供两种可用软件来选择的省电方式——空闲方式和掉电方式。在空闲方式中，CPU 停止工作，而 RAM、定时器/计数器、穿行口和中断系统都继续工作；在掉电方式中，片内振荡器停止工作，由于时钟被“冻结”，使一切功能都暂停，故只保留片内 RAM 中的内容，直到下次硬件复位为止。

（2）AT89C51 引脚说明

① P0 口（P0.7～P0.0）：P0 口是一个 8 位漏极断路型双向 I/O 口，作为输出口用时，每位能以灌电流的方式驱动 8 个 TTL 输入。对口写 1 时，又可作高阻抗输入端用。

在访问外部程序和数据存储器时，它是分时多路转换的地址（低 8 位）/数据总线，在访问期间激活了内部的上拉电阻。

在 Flash 编程期间，P0 端口接收指令字节，在校验程序时，则输入指令字节。验证时，要求外接上拉电阻。

② P1 口（P1.7～P1.0）：P1 口是一个带有内部上拉电阻的 8 位双向 I/O 端口。P1 的输出缓冲器可以驱动（灌电流或拉电流方式）4 个 TTL 输入。对口写 1 时，通过内部上拉电阻将口拉到高电位，这时可用做输出口。P1 作输入口使用时，因为有内部上拉电阻，那些被外电路拉低的引脚会输出一个电流（IIL）。

在对 Flash 编程和程序校验时，P1 接收低 8 位地址。

③ P2 口（P2.7～P2.0）：作为标准 I/O 口，基本功能与 P1 口相同。在访问外部程序存储器和 16 位地址的外部数据存储器（如执行 MOVX@DPTR 指令）时，P2 口送出高 8 位地址。在访问 8 位地址的外部数据存储器（如执行 MOVX@RI 指令）时，P2 口引脚上的内容就是专用寄存器（SFR）中 P2 寄存器的内容，在整个访问期间不会改变。

在对 Flash 编程和程序效验期间，P2 口也接收高位地址和一些控制信号。

④ P3 口（P3.7～P3.0）：P3 口是一个带内部上拉电阻的 8 位双向 I/O 端口。作为标准 I/O 口，基本功能与 P1、P2 口相同。此外，在 AT89C51 中，P3 口还有一些复用功能，见表 2-1。

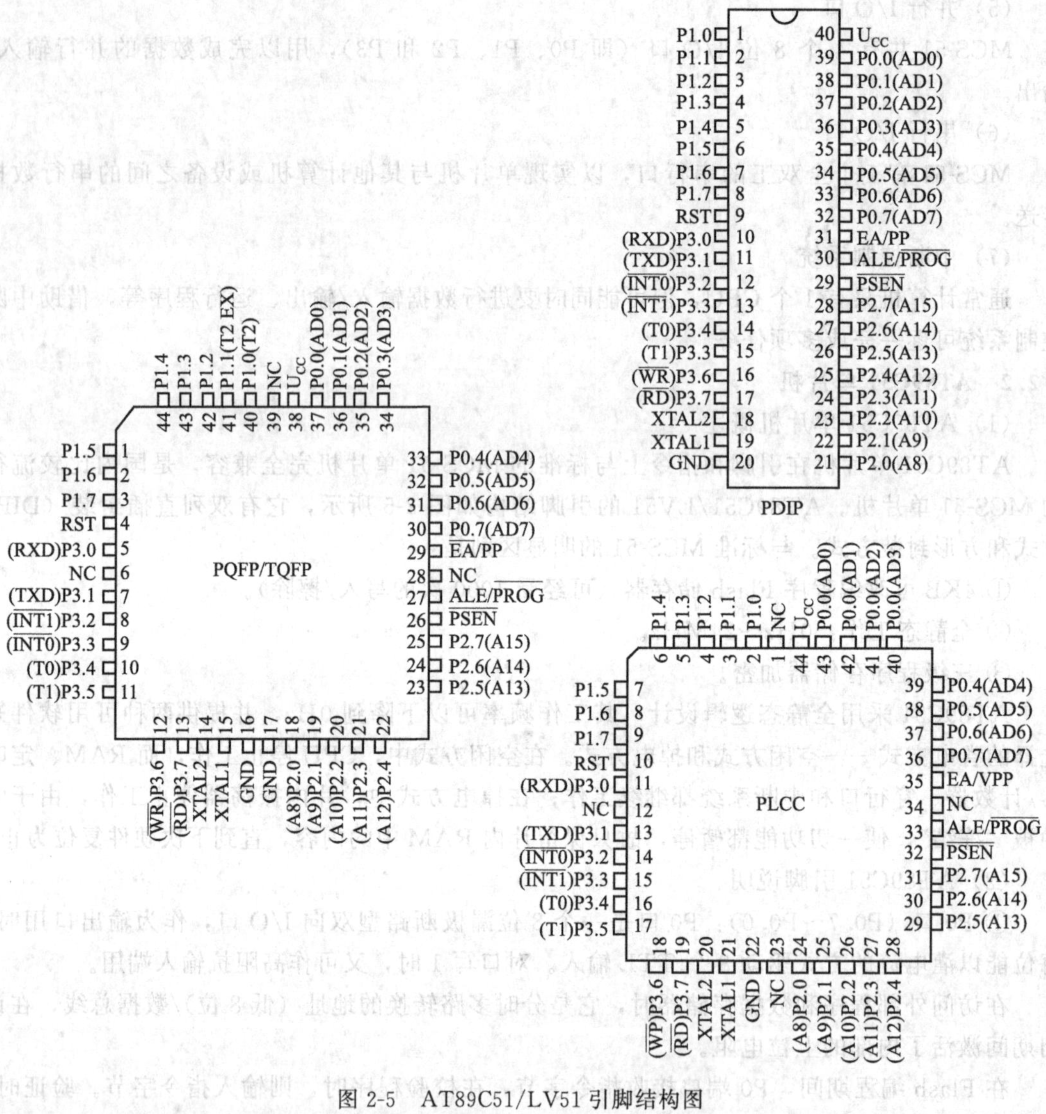

图 2-5 AT89C51/LV51 引脚结构图

表 2-1 P3 口引脚复用功能表

引 脚	复用功能	引 脚	复用功能
P3.0	RXD(串行输入口)	P3.4	T0(定时器 0 的外部输入)
P3.1	TXD(串行输出口)	P3.5	T1(定时器 1 的外部输入)
P3.2	/INT0(外部中断 0)	P3.6	/WR(外部数据存储器写选通)
P3.3	/INT1(外部中断 1)	P3.7	/RD(外部数据存储器读选通)

⑤ ALT（输出）地址锁存控制信号：系统扩展时，在 ALE 信号的控制下将 P0 口输出的低 8 位地址送锁存器锁存起来，以实现低位地址和数据的分离。此外，在不使用 MOVX 指令的情况下，以晶振 1/6 固定频率输出 ALE 信号，还可以作为外部的定时脉冲使用。

⑥ PSEN（输出）外部程序存储器选通用信号：在读外部扩展 ROM 时，PSEN 信号应该有效，以实现外部程序存储器单元的读操作。

⑦ $\overline{\text{EA}}$（输入）访问程序存储器控制信号：当 EA 信号为低电平时，对程序存储器的读写操作限定在外部 ROM。当 EA 信号为高电平时，对程序存储器的读操作包括内部和外部

的全部 ROM 空间。

⑧ RST（输入）复位信号：当振荡器运行时，在该引脚上出现 2 个机器周期以上的高电平将使单片机复位。

⑨ XTAL1 和 XTAL2（输入/输出）外接晶振引线端。

a. XTAL1：在单片机内部，它是构成片内振荡器的反方向放大器的输入端。当使用芯片内部振荡器时，此引线端用于外界石英晶体和微调电容；当使用外部振荡器时，该引脚接受振荡器的信号，即将此信号直接接到内部时钟发生器的输入端。

b. XTAL2：接外部晶体的另外一个引脚。在单片机内部，它是上述振荡器的反方向放大器的输出端。采用外部振荡器时，此引脚应悬空不连接。

⑩ GND 搭铁线。

⑪ U_{CC}为＋5V 电源。

2.2.3 单片机存储器和 I/O 接口扩展

虽然芯片内部有 CPU、ROM、RAM、定时器/计数器和 I/O 口等，相当于一台计算机，但单片机芯片内的资源毕竟有限，在实际应用中，在许多情况下都需要对单片机进行资源扩展，其中包括存储器扩展和 I/O 扩展，从而构成一个功能更强的单片机系统。单片机扩展结构如图 2-6 所示。

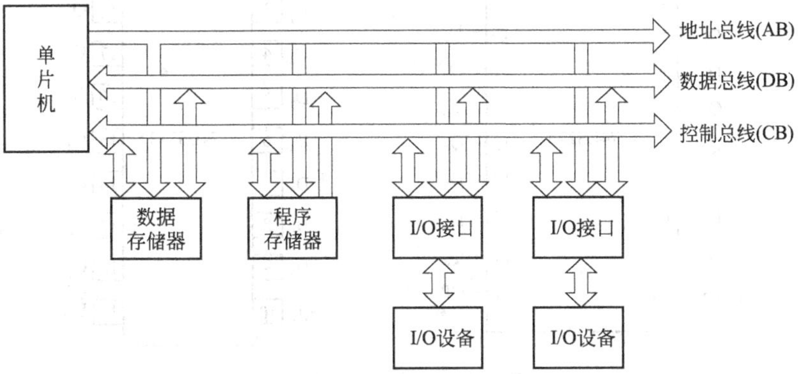

图 2-6 单片机扩展结构框图

整个扩展系统以单片机芯片为核心。扩展内容包括程序存储器、数据存储器和 I/O 接口电路等。通常将扩展的程序存储器称为外部程序存储器，简称外部 ROM。将扩展的数据存储器称为外部数据存储器，简称外部 RAM。

(1) 系统总线

扩展是通过总线进行的，即通过总线将各扩展部件连接起来。

所谓系统总线就是连接系统中各扩展部件的一束公共信号线，其按功能可分为地址总线、数据总线和控制总线。

① 地址总线 AB（Address Bus）。地址总线用于传送单片机送出的地址信号，以便进行存储单元和 I/O 口选择。地址总线是单向的，只能由单片机向外发送地址信号。地址总线的位数决定着可直接访问的存储单元的数目，例如：n 位地址，可以构成 2^n 个连续的地址编码，因此可访问 2^n 个存储单元。MCS-51 单片机存储器扩展最多可达 64KB，所以最多需要 16 位地址总线。

② 数据总线 DB（Data Bus）。数据总线用于在单片机与存储器之间或单片机与 I/O 口

之间传送数据。数据总线的位数应与单片机的字长一致。MCS-51 单片机的字长为 8 位，所以数据总线的位数也为 8。数据总线是双向的，即可以进行两个方向的数据传送。

③ 控制总线 CB（Control Bus）。控制总线实际上是一组控制信号线，包括单片机发出的以及其他部件传送给单片机的。对于一条具体的控制信号线来说，其传送的方向是单向的，但是由不同的控制信号线组合的控制总线则表示为双向。

由于采用总线结构形式，因此大大减少了单片机系统中信号传输线的数目，提高了系统的可靠性，增加了系统的灵活性使系统扩展易于实现。扩展部件只要符合规范，就可以方便地接入系统，实现单片机扩展。

（2）地址锁存器

由于 P0 口接分时复用的地址/数据线，为此要使用地址锁存器将地址信号从地址/数据线中分离出来。地址锁存器可以使用三态缓冲输出的 8D 锁存器芯片 74LS373/74HC373，也可以使用带清除端的 8D 锁存器芯片 74LS273/74HC273。芯片的引脚排列如图 2-7 所示，芯片引脚功能对比见表 2-2。

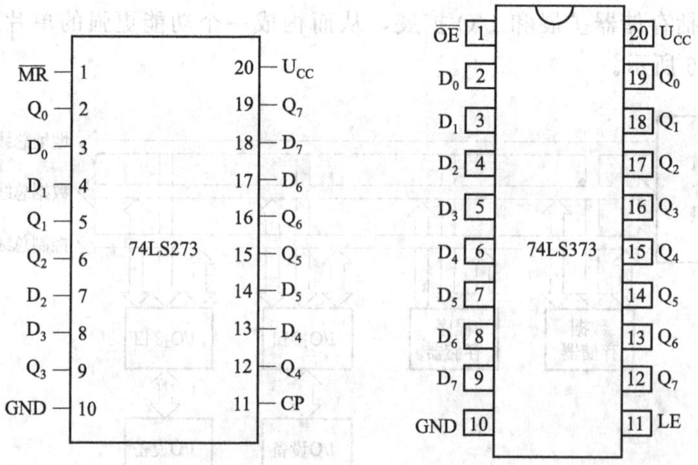

图 2-7　芯片的引脚排列

表 2-2　芯片引脚功能对比

	74LS273	74LS373
$D_0 \sim D_7$	数据输入	数据输入
$Q_0 \sim Q_7$	数据输出	数据输出
U_{CC}	电源	电源
GND	搭铁	搭铁
CP	时钟脉冲输入（上升沿有效）	×
LE	×	锁存允许控制端
$\overline{MR}$	锁存器清除端（低电平、数据输出端全部清零，高电平正常）	×
$\overline{OE}$	×	输出控制端（低电平允许输出，高电平输出呈高阻状态）

（3）程序存储器扩展

程序存储器扩展使用只读存储器芯片，只读存储器简称 ROM。ROM 中的信息一旦写入后就不能随意更改，特别是不能在程序运行过程中写入新的内容，而只能读出存储单元的内容，故称为只读存储器。根据编程方式的不同，ROM 可分为以下 4 种。

① 掩膜 ROM。掩膜 ROM 也称 ROM，其编程是由半导体制造厂家在生产完成以后，再不能更改其内容。

掩膜 ROM 存储单元结构简单，集成度高。因为掩膜工艺成本较高，所以只适合于大批量生产。

② 一次性编程 ROM（OTP）。在出厂时 OTP 芯片中没有任何程序，程序是在应用现场由用户写入的。OTP 芯片通常采用塑料封装，无窗口，具有价格低廉、使用方便等优点，但这种 ROM 只能写入一次，一旦写入后就不能修改。

③ 可改写 PROM（EPROM）。EPROM 是用电信号写入而用紫外线擦除的只读存储器芯片。允许反复擦除重新写入。为了擦除的需要，在芯片外壳上方中央有一个圆形窗口，通过这种窗口进行紫外线照射就可以擦除原有信息。由于阳光中含有紫外线成分，所以程序写入后要用不透明的标签贴封窗口，以免因阳光照射而破坏程序。

④ 电擦除 EPROM（EEPROM 或 E^2PROM）。EEPROM 是用电信号写入也用电信号擦除的只读存储器芯片，其读写操作与 RAM 存储器几乎没有什么差别，只是其写入速度慢一些。EEPROM 断电后信息能长久保存，典型 EEPROM 数据可保存 100 年。

目前国内一般尚无条件使用掩膜 ROM，也极少使用 OTP。通常使用较多的是 EPROM。E^2PROM 近年来发展迅速，容量和价格与 EPROM 差别不大，因此应用日趋广泛。前面提到的 AT89C51 芯片内带有 4KB 闪存，也是点擦除 EPROM 的一种。

在单片机程序存储扩展中，常用的是 Intel 公司的 27 系列 EPROM 芯片，其中包括 2716（2K×8 位）、2732（4K×8 位）等。型号后面的数字表示其位存储容量。

2716 信号引脚排列如图 2-8 所示。

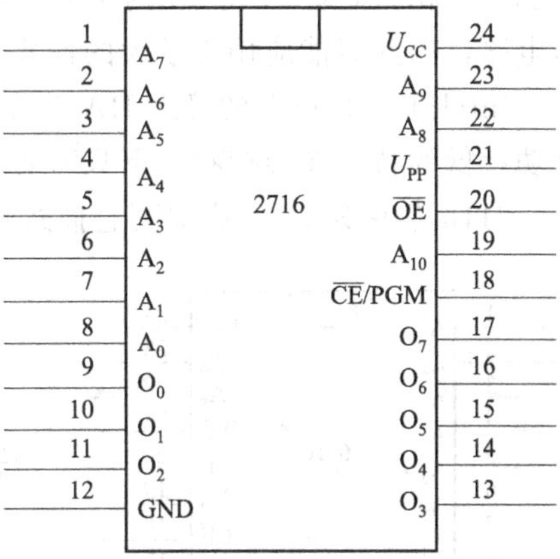

图 2-8 2716 信号引脚排列

$A_0 \sim A_{10}$：地址线。

$O_0 \sim O_7$：数据线。

$\overline{CE}$/PGM：双重功能控制线。当使用时，它为片选信号（CE），低电平有效；当编程时它为编程控制信号（PGM），用于引入编程脉冲。

$\overline{OE}$：输出允许信号。当 OE 信号为 0 时，输出缓冲器打开，被寻址单元的内容才能被读出。

U_{PP}：编程电源。当进行芯片编程时，该端加＋25V 编程电压；当使用芯片时，该端加＋5V 电源。

2716 共有 5 种工作方式，由 $\overline{OE}$、$\overline{CE}$/PGM 及 U_{PP} 信号的状态组合来确定。各种工作方式的基本情况见表 2-3。

表 2-3 2716 芯片的工作方式

工作方式	$\overline{CE}$/PGM	$\overline{OE}$	U_{PP}	$D_7 \sim D_0$
读出	低	低	＋5V	程序读出
未选中	高	×	＋5V	高阻抗
编程	正脉冲	高	＋25V	程序写入
程序检验	低	低	＋25V	程序读出
程序禁止	低	高	＋25V	高阻抗

当 $\overline{CE}$ 和 $\overline{OE}$ 均为低电平，U_{PP} 信号为＋5V 时，2716 芯片被选中并处于读出工作方式，

这时被寻址单元的内容经数据线 $O_7 \sim O_0$ 读出。

单片程序存储器扩展连接如图 2-9 所示。

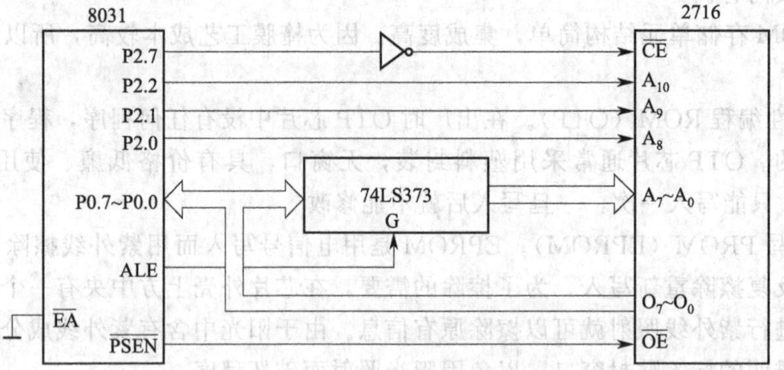

图 2-9 单片程序存储器扩展连接

(4) 数据存储器扩展

数据存储器的扩展使用随机存储器芯片。随机存储器简称 RAM，用于存放可随时修改的数据，在单片机领域中也称之为数据存储器。与 ROM 不同，对 RAM 可进行读写两种操作。RAM 是易失性存储器。

RAM 按工作方式可分为静态（SRAM）和动态（DRAM）两种。静态 RAM 只要加电，所存数据就可以保存。动态 RAM 使用的是动态存储单元，需要不停的刷新，以便周期性的再生，这样才能保存数据。动态 RAM 集成密度大，集成同样的位容量，动态 RAM 所占用的芯片面积只是静态 RAM 的 1/4。动态 RAM 的功耗低，价格便宜，但动态存储器要有刷新电路，因此只能应用于较大的计算机系统，而在单片机系统中应用较少。

Intel6116 是典型的静态 RAM 芯片，存储容量 2KB。该芯片采用 CMOS 工艺，因此具有功耗低的特点在维持状态下只需要几微安电流，很适合做低功耗的存储器。

6116 芯片为 24 引脚双列直插式封装，其引脚排列如图 2-10 所示。

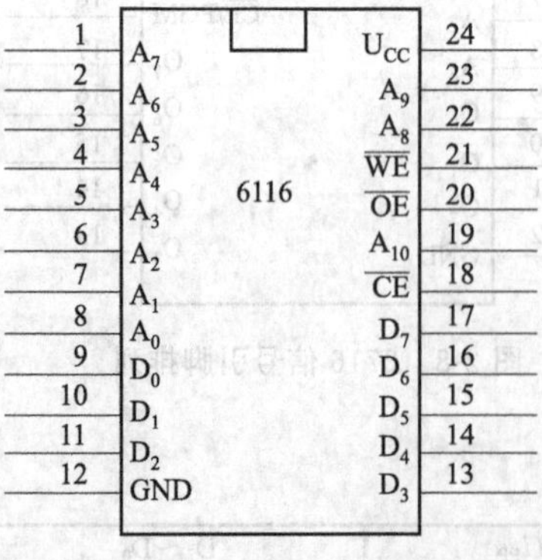

图 2-10 6116 引脚排列

$A_0 \sim A_{10}$—地址线；$D_0 \sim D_7$—数据线；

$\overline{CE}$—片选信号；$\overline{OE}$—数据输出允许信号；

$\overline{WE}$—写选通信号

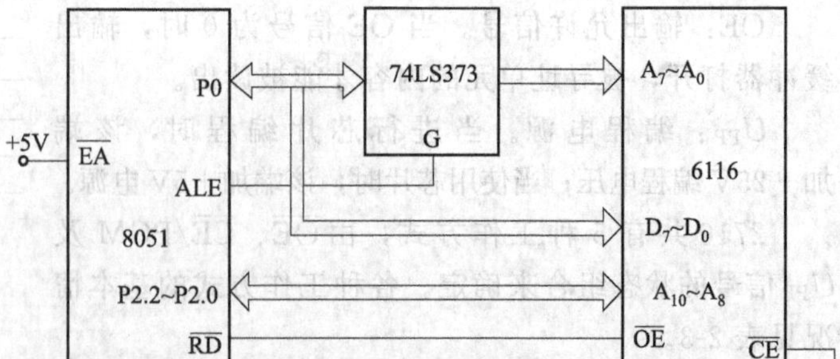

图 2-11 单片机数据存储器扩展

6116 共有 4 种工作方式，见表 2-4。

表 2-4　6116 芯片的工作方式

工作方式	$\overline{CE}$	$\overline{OE}$	$\overline{WE}$	$D_7 \sim D_0$
未选中	1	×	×	高阻抗
禁止	0	1	1	高阻抗
读出	0	0	1	数据读出
写入	0	1	0	数据写入

单片机数据存储器扩展如图 2-11 所示。

(5) 单片机 I/O 接口

计算机系统中共有两种数据传送操作，一种是 CPU 与存储器之间的数据读写操作，另一种是 CPU 与外部之间的数据输入/输出操作。

由于 CPU 与存储器具有相同的电路形式，所以数据信号是相同的（电平信号），能相互兼容直接使用，因此 CPU 与存储器之间采用同步定时工作方式，它们之间只要时序关系能相互满足就可以正常工作。正因为如此，单片机存储器扩展连接十分简单，除地址线、数据线之外，就是读写选通信号，使用起来非常方便。

① 外部设备的工作速度快慢差异很大，慢速设备（如开关、继电器、机械传感器等）每秒钟提供不了一个数据，而高速设备（如磁盘、CRT 显示器等）每秒钟可传送成百上万个数据。面对数据差异如此之大的各类外部设备，CPU 无法按固定的时序与它们之间以同步方式工作。

② 外部设备种类繁多，既有机械式的，又有机电式的，还有电子式的。不同种类的外部设备之间性能各异，对 I/O 数据传送的要求也各不相同，无法按统一数据格式进行。

③ 外部设备的数据信号形式是多种多样的，既有电压信号，又有电流信号；既有数字信号，又有模拟信号。

④ 外部设备的数据传送有近距离的，也有远距离的。近距离使用并行数据传送，而远距离则需要使用串行传送方式。

正是由于上述原因，使数据的 I/O 操作变得十分复杂。必须在 CPU 与外部设备之间设计接口线路，通过接口电路协调 CPU 与外部设备之间进行的数据传送，因此接口电路就成了数据 I/O 操作的核心内容。

为实现数据 I/O 传送，接口电路要有以下几种功能。

① 速度协调：由于 CPU 和外部设备速度上的差异，使得 I/O 数据传送主要以异步方式进行，即只能在确认外部设备以为数据传送做好准备的前提下才能进行 I/O 操作，而要知道外部设备是否准备好，就要通过接口电路产生或传送外部设备的状态信息，从而实现 CPU 与外部设备之间的速度协调。

② 数据锁存：锁存是数据输出的需要。由于 CPU 工作速度快，数据在数据总线上保留的时间很短，无法满足慢速输出设备的需要。为此在输出接口电路中需设置数据锁存器，以保存输出数据，直至被输出设备接收。

③ 三态缓冲：I/O 接口输入电路必须为输入数据提供三态缓冲功能。所谓三态就是电路除了通常的低电平状态和高电平状态外，还有一种高阻抗状态。当三态缓冲器输入为高或低电平时，就是数据的驱动（或连通）状态；当三态缓冲器输入为高阻抗状态时，本缓冲器输入信号对数据总线不产生影响，这时，其他缓冲器在该总线上传送数据。

④ 数据转换：CPU 只是输入和输出并行电压数字信号但是有些外部设备所提供或所需要的并不是这种信号形式。为此要使用接口电路进行数据信号转换，其中包括模/数转换、数/模转换、串/并转换、并/串转换。

模拟电路的电信号是随时间连续变化的，对于模拟电路，主要关心的是信号脉冲形状。数字电路的电信号是离散不连续的，对于数字电路，主要关心的不是信号的脉冲形状（失真与否），而是脉冲的个数。汽车用单片机是用大量的数字电路和大规模集成电路组成的数字系统，只能处理二进制数字信号，但在汽车微机控制系统中，控制和检测对象的电信号可能是模拟信号和数字信号两种。水温、空气流量、气温等都是通过传感器变成模拟电信号，然后通过 A/D 转换器变成数字信号进入 MCU。控制怠速用的怠速电动机将 MCU 送来的数字信号变成机械位移信号（模拟信号）。

串行接口电路的主要用途是进行串/并和并/串转换。一次传送一位数据称为串行，进行串行通信使用的接口叫串行接口。串行接口由接收器、发送器和控制器组成，接收器将外部设备送来的串行数据变为并行数据送到数据总线，发送器将数据总线上的并行数据变为串行数据发送到外部设备去控制器扩展上面两种过程。

同时传送两个或两个以上的数位称为并行，它可以将多位数据，例如 8 位数据的各个位同时传送，微机内部几乎都是用并行方式。CPU 与外部设备的动作相匹配，中间需要缓冲器和锁存器，用于暂时保存数据。具有这些功能的接口称为并行接口。

（6）单片机 I/O 扩展

单片机 I/O 扩展基于两个方面，一是功能方面，虽然单片机固有的 I/O 能实现简单的数据 I/O 操作，但其功能毕竟十分有限，难以满足复杂的 I/O 操作要求；另一个数量方面，MCS-51 单片机虽号称有 4 个 8 位双向 I/O 口，但在实际应用中，这些口并不能全部用于 I/O目的，其中大部分用来构成系统总线，例如 P0 口被用做第 8 位地址线/数据线，P2 口用做高 8 位地址线，而 P3 口赋予的功能更为重要，口线中多留作控制信号使用。这样，剩下来真正能用做数据 I/O 使用的就只有 P1 口了。

正因为如此，在实际应用中不得不使用扩展的方法，以增加 I/O 口的数量，增强 I/O 口的功能。

① 输入扩展是为数据输入的需求而设计的，简单输入扩展功能单一，只解决数据输入的缓冲问题。由于数据总线要求挂在它上面的所有数据源必须具有三态缓冲功能，因此简单输入扩展实际上就是扩展三态缓冲器，其作用是当输入被选通时，能使数据源和数据总线直接沟通；而当输入非选通时，使数据源与数据总线分离，即缓冲器输入高阻抗状态。

简单输入接口扩展的典型芯片是 74LS244，引脚结构如图 2-12 所示。该芯片内部共有 2 个 4 位的三态缓冲器，以 CE（G）为选通信号。使用 74LS244 进行输入扩展，电路连接如图 2-13 所示。图中，U1、U2、U3 构成了 MCS-51 单片机的最小应用系统。锁存器 74LS373 连接于 8031 与 2716 之间，用以实现 P0 口的地址/数据复用功能外围设备经三态缓冲芯片 74LS244 挂在数据总线上，对于外部设备来讲，本身有一固定的访问地址，平时与数据总线是分离的，只有在 CPU 读取外部设备数据时，其 RD 信号变为 0，同时地址译码器输出地址信号为正确译码，地址信号与 RD 信号经过门电路作用于 74LS244 的 G 端（输出允许），这时候，外部设备才可以连接数据总线，

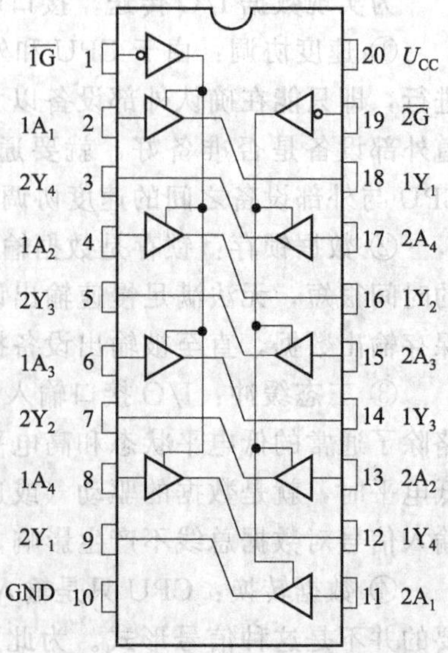

图 2-12 74LS244 引脚结构

CPU 访问外部设备的功能才能得以实现。

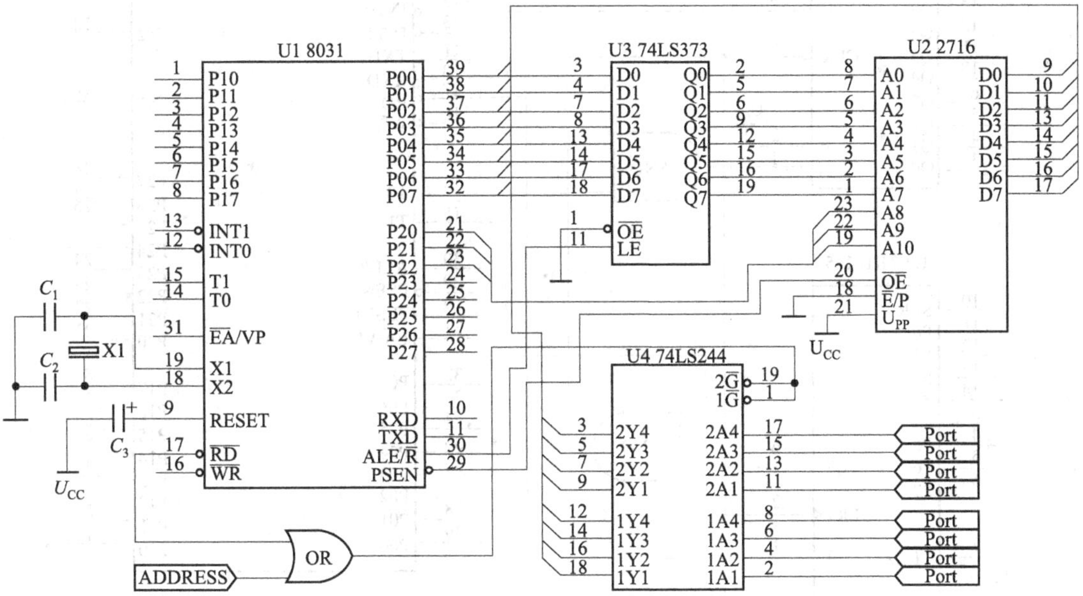

图 2-13　74LS244 输入扩展

② 另外一种较为常用的扩展方式是串/并、并/串方式。MCS-51 单片机在片内容含有并行接口。在一种特殊的应用场合，如主从设备距离较远要求数据线较少的情况下可以采用串/并、并/串转换接口形式。现在应用较多的 LCD 显示屏，由于其自身已经集成有驱动电路，只要求输入显示和扩展数据，以便 LCD 显示控制器能进行正确译码显示，为此采用一个串/并转换接口，使得单片机可以通过串行口输出信息，并由串/并接口电路将其变换到 LCD 的接口电路中的 8 位输入端，节省系统资源，提高系统利用率。

典型的串/并、并/串转换接口如图 2-14 所示。在图 2-14 中，单片机工作时，其内部串行接口工作在方式 0，这时，它是 P3.0 端（RXD 端）执行数据串行发送或接收的，而 P3.1（TXD 端）则用于输出移位脉冲。在发送或接收时，都是最低有效位 LSB 居先，最高有效位 MSB 居后。传送的频率为振荡频率的 1/2。这种方式 0 的串行工作方式也称移位寄存器方式或同步方式。

a. 串/并转换接口原理。串/并转换是指从单片机串行输入，通过转换以后成为并行信号输出的过程。这时，P3.0 口即 RXD 端执行的是数据发送，所示先送出 8 位串行数据的低位，最后送出的是最高位。由于在 P3.1 口即 TXD 端发出的是同步脉冲，所以可以用它作为外部串/并寄存器的数据时钟。

在图 2-14 中，74HC164 和一个与门组成串/并转换接口。74HC164 的$\overline{MR}$端是清零端，当$\overline{MR}=0$时，对 74HC164 清零；当$\overline{MR}=1$时，则可对 74HC164 送入 8 位串行数据。当单片机工作在串行方式 0 时，首先在 P3.2、P3.4 口输出高电平，令$\overline{MR}=1$，74HC164 处于接收串行数据状态。接着从 P3.0 口发出串行数据，其顺序为先低位，后高位；同时 P3.1 口发出同步脉冲到 74HC164 的时钟输入端 CLK。在输出 8 个脉冲之后，在串行口中的 8 位数据就会输出并寄存在 74HC164 中，这时，串/并转换过程完成。

b. 并/串转换接口原理。并/串转换是指从外部并行输入为 8 位数据，通过转换之后成

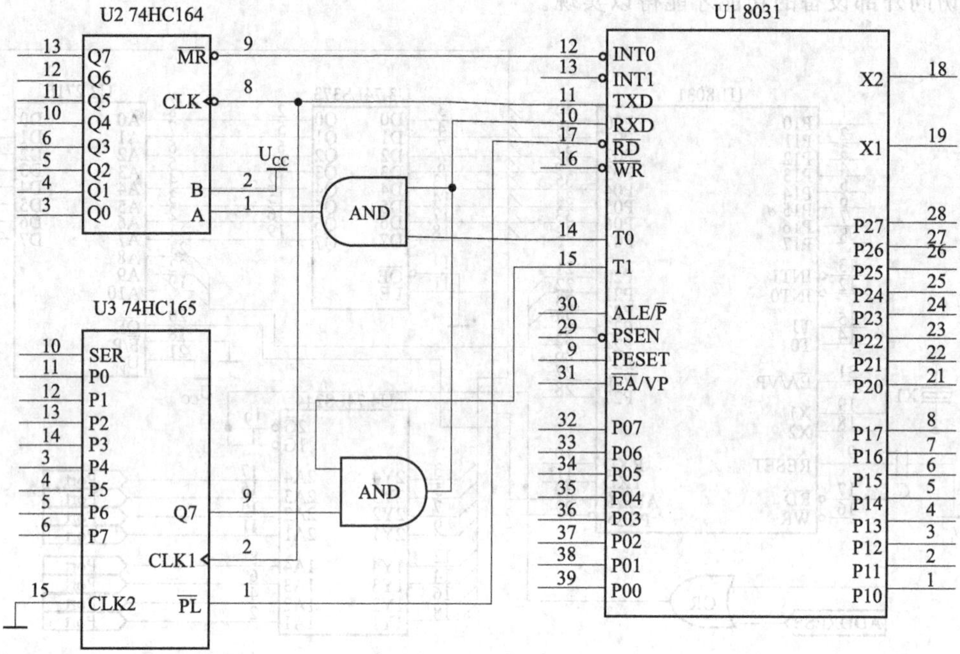

图 2-14 典型的串/并、并/串转换接口

为串行信号，输入到 MCS-51 的串行口去的过程。这时，P3.0 口即 RXD 端执行的是数据接收，接收时先接收串行数据的最高有效位 MSB，最后接收最低有效位 LSB。同时由 P3.1 口发出的是同步脉冲，它用做 74HC165 的串行移位时钟。

在图 2-14 中，74HC165 和一与门组成了并/串转换接口，74HC165 的 $\overline{PL}$ 是并行装入可控制信号。当 $\overline{PL}=0$ 时，74HC165 装入外部输入的 8 位数据；当 $\overline{PL}=1$ 时，只要从 CLK1 端有正脉冲来，则 74HC165 执行右移串行输出，从而从高位开始执行串行 8 位数据传送。在 CLK1 端送入 8 个正脉冲之后，74HC165 中的 8 位数据串行输出完毕。

当 MCS-51 单片机工作于串行方式 0 时，首先在 P3.5 口输出高电平，令与门打开，允许来自 74HC165 的 Q7 端串行信号输出。同时 P3.7 口应输出高电平，使 74HC165 处于串行输出状态。P3.1 口每产生一个脉冲输出，送到 74HC165 的 CLK1 时钟输入端，使 74HC165 右移一位。在 P3.1 口输出 8 个正脉冲之后，74HC165 中的 8 位数据全部串行移出并送到 MCS-51 的串行口内，这时，并/串转换结束。

(7) A/D 转换技术

对于标准 MCS-51 单片机来讲，片内并没有集成 A/D 转换器，若需要，则可以外接专用的 A/D 转换芯片。所谓 A/D 转换就是模拟/数字转换，将完成这一功能的专用芯片称为 A/D 转换器，其输出的数字信号可以供给 MCU。

2.3 Motorola 系列 M68HC08 单片机

2.3.1 M68HC08 单片机概述

Motorola 公司 8 位单片机的产量一直居世界前列。1999 年推出的 8 位 M68HC08 采用 0.35μm 工艺，具有速度快（8MHz 总线速度）、功能强、功耗小及价格低等优点。

M68HC08 正在不断增加新产品，有通用 GP、JI 和 XL 型，汽车控制 AZ 型，模糊控制的 KX、KJ 型，马达控制 MR 型，电话用 W 型等，以后又陆续推出电话控制型、家用消费型、智能 IC 卡型、LCD 驱动及 VFD 驱动型单片机。此外，还推出了内部带 M68HC08 和数字信号处理器的多 CPU 系列产品。M68HC08 是 Motorola 公司主要发展的 8 位单片机。

(1) M68HC08 单机片的主要特点

① 采用模块化设计，各种不同型号微控制器由不同模块组成，7 天就可以设计出所需的微控制器。

② 含片内监控 ROM，提供了在线编程及在线调试等功能。

③ 具有特色的 Flash 取代片内 EPROM 和 ROM，其价格低于相同容量的 OTP 微型控制器。

④ 具有锁相环电路，可以使用 32kHz 的晶振产生 8MHz 的总线速度，大大地减少了干扰。

⑤ 与 M68HC05 向上兼容，不同之处主要是：

a. 变址寄存器由 8 位变为 16 位。

b. 堆栈指针 SP 由 6 位变为 16 位。

c. 程序计数器 PC 也为 16 位。

d. 增加 8 种寻址方式和 8 条指令。

(2) CPU08 结构

① M68HC08 以 8 位 CPU 为中央处理器。CPU08 由算术逻辑单元、控制单元、寄存器 3 个部分组成。

② CPU08 主要特征。

a. 与 CPU05 指令代码完全向上兼容，但性能更好，速度更快。

b. 4KB 程序/数据存储器空间。

c. CPU 内部总线频率 8MHz。

d. 16 种寻址方式，与 CPU06 相比，增加了 8 种。

e. 可扩展的内部总线定义，用于寻址超过 64KB 的地址空间。

f. 用于指令操作的 16 位变址寄存器。

g. 16 位堆栈指针和相应栈操作指令。

h. 不使用累加器的存储器之间的数据移动。

i. 快速 8 位乘法和 16 位除法指令。

j. BCD 码指令进一步增强。

k. 增强型外设，如 DMA 控制器。

l. 完全的静态低电压、低功耗设计。

③ CPU08 内部寄存器的组成。CPU08 内部寄存器的组成如图 2-15 所示。

a. 累加器。累加器是通用 8 位寄存器。CPU 用累加器保存操作数和运行结果。

b. 变址寄存器。变址寄存器（H：X）是个 16 位寄存器，高 8 位用 H 表示，低 8 位用 X 表示。当 H＝0 时并且没有影响 H 的指令时，H：X 的功能与

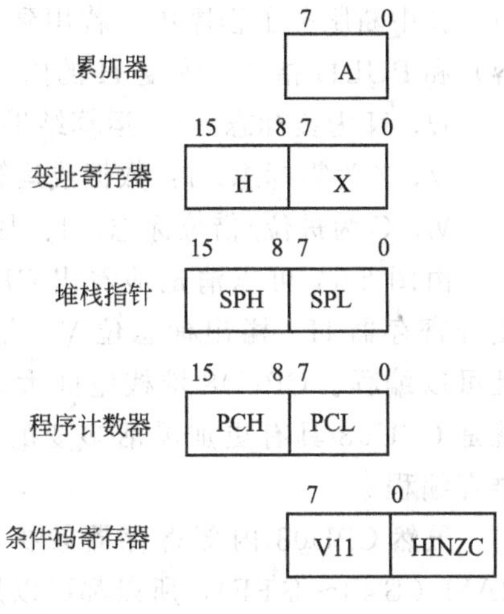

图 2-15　CPU 内部寄存器

CPU05 的 X 寄存器是相同。CPU08 一般用 H∶X 的内容表示操作数的地址，H∶X 也可以暂时存放数据。H 或 X 可以暂存 8 位数据，而 H∶X 可以暂存 16 位数据。

c. 堆栈指针。堆栈指针（SP）是个 16 位寄存器。复位时被置为＄00FF，与 CPU05 相同。RSP 指令使 SP 的低 8 位为＄FF，而高 8 位不受影响。数据入栈时，SP 减少；数据出栈时，SP 增加。SP 永远指向下一个可用的（空的）单元。尽管 SP 被复位时＄00FF，但实际上堆栈的位置是随意的，并可以由用户将之定义在 RAM 中的任意位置上。将 SP 移出第 0 页（＄0000～＄00FF），便可得到更多的可以使用直接寻址方式的空间。

d. 程序计数器。程序计数器（PC）是个 16 位寄存器。它的内容表示下一条指令或下一个操作数的地址。复位时，PC 被置为复位向量地址＄FFFE。＄FFFE 和＄FFFF 单元的内容，即为复位后要执行的第一条指令的地址。

e. 条件码寄存器。条件码寄存器（CCR）如图 2-16 所示。

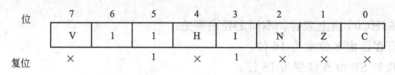

位	7	6	5	4	3	2	1	0
	V	1	1	H	I	N	Z	C
复位	×		1	×	1	×	×	×

图 2-16　M68HC08 的条件码寄存器

CCR 包括一个控制位（中断屏蔽位 I 位）和 5 个记录指令执行结果特征的标志位。

ⅰ. V 为溢出标志。符号跳转指令 BGT、BGE、BLE 和 BLT 使用该标志。1：二进制补码有溢出；0：二进制补码无溢出。

ⅱ. H 为半进位标志。BCD 码运算（DAA 指令）需要使用 H 和 C 标志。1：执行 ADD 和 ADC 指令时，累加器第 3 位向第 4 位有进位；0：执行 ADD 和 ADC 指令时，累加器第 3 位向第 4 位无进位。

ⅲ. I 中断屏蔽标志。中断屏蔽标志 I 是个控制位，使用指令 SEI 和 CLI 可以使之置 1 或 0。1：中断禁止；0：中断允许。当该位置 1 时，所有可屏蔽中断都被禁止。复位时，该位置为 1。当用 CLI 指令使该位置为 0 时，CPU 中断得到允许。中断响应时，CPU 将除 H 以外的寄存器推入栈，以保护断点和现场，然后执行中断服务子程序。遇到 RTI 指令时，从栈中恢复包括 CCR 在内（当然也包括这一位的状态）的寄存器，以恢复断点和现场。注意：在中断服务子程序中，若用到 H 寄存器，则不要忘了使用 PUSH 指令（保存 H 的内容）和 PULH 指令（恢复 H 的内容）。

ⅳ. N 为负标志。1：运算结果为负（最高位为 1）；0：运算结果为正（最高位为 0）。

ⅴ. Z 为零标志。1：数据或运算结果为 0；0：数据或运算结果为非 0。

ⅵ. C 为进位/借位标志。1：最高位上有进位或错位；0：最高位上无进位或错位。

由图 2-17 可以清楚地看出 CPU05 寄存器与 CPU08 寄存器的区别。CPU08 增加了变址寄存器 H、溢出标志位 V。堆栈指标 SP 由 CPU05 的 6 位增至 CPU08 的 16 位，而且可以编程。CPU08 堆栈空间大，而且可以重新定位于 64K 空间中的任意位置上，这就是 CPU08 具有更加灵活多变的寻址方式和更丰富的汇编指令系统，并且可以使用 C 语言编程。

虽然 CPU08 内部寄存器较少，但由于片内存储器第 0 页含 64BI/O 寄存器和 192B RAM（＄40～＄FF），所以都可以用直接寻址方式实现由存储器到存储器的数据传送，即不必经过累加器，也就是说第 0 页存储单元都可以当做寄存器用。另外，RAM 也可以用间

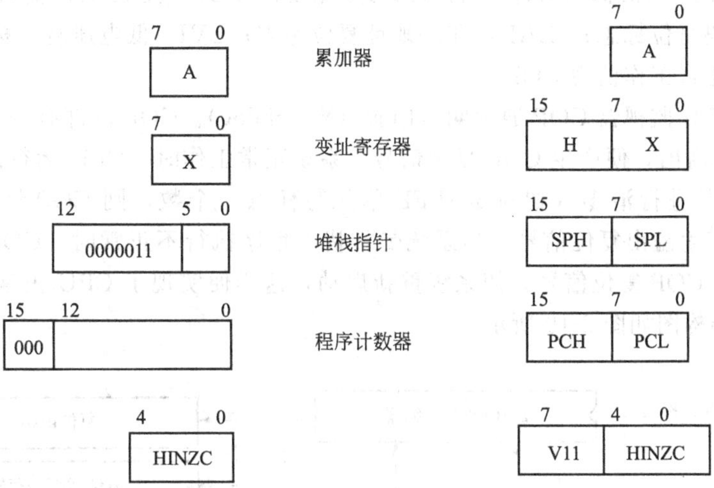

图 2-17　CPU05 与 CPU08 寄存器的比较

接寻址方式实现由存储器到存储器的数据传送，因此可以认为 CPU08 的寄存器相当多，将内部存储器当做寄存器使用，可以大大提高代码效率，而内部寄存器较少，又使中断速度得以提高。

2.3.2　复位功能

（1）复位源

① 外部复位。M68HC0 的$\overline{RST}$引脚为外部复位输入端，当$\overline{RST}$引脚输入低电平的持续时间大于 t_{IRI}（如 f_{BUS}=8MHz 时为 125μs）时，使 MCU 复位。$\overline{RST}$同时又是内部复位输出端，当产生内部复位信号时，$\overline{RST}$输出一个负脉冲。$\overline{RST}$内有拉高电阻，因此一般常态为高电平。

②内部复位。

a. 上电复位。当电源输入端电压 U_{DD} 发生跳变时，MCU 内部产生一个上电复位信号，使系统复位。

b. 低电压复位。当 U_{DD} 小于设定的电压时，MCU 内部产生低电压复位信号，使系统复位。

c. 非法地址和非法码复位。当 CPU 访问非法的地址（无物理单元的存储空间保留区）或取出非法操作码时产生复位信号，是系统复位。

d. COP 复位。当 CPU 正常工作监视器的计数器计数溢出时产生的内部复位信号，是系统复位。

③ 复位状态寄存器 RSR（$FE01）。RSR 为系统集成模块 SIM 中的一个状态储存器，记录发生复位操作的原因。软件根据 RSR 的状态分析复位原因，对系统作相应的初始化处理。RSR 寄存器格式如图 2-18 所示。

7	6	5	4	3	2	1	0
POR	PIN	COP	ILOP	ILAD	—	LVI	—

图 2-18　RSR 寄存器格式

POR：上电复位标志；PIN：外部$\overline{RST}$复位标志；COP：正常工作监视复位标志；ILOP：非法操作码复位标志；ILAD：非法地址复位标志；LVI：低电压复位标志。

（2）CPU 正常工作监视 COP

CPU 正常工作监视器 COP 通常叫看门狗（Watchdog）。COP 内部有一个自由运行的计数器，若计数器溢出，便产生 COP 复位信号。系统正常工作时，CPU 运行的用户程序应定时对 COP 计数器进行清零（如对＄FFFF 单元写任意一个数，则 COP 计数器清零），使 COP 计数器不产生溢出复位信号。当系统受干扰，程序执行不正常时，COP 计数器得不到定时清零而产生 COP 复位信号，使系统重新启动，这样便实现了 CPU 正常工作监视功能。GP32 的 COP 结构图如图 2-19 所示。

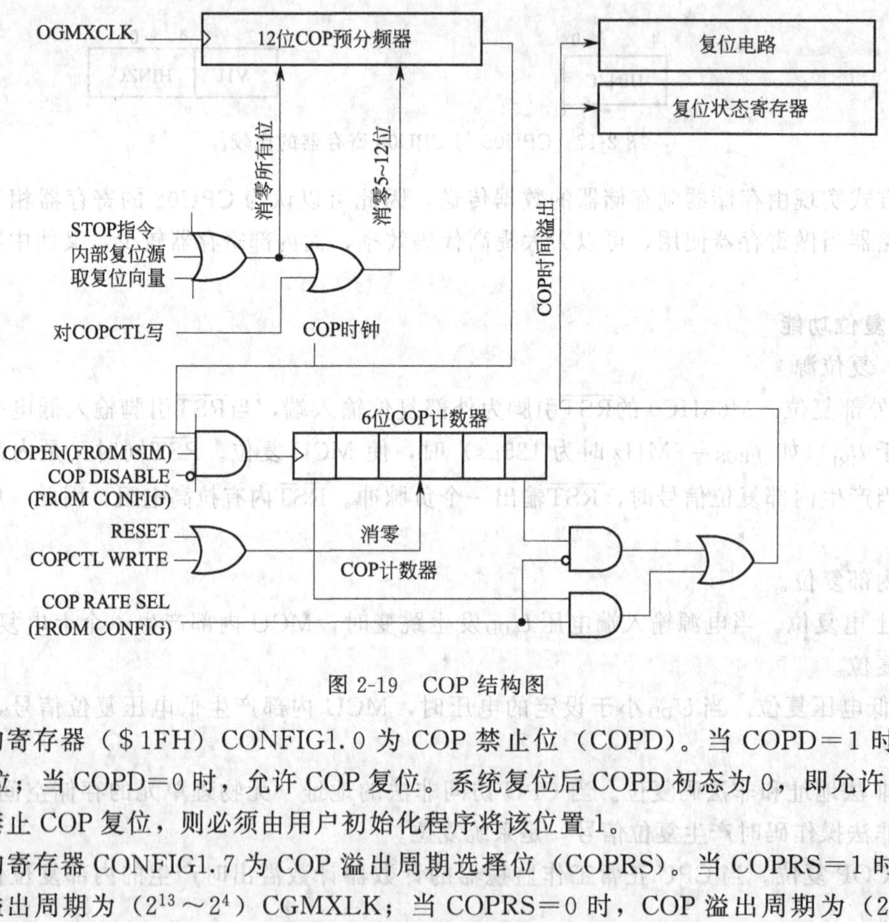

图 2-19　COP 结构图

结构寄存器（＄1FH）CONFIG1.0 为 COP 禁止位（COPD）。当 COPD＝1 时，禁止 COP 复位；当 COPD＝0 时，允许 COP 复位。系统复位后 COPD 初态为 0，即允许 COP 复位。若禁止 COP 复位，则必须由用户初始化程序将该位置 1。

结构寄存器 CONFIG1.7 为 COP 溢出周期选择位（COPRS）。当 COPRS＝1 时，COP 计数器溢出周期为（$2^{13}\sim 2^{4}$）CGMXLK；当 COPRS＝0 时，COP 溢出周期为（$2^{18}\sim 2^{4}$）GMXCLK。COPRS 初态为 0，也可以由软件置位。

（3）LVI 结构

① LVI 模块功能。LVI 模块监视主电源端输入电压 U_{DD}，当 $U_{DD}<U_{TRHT}$时，禁止系统继续工作，产生内部复位信号。

② LVI 控制。

a. 监视电压阈值 U_{TRHT}。选择 CONFIG1.3 为电源工作方式选择位（LVI50R3）。当 LVI50R3＝0 时，工作于 3V 方式；当 LVI50R3＝1，工作于 5V 方式。

b. LVI 使能控制。CONFIG1.4 为 LVI 禁止位（LVID）。当 LVID＝1 时，禁止 LVI 产

生复位信号；当 LVID=0 时，允许 LVI 产生复位信号。也可以由软件位置 1，LVID 禁止 LVI 产生复位信号。

2.3.3 中断系统

（1）中断的概念

中断是指中央处理器（CPU）正在处理某件事的时候，发生了异常事件（如定时器溢出等），产生一个中断请求信号，请求 CPU 迅速处理，CPU 暂时中断当前工作，转入处理所发生的事件，处理完以后，再回到原来中断的地方继续原来的工作，这样的过程称为中断，实现这种功能的系统称为中断系统，产生中断的部件或设备称为中断源。

一个计算机系统一般有多个中断系统，当多个中断源同时向 CPU 请求中断时，就存在 CPU 优先响应哪一个中断请求的问题。一般根据发生事件的轻重缓急，规定中断源的优先级，CPU 优先响应中断优先级高的中断源请求。

（2）M68HC08 的中断系统

M68HC08 的中断源数据随产品型号的不同而不同，随功能模块的增加而增加。中断源的数量反映控制器中断处理能力的高低。

① 中断响应过程。CPU 每执行完一条指令，若条件码寄存器 CCR 中的中断屏蔽位为 0，则按中断优先级次序查询所有的中断标志位；如果查到允许的中断请求源标志为 1，则响应该中断请求，中断过程如下：

a. CPU 寄存器 PLC、PHC、X、A、CCR 依次进栈。

b. 置位中断屏蔽位（关中）。

c. 从所响应的中断请求源对应的中断向量地址中取出中断向量（即中断服务程序入口地址）送入 PC。

d. CPU 从中断入口地址开始执行中断服务程序，直至碰到返回指令 RTI 为止，RTI 指令从栈中依次弹出 CLR、A、X、PHC、PLC，使 CPU 回到原来中断的地方继续执行原来的程序。

e. CPU 响应中断执行中断服务程序时，I 位置 1，因此不能响应其他中断请求。如果需要，在执行中断服务程序过程中执行清零（CLI）指令，就可以响应其他中断请求，以实现中断嵌套。

② 中断标志位和中断屏蔽位。M68HC08 的中断标志位和屏蔽位分布在各个功能模块的控制状态寄存器中。

2.3.4 外部中断

外部中断模块产生的中断请求信号是可以屏蔽的中断请求信号。IRQ 状态控制寄存器 INTSCR（$ ID）如图 2-20 所示。

	7	6	5	4	3	2	1	0	
R	—	—	—	—	IRQF	0	IMASK	MODE	复位后内容为$0
W					—	ACK			

图 2-20 IRQ 状态控制寄存器

① MODE：IRQ 触发方式选择位。1：IRQ 输入负跳变或低电平时产生中断（1 ⟶ ITQF）；0：IRQ 输入仅负跳变时产生中断（1⟶ITQF）。

② IMASK：外部 IRQ 中断屏蔽位。1：禁止 IRQ 中断；0：允许 IRQ 中断。

③ IRQF：IRQ 中断标志位。1：正在向 CPU 请求中断；0：未向 CPU 请求中断。

④ ACK：外部中断请求响应位。

2.4 SIEMENS 系列单片机

2.4.1 SAB80C515/SAB80C535 单片机

SAB80C515/SAB80C535 是 SIEMENS 公司生产的 8 位 CMOS 单片机，具有更高的性能，其中 SAB80C515/SAB80C515-16 带有工厂掩膜 ROM，而 SAB80C535/SAB80C535-16 需要外部扩充 ROM。它们的共同特征有：

① 8K×8B 片载程序存储器（仅对于 SAB80C515）。

② 256×8B 数据存储器。

③ 6 个 8 位并行 I/Q 口。

④ 1 个 D/A 信号输入口。

⑤ 全双工串行通信口。

⑥ 4 种操作模块，可变波特率。

⑦ 3 个 16 位定时/计数器。

⑧ A/D 转换器，8 路复用模拟信号输入口，可编程参考电压。

⑨ 16 位看门狗定时器。

⑩ 高灵活性的重载、捕获、比较能力。

⑪ 布尔运算。

⑫ 12 个矢量中断，4 个中断优先级。

⑬ 1μs 指令周期，采用 12MHz 时钟。

⑭ 4μs 乘、3μs 除操作。

⑮ 外部程序/数据存储器可扩充至 128KB。

⑯ 空闲、掉电模式，两种温度范围选择 0～70℃（采用 12MHz、16MHz、20MHz 时钟）和－40～85℃（采用 12MHz、16MHz）。

⑰ 向后兼容 SAB8051。

⑱ 功能等同 SAB80515。

⑲ P-LCC68 和 P-MQFP-80 的封装形式更节省空间。

（1）系统构成

SAB80C515/SAB80C535 结构示意图如图 2-21 所示。

SAB80C515/SAB80C535 基于 SAB8051/SAB80C51 构架，是一个卓越的、高性能单片机，秉承 SAB80C51 的操作特性。SAB80C515/SAB80C535 增加了一些功能，以此增加系统设计的弹性，全面提升系统性能。

SAB80C515/SAB80C535 采用 ACMOS 技术，进一步降低了芯片的功耗，可以应用在一些对功率消耗要求更低的场合，并且有两种软件选择模式（空闲/掉电模式），可进一步降低功耗。

SAB80C535 和 SAB80C515 除了片载 ROM 不同之外，其他方面都是一样的。表 2-5 为 SAB80C515/SAB80C535 系列微处理器索引信息表。

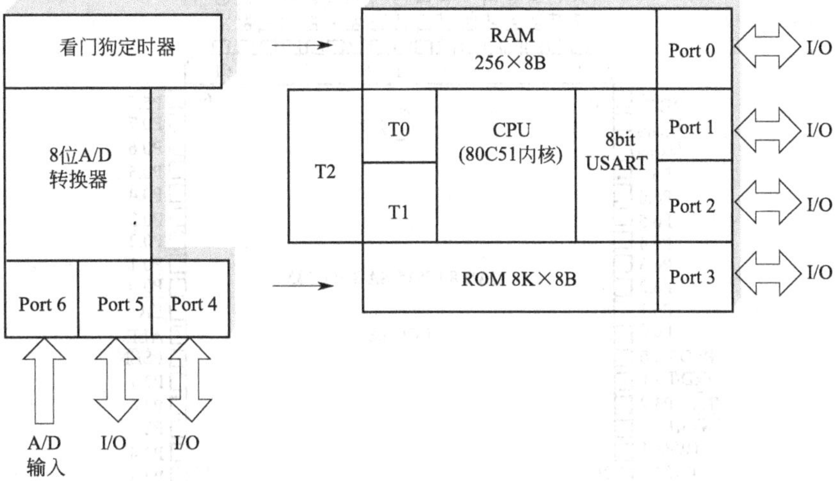

图 2-21 SAB80C515/SAB80C535 结构示意图

表 2-5 SAB80C515/SAB80C535 系列微处理器索引信息表

型　　号	索引代码	封　装	微处理器描述(8 位 CMOS)
SAB80C515-N	Q67120-DXXXX	P-LCC-68	带有掩膜 ROM,12MHz 时钟
SAB80C535-N	Q67120-C0508	P-LCC-68	外部扩展存储器,12MHz 时钟
SAB80C515-N-T40/85	Q67120-DXXXX	P-LCC-68	带有掩膜 ROM,12MHz 时钟,温度范围 −40～85℃
SAB80C535-N-T40/85	Q67120-C0510	P-LCC-68	外部扩展存储器,12MHz 时钟,温度范围 −40～85℃
SAB80C515-16-N	Q67120-DXXXX	P-LCC-68	带有掩膜 ROM,16MHz 时钟
SAB80C535-16-N	Q67120-C0509	P-LCC-68	外部扩展存储器,16MHz 时钟
SAB80C535-16-N-T40/85			外部扩展存储器,16MHz 时钟,温度范围 −40～85℃
SAB80C535-20-N	Q67120-C0778	P-LCC-68	外部扩展存储器,20MHz 时钟
SAB80C535-M	Q67120-C0857	P-MQPF-80	外部扩展存储器,12MHz 时钟
SAB80C515-M	Q67120-DXXXX	P-MQFP-80	带有掩膜 ROM,12MHz 时钟
SAB80C535-M-T40/85	Q67120-C0937	P-MQFP-80	外部扩展存储器,12MHz 时钟,温度范围 −40～85℃
SAB80C535-M-T40/85	Q67120-DXXXX	P-MQFP-80	带有掩膜 ROM,12MHz 时钟,温度范围 −40～85℃

注：ROM 类型索引代码 DXXXX 在编程确认后由用户定义。

(2) 引脚结构图

图 2-22 和图 2-23 为两种封装形式的引脚结构图，SAB80C515 同 SAB80C51 相比，内部增加了 128B RAM 和 4KB ROM，构成 256B 片载 RAM 和 8KB 片载 ROM。

SAB80C515 有一个新的 16 位定时/计数器，带有 2：1 预分频、重载入、比较和捕获能力，并包含一个 16 位看门狗定时器，一个 8 位 A/D 转换器（带有可编程参考电压），两个额外的准双向 8 位 I/Q 口，一个 8 位模拟/数字信号输入口，一个可编程时钟输出。而且，SAB80C515 有一个强大的中断结构体系，具有 12 个矢量中断和 4 个可编程中断优先级。SAB80C515/SAB80C535 内部结构如图 2-24 所示。因为该芯片是基于 MCS51 架构，因此，软件可以很方便地进行移植。MCS51 的系统扩展方法，对 SAB80C515/SAB80C535 也同样适用。表 2-6 为部分引脚功能的描述。

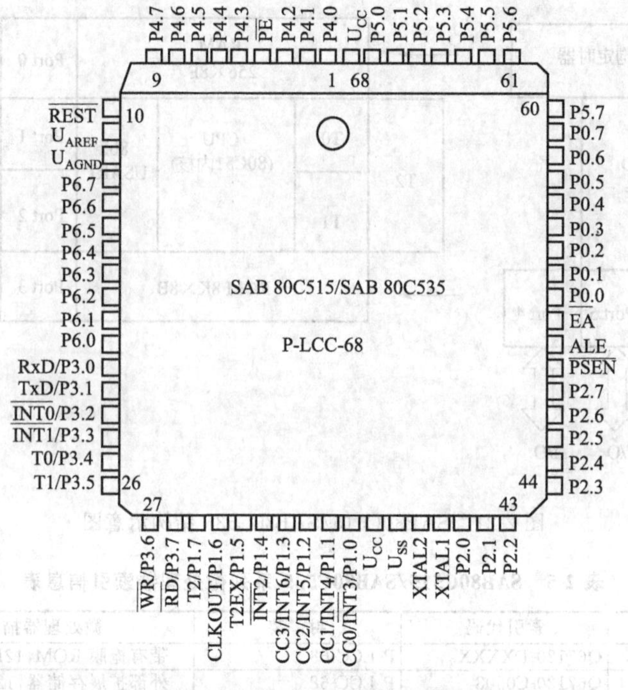

图 2-22　P-LCC-68 封装引脚图

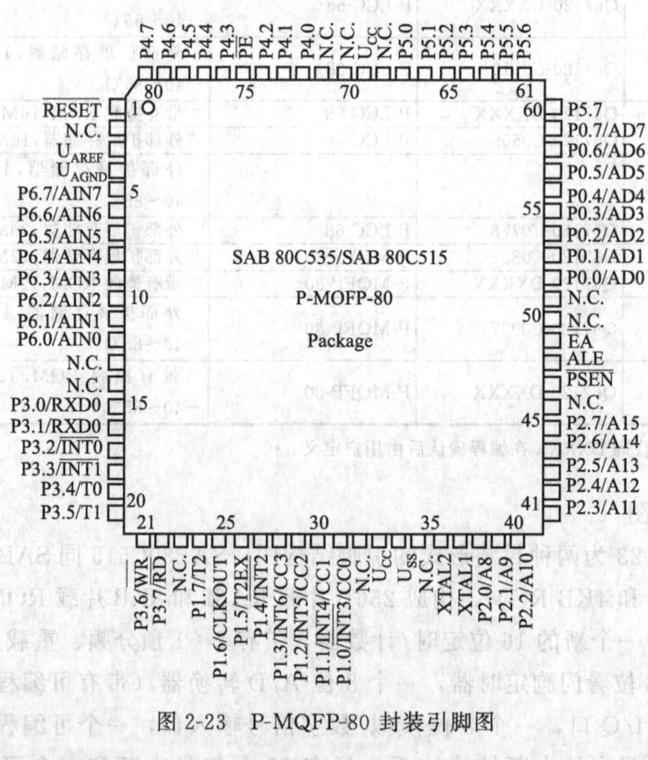

图 2-23　P-MQFP-80 封装引脚图

2.4.2　SAB80C166W 单片机

SAB80C166W 是 SIEMENS 公司 SAB80C166 家族的一个代表，作为一个单芯片的 CMOS 微控制器，它组合了高性能的 CPU（1000 万指令/s）、高外部扩展能力和增强的 I/Q 端口，系统操作时钟不经过预分频，直接取自片内振荡器。

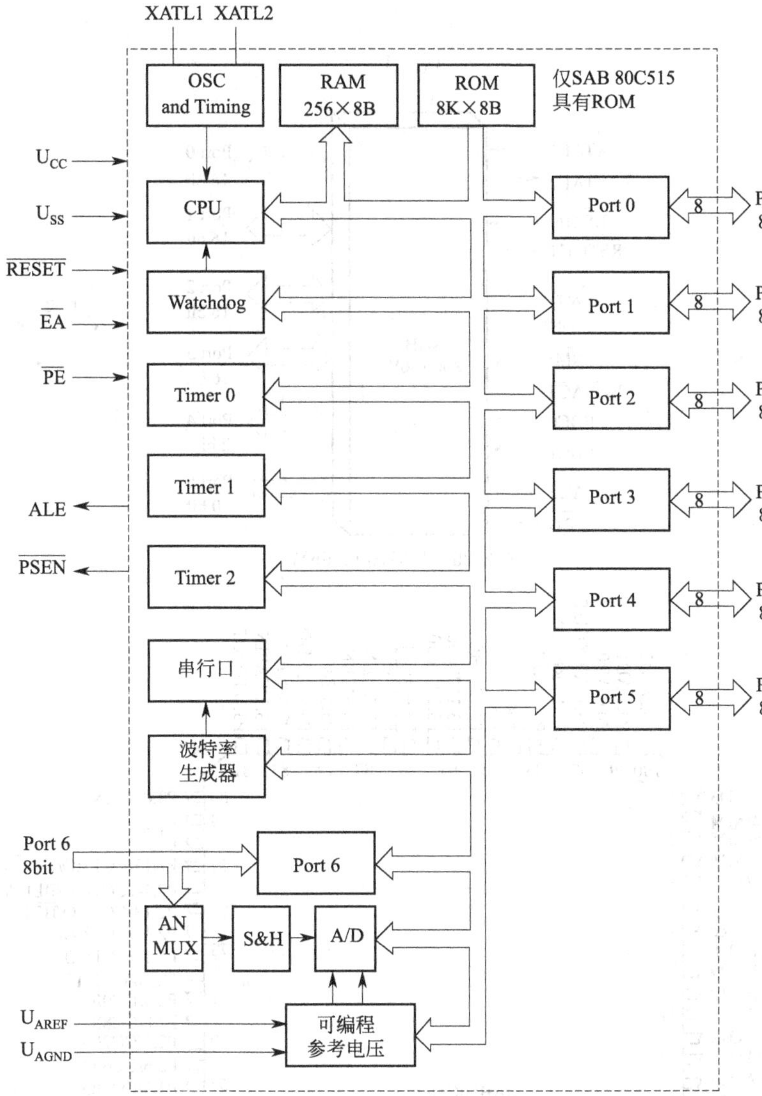

图 2-24　SAB80C515/SAB80C535 内部结构示意图

表 2-6　SAB80C515/SAB80C535 部分引脚功能描述

符　　号	引脚 P-LCC-68	引脚 P-MQFP-80	类别	功 能 描 述
P4.0～P4.7	1～3、5～9	72～74、76～80	I/Q	Port 4 是一个内部带有上拉电阻的 8 位 I/Q 端口。对端口写 1 时，通过内部上拉电阻将端口拉到高电位，这时可用做输入口。Port 4 作输入口适用时，因为有内部上拉电阻，那些被外电路拉低的引脚会输出一个电流(I_{IL})
$\overline{PE}$	4	75		省电模式允许。当该引脚为低电平时，允许进入省电模式(空闲和掉电模式)；当此引脚为高电平时，不可能进入省电模式
U_{AREF}	11	3		A/D 转换器参考电压
U_{AGND}	12	4		A/D 转换器参考搭铁
P6.0～P6.7	13～20	5～12		是 8 位不定向输入口，可以作为数字信号输入口，如果输入电平满足数字电平的高/低要求，还可作为 A/D 转换器的 8 个多路模拟信号输入口
P5.0～P5.7	60～67	60～67	I/Q	同 Port 4

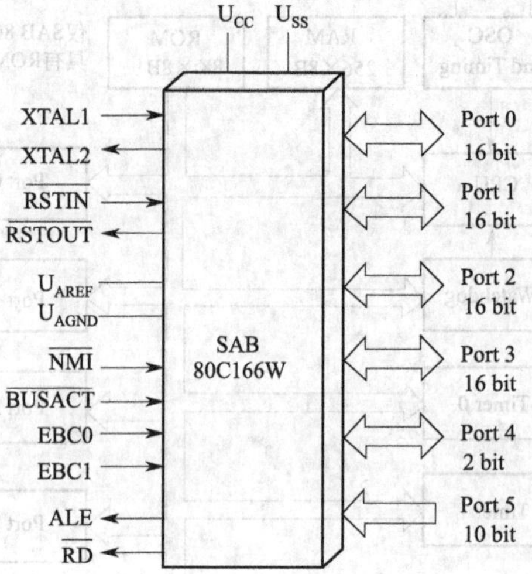

图 2-25　SAB80C166W

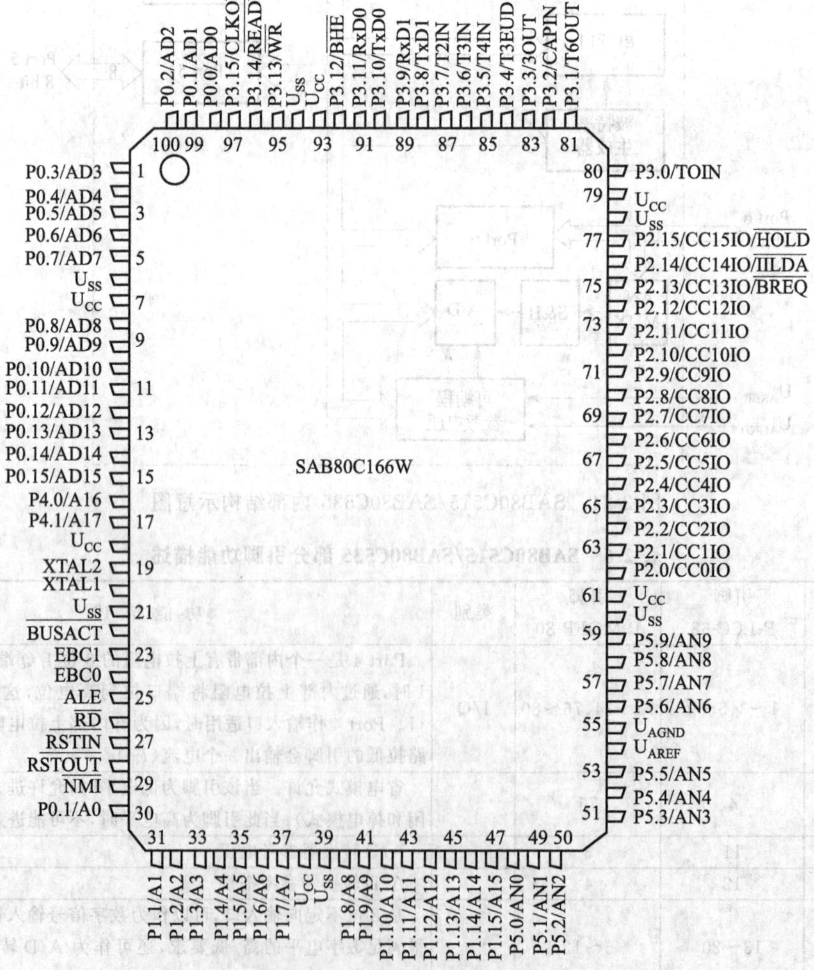

图 2-26　SAB80C166W 引脚结构图（P-MQFP-100-2）

（1）系统结构

SAB80C166W 采用一种新的构架，结合 RISC 和 CISC 处理器以及先进外围子系统的优点，其结构如图 2-25 所示。

（2）引脚结构

SAB80C166W 的引脚结构如图 2-26 所示。

SAB80C166W 是 SIEMENS 公司生产的 16 位高性能单片机，其性能出色，广泛地应用于工业控制和汽车领域，其主要特征有：①16 位高性能 CPU 带 4 级流水线；②100ns 指令周期，20MHz 系统时钟；③500ns 多位乘（16×16bit），1μs 多位除（32/16bit）；④代码和数线性地址空间上升到 256KB；⑤1KB 片载 RAM；⑥对不同的地址空间，具有可编程外部总线特性；⑦8 位或 16 位外部数据总线。⑧复用或分离的外部地址/数据线；⑨总线仲裁；⑩512B 片内特殊功能寄存器；⑪空闲和掉电模式；⑫8 通道中断驱动，外部事件控制器（PEC）支持单周期数据传送；⑬16 级优先中断系统；⑭10 通道 10 位 A/D 转换器，9.7μs 转换时间；⑮16 通道捕获/比较单元；⑯两组多功能通用定时器，带 5 个定时器；⑰两个串行通道（USARTS）；⑱可编程看门狗定时器；⑲高达 76 个 I/O 口；⑳片载引导指令加载功能；㉑100 引脚 MQEP 封装。

习题与思考题

1. MCS-51 是由哪些部分组成？
2. M68HC08 单片机的特点是什么？
3. SAB80C515/SAB80C535 单片机由哪几部分组成？

第 3 章　汽车电脑结构与工作原理

【本章知识要点】

- 汽车电脑控制系统的基本组成
- 汽车电脑的结构
- 汽车电脑 ECU 的工作过程
- 汽车电脑 ECU 的工作原理

3.1　汽车电脑控制系统的基本组成

汽车电脑，狭义上指的是汽车电子控制单元 ECU；广义上，可以认为是以 ECU 为核心的汽车电子控制系统。汽车电子控制系统结构由传感器、ECU（电控单元电脑）和执行器三部分构成，如图 3-1 所示。其中传感器犹如人的“眼睛”、“耳朵”等感觉器官，汽车电脑（ECU）犹如人的“大脑”，是决策机构，而执行器就是人的“手脚”，用来执行 ECU 布置的具体工作。

图 3-1　汽车电脑控制系统的基本组成

（1）传感器

汽车上的传感器，将收集到的各种信号输入汽车电脑（ECU）中，是信号的采集部分，它将测量到的汽车各种工况以及状态的物理信号转变成为汽车 ECU 能够识别的电信号，输送给汽车电脑。汽车传感器的种类越来越丰富，汽车的控制精度越高。汽车传感器将信号传给电脑 ECU，如图 3-2 所示。

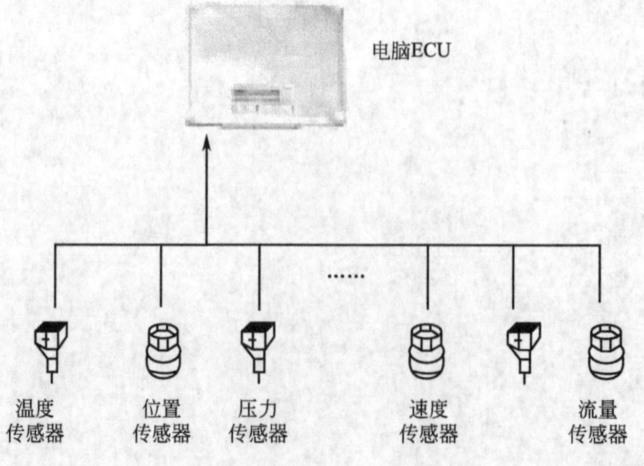

图 3-2　汽车传感器工作示意图

（2）汽车电脑 ECU

电子控制系统的核心就是汽车电脑 ECU，它对各种传感器输入的信号以及部分执行器的反馈信号（此时执行器的这一部分功能已转变为传感器功能）进行综合运算处理，向执行器输出控制信号，使执行器按照预先的控制目标工作。从而使得汽车电子控制系统具有了分析、处理、传递信息和控制汽车的各个部分的功能。

（3）执行器

汽车执行器根据 ECU 输出的执行信号来完成具体的控制动作。执行器为电脑的输出部分，基本结构一般为线圈类的磁动作元件，例如喷油嘴、怠速马达、点火线圈、各种电磁阀等。

执行器可以直接或间接地完成 ECU 命令的工作，例如喷油器、怠速控制阀和继电器控制燃油泵等。执行器工作时，先由汽车电脑 ECU 向输出驱动器或大功率晶体管发出控制信号，使执行器的电路回路接通，由执行器产生的动作控制汽车的运行状态。

3.2　汽车电脑的结构

汽车电脑目前已广泛被应用在许多系统功能的操作上，例如发动机燃油系统、点火系统、废气再循环系统、空调系统、灯管电路以及定速巡航控制、防抱死制动系统、电子悬架系统和电子变速器等。

汽车电脑是一个电子装置，这能够储存并处理信息，然后根据信息来控制其他的装置。汽车发动机电脑 ECU 主板芯片及作用如图 3-3 所示。

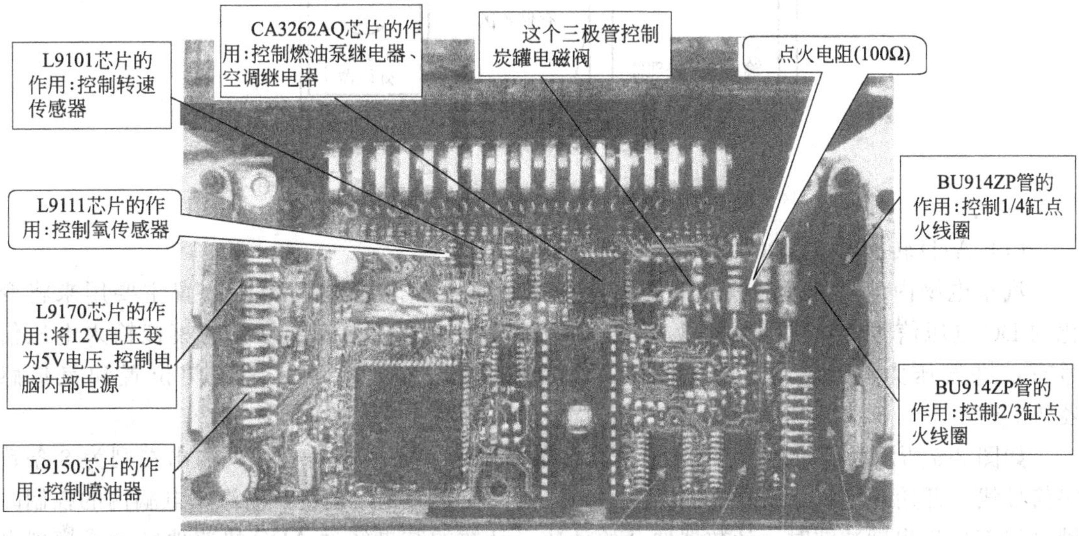

图 3-3　发动机电脑 ECU 主板芯片及作用

汽车电脑的结构模块如图 3-4 所示。

3.2.1　输入信号处理器

汽车电脑所接收的信号都是二进制数的数字信号。由于车上传感器种类繁多，各种传感器所产生的信号形式都不相同，所以这些信号需要不同的转换方式，将它们所产生的信号都转换成汽车电脑所能接收的数字信号。输入信号处理器在汽车电脑中的位置如图 3-5 所示。

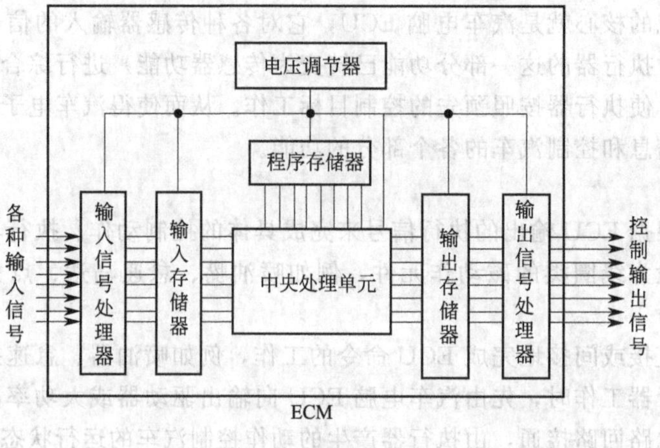

图 3-4 微处理器控制模块的方块图（以 8 位为例）

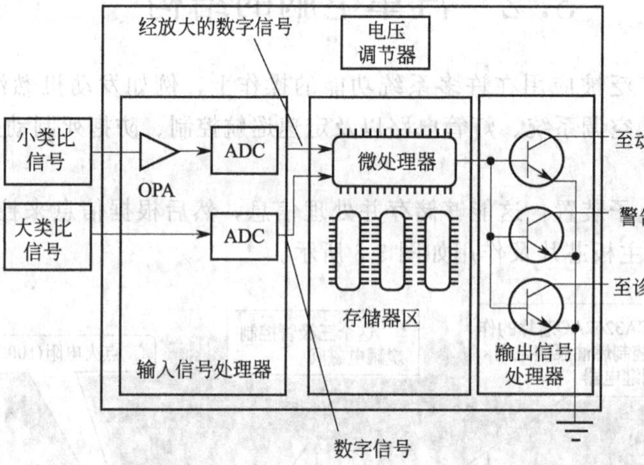

图 3-5 输入信号处理器在电脑（MCM）中的位置

(1) A/D 转换器（ADC）

汽车电脑内信号处理部分最常见的转换器就是 A/D 转换器，ADC 装置主要用来将变化的 DC 电压信号转换成可以被微处理器使用的数字信号。汽车上常见的模拟输入电压信号有：进气压力、进气量、蓄电池电压、冷却水温、进气温度、节气门位置和氧传感器等。

如图 3-6 所示为简单的 8 位 ADC 电路，输入端为 1 条模拟信号线，输出端则为 8 条数字信号线。开始时将清除信号（CLR）送到计数器使其归零，接着，当汽车电脑内的控制时钟（CLK）送出脉冲波时，计数器便开始计数。计数的结果经过 ADC 快速地转换成模拟电压 U_d，并进入比较器的反向输入端，与模拟输入电压 U_i 做比较。

① 如果 $U_d > U_i$，则比较器的输出为高电压状态“1”。CLK 信号仍可通过，使计数器继续计数。

② 如果 $U_d < U_i$，则比较器的输出为低电压状态“0”。CLK 信号无法通过，而使计数器停止计数。此时，计数器的数字输出值即代表模拟输入电压值的大小。

汽车上所使用的开关型传感器以及模拟信号型传感器所产生的信号，一种是有电压/无

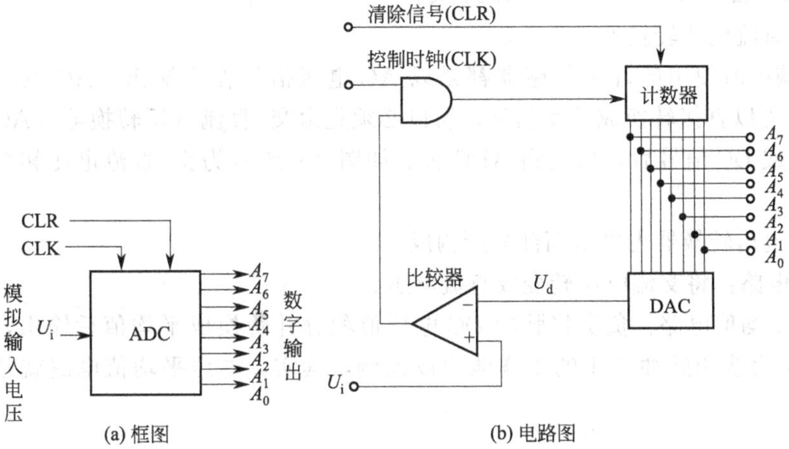

图 3-6　A/D 转换器（8 位为例）

电压信号；另一种是不规则变化性的模拟电压信号，它们都必须被 ADC 转换成可使用的数字信号。

如图 3-7 所示为 8 位的 ADC 应用实例。温度传感器的电阻值随待测流体的温度值而变化，此变化经由一简单的分压器电路后成为模拟式输入电压 U_i，送到 ADC。以本图为例，当 U_i＝0.75 时，8 位输出信号为 00100110。

8 位 ADC 一共可以产生 2^8＝256 种电压值的变化，因此，5V 输入电压便可以被分割成 256 级，每一级等于（5/256）V。U_i＝0.75V，其中 256 级所占的比值为：0.75V/5V/2^8＝38

而 38 级经换算成二进制数恰好为 00100110。

如图 3-8 所示，输入电压 U_i 变成 2.5V 时，可以同样的方法换算其在 256 级中的比值为：

$$2.5V/5V/2^8=128$$

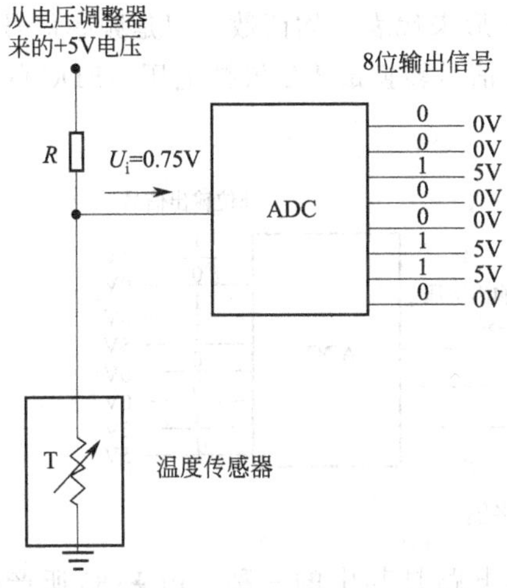

图 3-7　ADC 应用实例一

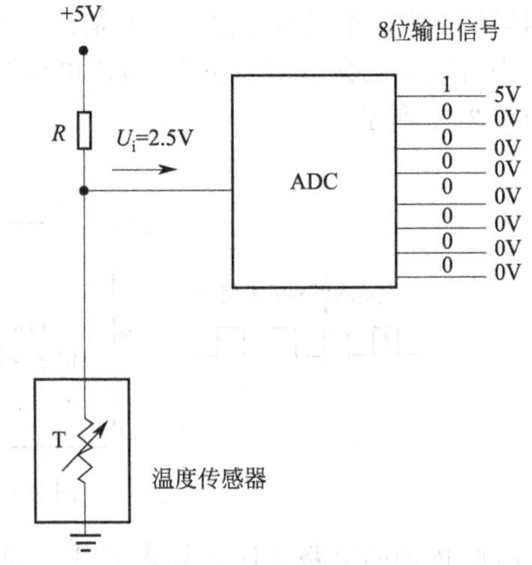

图 3-8　ADC 应用实例二

128 经换算成二进制恰好等于 2^7，以 8 位方式表示则为 10000000。

目前汽车电脑多以 16 位传输为主流。4 位可将电压信号分成 2^4＝16 级，同理可推，8

位为 $2^8=256$（级），16 位为 $2^{16}=65536$ 级。

（2）交/直流电压转换器

汽车电脑中所使用的许多传感器都是以 AC 电压信号作为输出，AC 电压信号无法像 DC 电压信号可以直接转换成数字信号，所以必须先由交/直流电压转换器（AC to DC Converter）转换成 DC 信号后，再送到 ADC 去。如图 3-9 所示为交/直流电压转换器的位置与构成。

交/直流电压转换器主要由两部分所构成：

① 整流电路：将交流电压转变成直流电压。

② 电压平均值电路：负责将脉冲 DC 电压值积分并转换成平均值后输出，这个输出的模拟电压大小直接和脉冲电压的工作能力成比例，其实，电压平均值电路就是一个积分器电路。

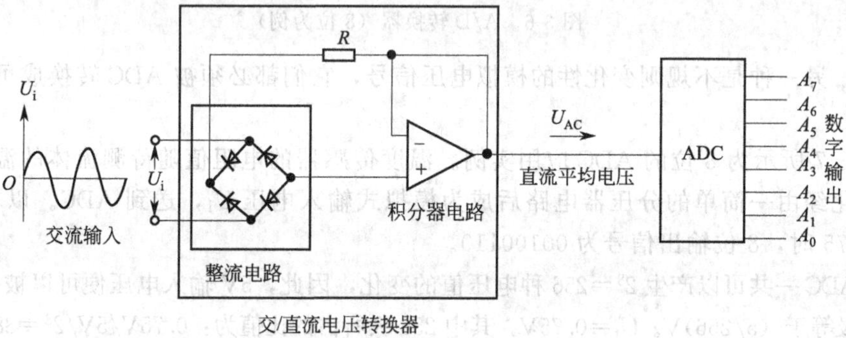

图 3-9　交、直流电压转换器的位置与构成

（3）频率直流电压转换器（FDC）

汽车上使用一些产生频率波形的传感器，如 MAP（进气歧管绝对压力传感器）、MAF（空气流量传感器）和 BARO（大气压力传感器）传感器等。以 MAP 为例，此传感器用来侦测出歧管内的绝对压力值，并且输出一变动频率波形来代表平均读数，但是频率信号在被 CPU 使用前，必须先经过频率/直流电压转换器，将信号转换成 DC 模拟电压，FDC 的电路图如图 3-10 所示。

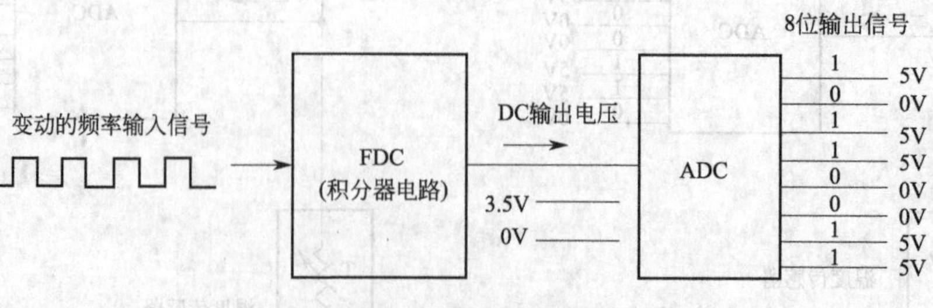

图 3-10　FDC 电路图

FDC 内部的电路设计有许多方式，利用积分器电路是其中的一种。由 FDC 所产生的 DC 输出电压大小直接与输入信号频率大小成正比。信号频率愈低，其输出电压也愈小；反之，输入到 FDC 的频率信号愈高，则所产生的输出电压也愈大。在 FDC 将信号转换成对应的 DC 电压之后，电压紧接着被送到 ADC 去。

3.2.2 存储器

在经过了“输入信号处理器”的处理之后，信号将变为二进制数字，并且以此来代表先前的输入信号。紧接着，输入信号以 8 位（或 16 位）的二进制形式送入存储器。

微处理器的计算、比对等工作都必须由各类存储器支持，存储器芯片在外观上类似于微处理器芯片，汽车电脑内常用的存储器种类有以下几种。

（1）随机存取存储器（RAM）

微处理器将需要暂时储存的资料送到 RAM。由于车辆行驶中状况随时在改变，所以 RAM 内储存了这些变动的资料，微处理器也将计算结果和其他可以改变的资料写入 RAM 中。RAM 里面的资料能够被微处理器读取或删除。

RAM 属于易失性存储器，则当点火开关关掉后，RAM 所储存的资料也一并被清除掉。若 RAM 属于非易失性存储器，如 FLASH（快闪存储器），则熄灭后资料仍能保存。

（2）只读性存储器（ROM）

微处理器只能从 ROM 读取资料，却不能写入或删除资料，所有资料在存储器芯片制造过程中编译程序方式写入 ROM 内，因此即使拔掉蓄电池电缆线，ROM 里的存储资料也不会消失。

ROM 有一位址资料表包含使车辆维持动作的资料。例如表内含有发动机在各种不同工作状态下的理想歧管真空值，并以此做出适当的调整动作。

（3）可编程式只读存储器（PROM）

在许多汽车厂商（如通用），在汽车电脑中安装了一个可拆卸的 PROM，它可以进行独立的检修。PROM 内含有一些特定的程序，例如点火提前程序，它针对特定的车型而做设定。若要更改设定值，如最大功率极限，只需拆下，更新程序内容即可。

目前也有无需拆下的 PROM，只要用诊断仪，便可经由车上的诊断接头进行程序内容的更新工作。

（4）活性存储器（KAM）

KAM 在特性上很像 RAM。微处理器可以从 KAM 上读取、写入和删除资料。当点火开关关掉后，KAM 内的资料仍可保存；但是若拔掉电脑的电源（蓄电池）线之后 KAM 所储存的资料便消失了。

3.2.3 微处理器

汽车上的微处理器存着预先写好的程序来计算并控制系统的动作，程序写得非常细并且可以应付系统动作时各种可能发生的工况组合。

微处理器是这整个汽车电脑的“大脑”，也常被称为中央处理单元，由数千个电晶体置于一位小芯片上所构成，微处理器由以下几个主要组成部分。

① 暂存器：用以组成累进器、信息计数器、程序计算器和指令暂存器等。

② 控制单元：负责实现位于指令暂存器内的各种指令。

③ 数字逻辑单元：执行数学和逻辑功能。

输入信息在微处理器内被处理并且和存储器内的程序做对比检查，微处理器也会根据程序的参数来检验存储器其他的信息。由微处理器所获得的信息则会依程序指令而改变，程序也许令微处理器对信息做出逻辑性的决定。一旦所有计算工作完成，微处理器便输出信息来对控制系统的动作做出必要的修正或调整。

3.2.4 输出信号处理器

在微处理器执行完了必需的计算工作后，计算结果便储存在特别保留给输出信息用的存储器内，这些存储器被称做输出存储器，常置于与输入存储器相同的 RAM 中，甚至可能将两者制作在相同的芯片上。输出信息可以被暂时存储，直到被覆盖位置。

微处理器以输出存储器作为储存数字信息的地方，这些数字信息将被输出信号处理器使用，以产生各种不同的控制信号。微处理器并不直接驱动输出信号处理器。就像输入信号处理器一样，输出信号处理器也是由数个不同装置所组成，它们可以是单独的，也可以是组合的，以产出输出信号。输出信号处理器在汽车电脑中的位置如图 3-11 所示。

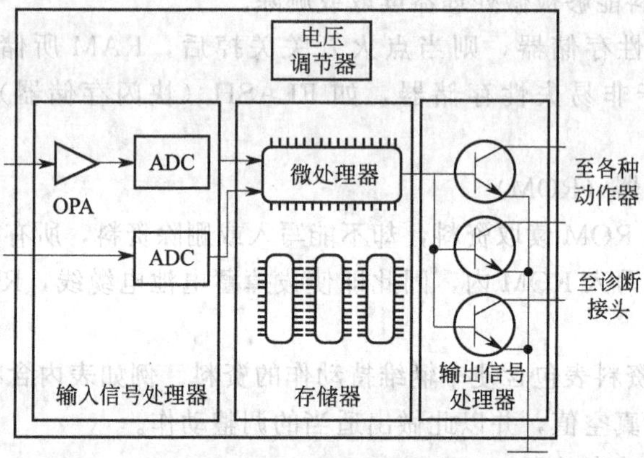

图 3-11 输出信号处理器在电脑中的位置

(1) 数字/模拟转换器（DAC）

数字/模拟传感器可将储存在存储器内的数字信号转换成模拟电压信号，以驱动各种作动器，如喷油器、继电器或启动机等。

最简单的 DAC 是由加法器电路所构成，如图 3-12 所示。

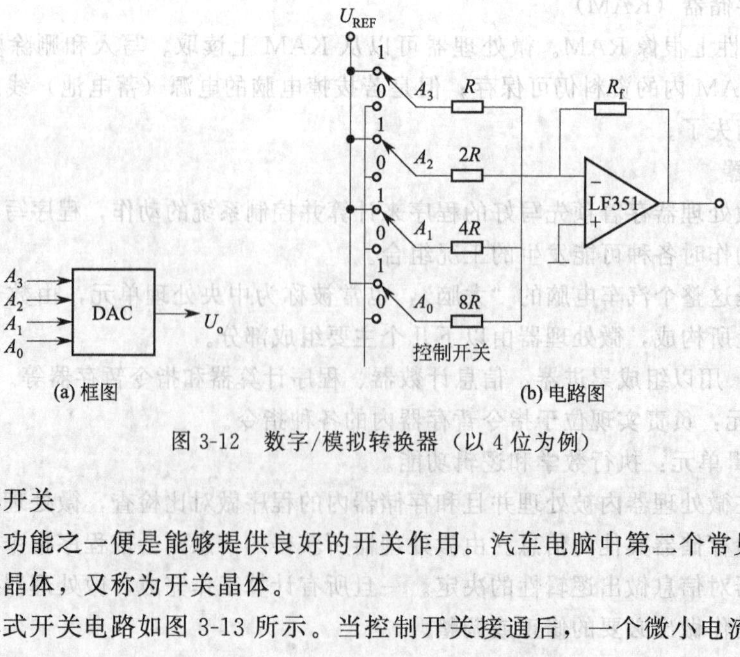

图 3-12 数字/模拟转换器（以 4 位为例）

(2) 晶体开关

晶体基本功能之一便是能够提供良好的开关作用。汽车电脑中第二个常见的输出信号处理器便是切换晶体，又称为开关晶体。

切换晶体式开关电路如图 3-13 所示。当控制开关接通后，一个微小电流流经切换晶体的基极-射极间，并搭铁完成回路。次位小电流一旦让晶体连到顺向偏压后，电晶体允许电流自集电极流向射电极，完成搭铁回路。整个过程中，晶体的作用就像一个开关，故名切换晶体。当电压加在基极时，切换晶体接合；移去基极电压时，切换晶体断开。

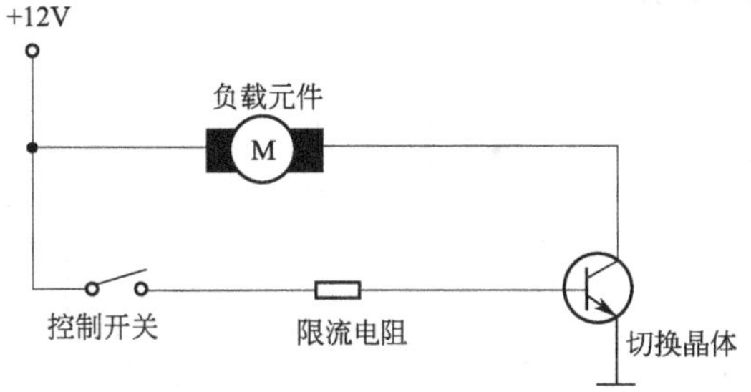

图 3-13 切换晶体式开关电路

在某些要求大电流、低频率，却不需要求切换速度的电路中，如汽油泵线路，常常将一个速度快但电流小的切换晶体连接在继电器的线圈端，作为一控制开关，让 12V 电流可以流到汽油泵，如图 3-14 所示。这种切换控制方式的缺点是线圈充磁需要时间，故只能用在对速率要求不太高的地方。

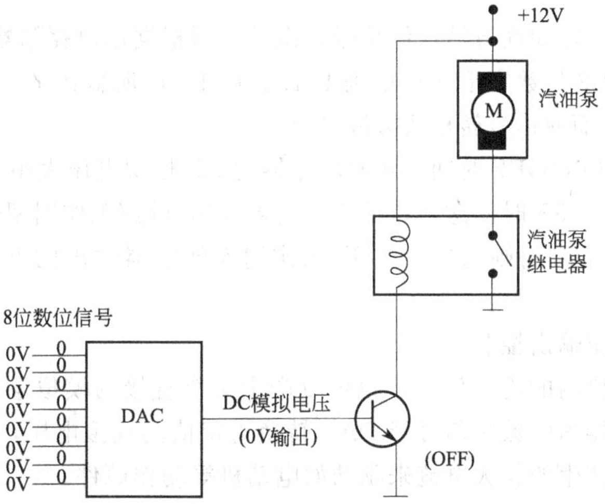

图 3-14 利用切换晶体控制继电器

（3）电压/工作周期转换器

工作周期是指工作方波宽度与方波周期之比，即方波使元件作用 ON 的时间与周期的比值，如图 3-15 所示。

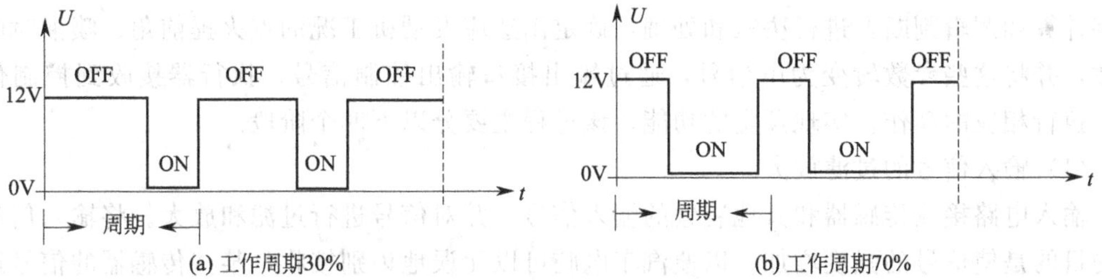

图 3-15 汽车工作周期

汽车上许多电子控制原件，如喷油器、各种电磁阀都由数字方波（脉冲波）的ON/OFF时间比所控制，此数字方波便由电压/工作周期转换器来产生。电压/工作周期转换器属于一种电压/频率转换器，可产生一定频式方波信号，即其频率与工作周期皆为变动的。电压/工作周期转换器电路如图3-16所示。

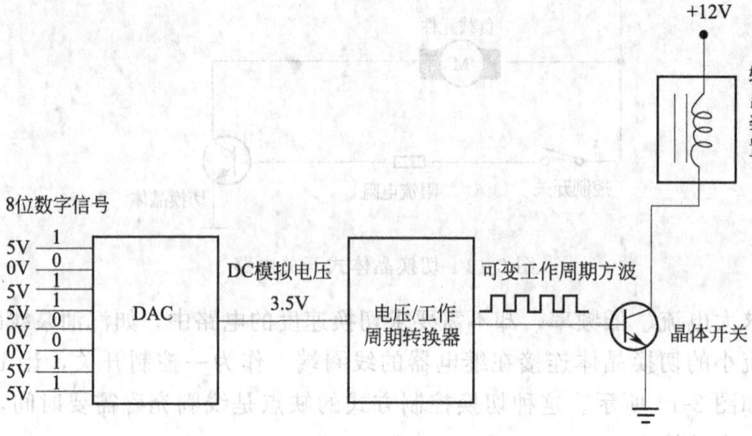

图3-16 电压/工作周期转换器电路

为了产生可变式工作周期方波控制信号，微处理器根据输出存储器内的信息，令电晶体做ON/OFF切换而以8位数字形式传送到DAC。由DAC所输出的DC模拟电压在输入电压/工作周期转换器，而使信号转换成方波输出。

输出方波信号的ON/OFF时间由送到转换器的DC模拟电压大小决定，DC输入电压愈高，ON时间便愈长，OFF时间愈短；反之，当输入到电压/工作周期转换器的电压降低时，OFF时间增加，而ON时间则愈短。电压/工作周期转换器输出的方波信号用来控制晶体开关。

（4）直接模拟电压输出控制

微处理器控制模块内的输出处理器也可以产生一个直接的模拟电压输出。如图3-17所示，储存在输出存储器内的数字信号经DAC转换为定值的模拟电压，此电压再送入电压放大器，利用放大器所产生的较大电流来驱动如电动机等动作原件。

3.3 汽车电脑ECU的工作过程

汽车在行驶时，各传感器不断检测汽车运行工况，并将这些信息实时地通过输入接口传送到ECU，ECU接收到这些信息时，根据内部预先存储的数据和编写好的控制程序，通过数字计算和逻辑判断，进行决策和处理，确定出适应发动机工况的点火提前角、喷油时间等参数，并将这些参数转变为电信号，通过输出接口输出控制信号，执行器接收到控制信号后，执行相应的动作，实现预定的功能。该过程主要分以下四个阶段。

（1）输入信号的过滤放大

输入电路接收传感器和其他装置的输入信号，并对信号进行过滤和放大。将输入信号放大的目的是使信号的强度增加，以便汽车电脑可以无误地识别接收，某些传感器的信号送入电脑内的微处理器之前必须放大，由电脑中输入芯片中的放大电路来完成。比如，氧传感器

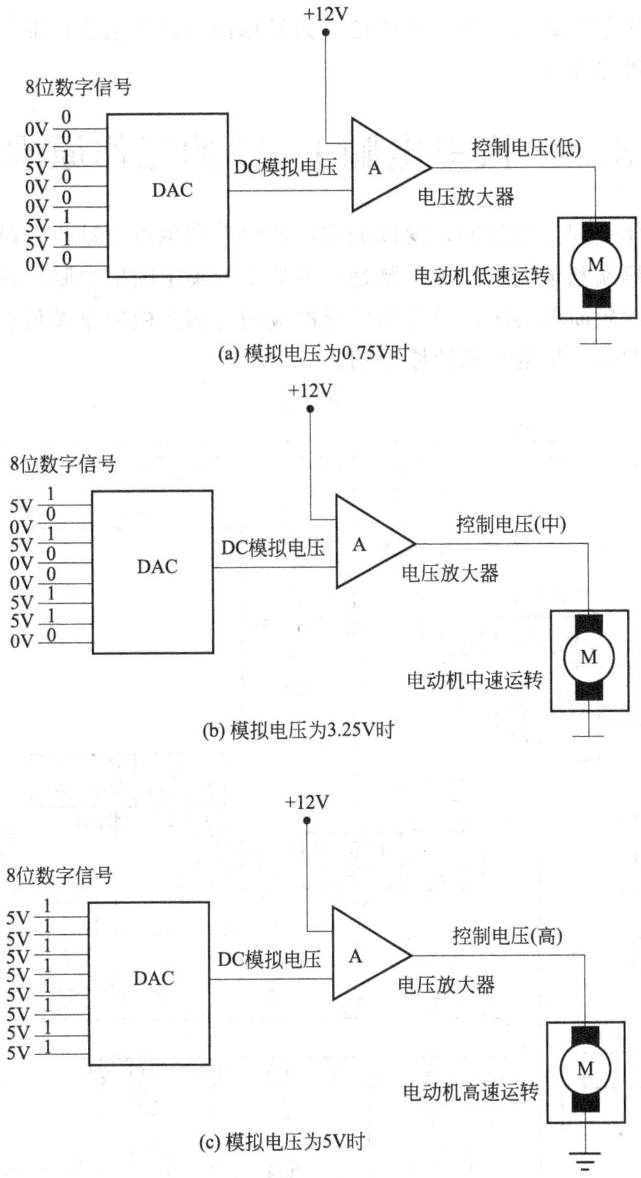

(a) 模拟电压为0.75V时

(b) 模拟电压为3.25V时

(c) 模拟电压为5V时

图 3-17　直接模拟电压输出控制

产生的小于 1V 的低电压信号，只能产生极小的电流信号，就需要首先放大，然后输入。

（2）模数（A/D）转换

由于很多传感器产生的是模拟信号，而微处理器处理的是数字信号，所以必须把模拟信号转换为数字信号，这项工作由电脑输入芯片中的模数转换部分完成。模数转换器以固定的时间间隔不断地对传感器的模拟信号进行扫描，并对模拟信号赋予固定的数值，然后将这个固定值转换成二进制码。

（3）微处理器的信息处理

微处理器是单片机的核心部件，将已经预处理的信号进行运算，并将处理后的数据送至输出电路。

（4）输出信号的处理

输出电路将数字信号放大，有些还要还原为模拟信号以驱动执行器工作，常见的执行元件有喷油器和各种继电器等。

3.4 汽车电脑ECU的工作原理

汽车电脑的工作原理是类似的，现以最基本的玛瑞利单点发动机电脑为例详细讲述汽车电脑的工作原理。玛瑞利单点发动机电脑是一种典型的集中喷射电脑，由于该发动机电脑成本低廉且控制系统比较简单实用，目前已广泛的应用与国产微型车及低档轿车当中。图3-18是以该电脑为核心的发动机电控系统原理图。

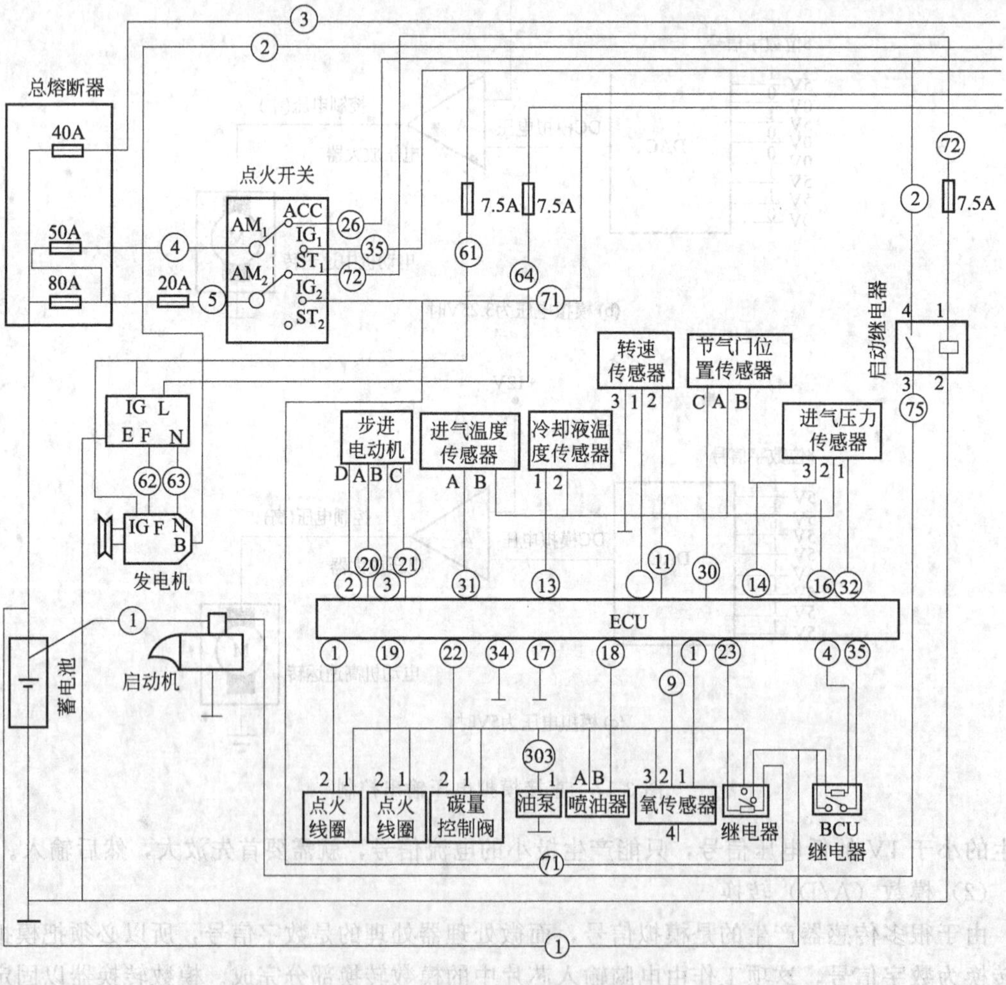

图3-18 发动机电控系统原理图

图3-19是该发动机电脑内部电路原理图，其逻辑电路是以CPU为核心的数字电路系统，而CPU又是逻辑电路的控制核心，它通过数据总线和地址总线把存储器、总线驱动器、数据锁存器等外部器件有机地连成一体，并通过I/Q口把传感器信号送到CPU内部，把执行信号送到外部，同时完成与其他设备（如诊断设备）通信的功能。

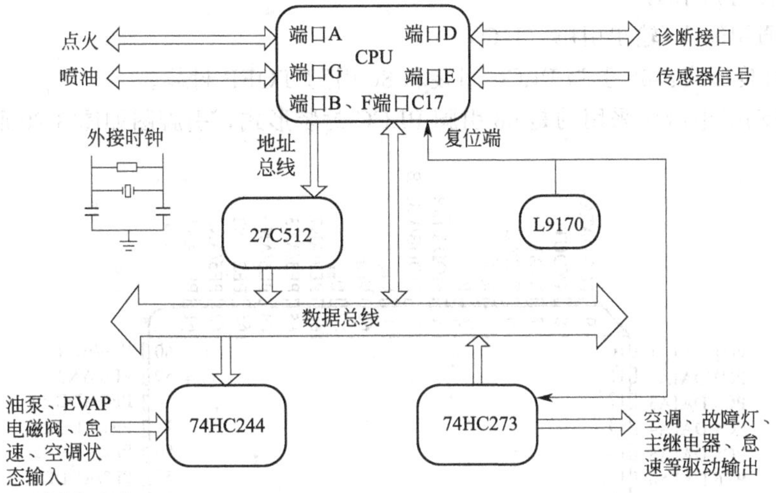

图 3-19 玛瑞利单点发动机电脑原理图

工作原理描述如下：电源接通后由电源芯片 L9170 的 8 输出低电位的复位信号至 CPU 的复位端（17)，同时送到 74HC273 的清零端使其输出清零，CPU 进入启动状态，首先对内部硬件进行复位，设置相应的寄存器，然后开始 Boot Loader 程序，进行程序装载；将 21C512 中的主程序读取到内部的 RMA 中，并通过跳转指令进入程序运行状态。主程序首先从数据总线上输出逻辑“1”(高电位)，该信号经 74HC273 锁存后输出高电位控制信号，使主继电器接通，将 12V 电源加到点火线圈及喷油器等外部设备。然后通过端口 E、端口 A 读取外部传感器信号及转速信号，通过这些信号来判断车辆当前运行的工况，并根据当前工况从端口 D、端口 G 及数据总线（通过 74HC273 锁存）输出相应的驱动信号，使相应的设备进入运行状态。通过端口 A、端口 D、端口 G 及数据总线（经 74HC244 驱动）读取相应设备的状态信息，根据这些信息对控制信号进行进一步优化和调整。逻辑电路和传感器及执行机构构成了闭环控制系统，通过反馈信号不断优化控制系统，使发动机处于最佳状态。

(1) 玛瑞利单点发动机电脑 CPU

电脑 CPU 使用的是 M68HC11F1，它是摩托罗拉公司生产的高性能 8 位单片机，其主要特征如下。

① 两种省电模式：停止和等待。

② 1 024B RAM，RAM 数据在待机时保留。

③ 512B EEPROM，带区域数据保护功能。

④ 异步非归零码（NRZ)，串行通信接口 SCI。

⑤ 同步外围设备接口（SPI)。

⑥ 8 通道，8 位 A/D 转换器。

⑦ 增强的 16 位定时器系统。

⑧ 包括三个输入捕获通道 IC，四个输出比较通道 OC，一个附加通道，可选择作为第四输入或第五输出通道 。

⑨ 8 位脉冲累加器。

⑩ 实时中断电路。

⑪ COP 看门狗系统。

⑫ 38 个通用输入/输出引脚（I/Q）。

⑬ 两种封装形式：68 引脚 PLCC 封装和 80 引脚 TQFP 封装。

玛瑞利发动机电脑中采用的是 68 引脚 PLCC 封装形式，引脚图如图 3-20 所示。

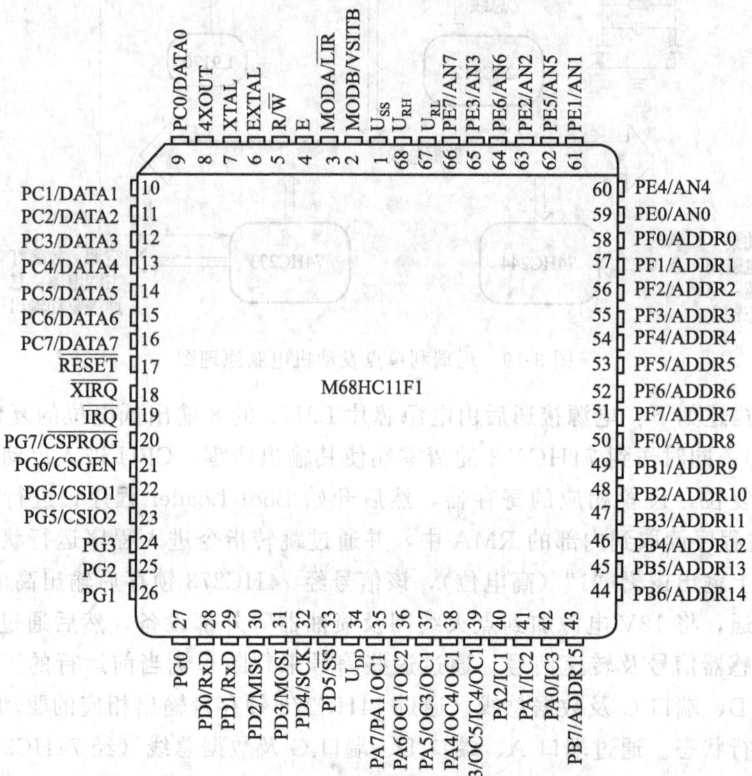

图 3-20　M68HC11F1 引脚图

1）引脚功能

① U_{DD} 和 U_{SS} 电源供给端。电源通过这两个引脚加到 CPU 上，U_{DD} 电源正电压，U_{SS} 接地，5V 供电。

② RESET 复位信号端。只是一个双向控制引脚，当输入低电平时可使 CPU 复位。当 COP 看门狗、内部时钟监视失效而触发内部复位时，RESET 输出低电平。

③ XTAL 和 EXTAL 晶振驱动和外部时钟输入。由这两个引脚提供晶振或 CMOS 兼容时钟输入，以驱动内部时钟生成电路，这两个引脚的时钟信号频率为总线时钟（E 引脚的时钟）的 4 倍。

④ IRQ 可屏蔽中断请求输入端。该引脚是 CPU 的异步、可屏蔽中断的输入端，低电平有效。

⑤ XIRQ 不可屏蔽中断输入端。该引脚是 CPU 的不可屏蔽中断输入端（当 CPU 条件代码寄存器的 X 位置 0 后有效）。

⑥ MODA/LIR、MODB/VSTB 工作模式选择。复位期间 MODA、MODB 引脚的逻辑电平，可使 CPU 选择下列四种模式之一作为工作模式：单片模式、扩展模式、自举模式、

测试模式。

在工作模式被选定以后，加载指令寄存器引脚（LIR）提供指令开始运行指示，VSTB引脚作为随机存储器的待机电源。

⑦ U_{RL}、U_{RH}参考电压引脚。这两个引脚为A/D转换电路提供参考电压，U_{RL}是低参考电位，一般接0V；U_{RH}是高参考电位，正常情况下，U_{RH}至少比U_{RL}高3V，U_{RL}和U_{RH}应该在U_{DD}和U_{SS}之间，这两个引脚必须接滤波电容，否则噪声将引起A/D转换的严重失真。

2）端口信号

① 端口A。端口A是一个8位常规的带有一个数据寄存器（PORTA）和一个数据方向寄存器（DDRA）的I/O口PA［7：0］，复位后16位的定时系统复用端口A的引脚。

② 端口B。端口B是一个8位的输出口。在单片模式下，端口B是常规的输出口PB［7：0］；在扩展模式下，端口B为高8位地址总线ADDR［15：8］。

③ 端口C。端口C是一个8位常规的带有一个数据寄存器（PORTC）和一个数据方向寄存器（DDRC）的I/O口。在单片模式下，端口C是常规的输出口PC［7：0］；在扩展模式上，端口C为高8位数据总线ADDR［7：0］。

④ 端口D。端口D是一个6位常规的带有一个数据寄存器（PORTD）和一个数据方向寄存器（DDRD）的I/D口。端口D的6个引脚可用做常规的I/O口，也可作为串行通信接口（SCI）或串行设备接口（SPI）的子系统使用。

⑤ 端口E。端口E是一个8位的输入口，也用作A/D变换器的模拟信号输入口。

⑥ 端口F。端口F是一个8位的输出口。在单片模式下，端口F是常规的输出口PF［7：0］；在扩展模式下，端口F为低8位地址总线ADDR［7：0］。

⑦ 端口G。端口G是一个8位的常规I/Q口，使用后PG［7：4］可作为4个片选信号使用。

3）COP系统（计算机运行正常监视系统）

CPU包含COP系统用来检测软件运行过程中出现的故障，当COP设为允许状态，看门狗定时器将用于检测系统的运行状态，一旦偏离设计意图，如出现死循环或其他不可预料的现象，看门狗在预定的时间内无法收到触发信号，即看门狗定时器溢出，系统将被复位。

CONFIG寄存器的状态位NOCOP决定COP是否可用，为了使COP有效，改变CONFIG寄存器的内容，然后执行一次复位。在特殊测试模式和仿真模式下，COP起作用与否受TEST1寄存器DISR控制位约束，DISR位置0可恢复COP功能。

4）SPI串行外围接口。

SPI串行外围接口是一个独立的串行通信子系统，可实现CPU同外围设备间同步通信，例如频率合成器、液晶显示驱动器、A/D转化器子系统、其他处理器。

SIP系统能够实现多个主系统间的内部通信，SPI系统能够被配置为主或从工作模式，当作为主设备工作模式，数据传输率能够达到E时钟的一半（在3M总线频率的情况下，传输率可达1.5Mbit/s），当作为一个从设备工作时，数据传输率可与总线频率相同。

SPI系统最重要的元素是转换寄存器的块容量和读数据缓冲期的大小，它在直接传输模式下为单缓冲区，在直接接收模式下为双缓冲区。这意味着新的数据在前一数据未传输完成前不能写入转换器，而是将接收到的数据立即送入并行读缓冲寄存器，以便转换器空闲可以接收新的数据。在下一个串行数据准备传输前，前一次的数据从缓冲区中读出，从缓冲区中读数据，写入数据到转换器，共用一个寄存器地址。

串行外围状态寄存器 SPSR 显示 SPI 的状态、功能（接收完成、写冲突、模式失效），串行外围控制寄存器 SPCR 用以控制 SPI 系统。

（2）74HC244

74HC244 是带使能端的三态总线驱动器，引脚图如图 3-21 所示，可用作空调、油泵、EVAP 电磁阀、怠速电动机等设备的状态输入开关，输出端直接与数据总线相连。

（3）74HC273

74HC273 是带复位端的 8 位上升沿有效 D 触发器，引脚图如图 3-22 所示，在该电路中用作怠速电动机、主继电器、故障指示灯、空调继电器等驱动信号的输出开关，输入端直接与数据总线相连。

（4）27C512

27C512 为 512KB 8 位只读存储器，引脚如图 3-23 所示，在汽车电脑中主要用来存储电脑的主程序及各种数据表格。

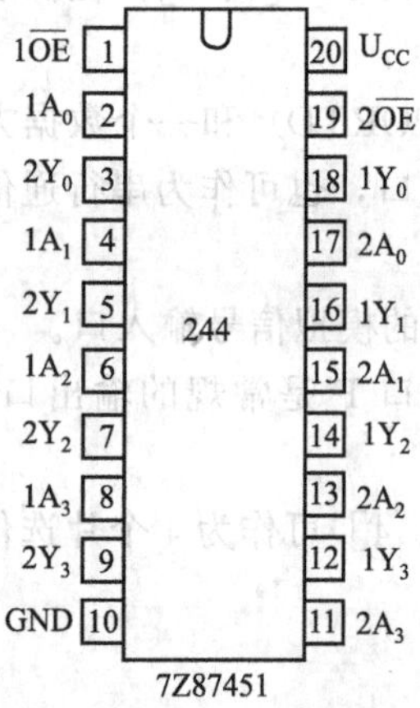

图 3-21 74HC244 引脚功能

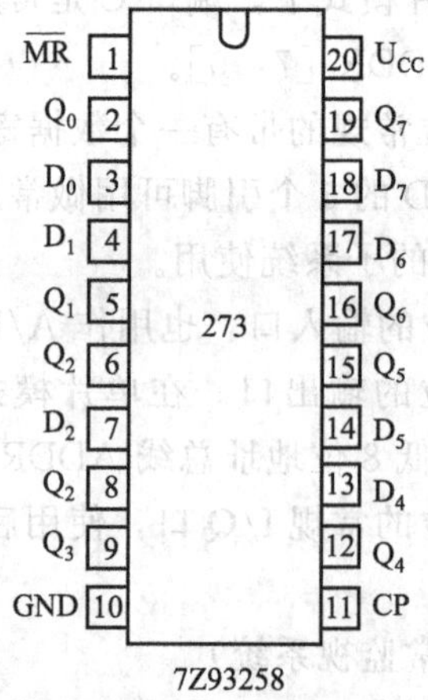

图 3-22 74HC273 引脚功能

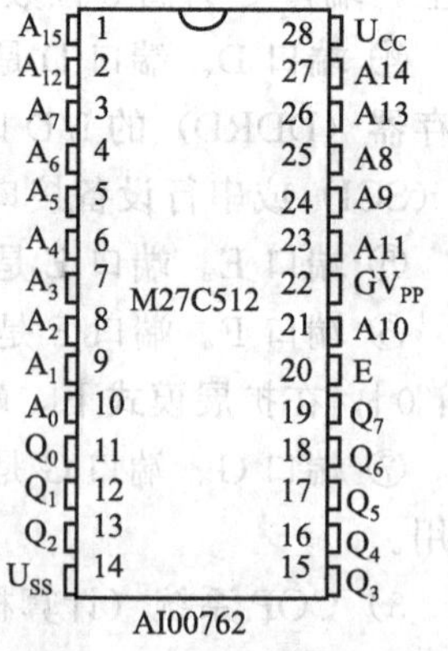

图 3-23 27C512 引脚功能

习题与思考题

1. 微处理器模块由哪几部分组成？
2. 输入信号处理器的类型有哪几种？输出信号处理器的类型有哪几种？
3. 汽车电脑存储器的类型有哪些？
4. 汽车电脑 CPU 由哪几部分组成？
5. 简述玛瑞利单点发动机电脑 ECU 的工作原理。

第4章　汽车电脑传感器与执行器

【本章知识要点】

- 汽车传感器的结构工作原理
- 汽车执行器的结构工作原理

4.1 传　感　器

汽车传感器是一种能将非电信号转换成电信号的信号转换装置。传感器布置在汽车的不同位置，其主要作用是向汽车电脑提供运行的各种工况和信息。作为汽车“感觉器官”的传感器将各种输入参量转换为电信号，这些电信号是调节和控制发动机管理系统、安全系统和舒适系统所必需的。

汽车各种传感器按其使用功能又可分为多类，用于控制汽车运行的传感器有温度传感器、压力传感器、转速传感器、加速度传感器、流量传感器、位置传感器、气体浓度传感器等。

4.1.1　曲轴位置传感器

曲轴位置传感器的作用是把汽油机运转过程中曲轴的转角（即转速）以及活塞在汽缸中的位置（即曲轴位置）转换成电信号，曲轴位置传感器是电控汽油喷射系统中最重要的传感器之一，该信号输入微电脑后和进气流量信号一起决定发动机在各种工况下的基本喷油量（即主喷油量）和基本点火提前角。同时控制点火时刻和喷油时刻，影响怠速控制阀的动作，以及影响排放控制系统（EGR、活性炭罐等）的工作。

4.1.1.1　曲轴位置传感器的结构与工作原理

曲轴位置传感器常见的安装位置有曲轴前端、凸轮轴前端、飞轮上以及分电器内部。常见的曲轴位置传感器根据其工作原理的不同可分为电磁感应式、霍尔式和光电式三种。

（1）电磁感应式曲轴位置传感器

电磁感应式曲轴位置传感器是利用电磁感应原理制成的，它主要由转子（即触发齿轮）、永久磁铁、铁芯和感应线圈等组成，如图4-1所示。永久磁铁的磁力线经转子、感应线圈和铁芯构成封闭回路（即传感器的工作磁路）。转子安装在分电器轴上。

发动机转动时带动转子转动，磁路中的气隙便不断发生变化，穿过感应线圈的磁通量也不断变化，从而在感应线圈中产生脉冲式曲轴位置传感信号。

丰田公司电控汽油喷射系统中所采用的电磁感应式曲轴位置传感器安装在分电器内部。该传感器分上、下两部分，上面部分为带一个齿的转子和两个对称布置的耦合线圈。这两个转子均装在分电器轴上，随分电器轴转动。

G_1和G_2耦合线圈产生的信号用于检测活塞在汽缸中的位置。当发动机工作时，分电器轴转过一圈（曲轴转两圈），其上的G转子也转过一圈，耦合线圈G_1和G_2各产生一个电脉冲信号。通过合理的设计，使G转子上的齿分别在1缸和6缸压缩上止点前10°时与两线圈最接近，即在1缸和6缸压缩上止点前10°时，耦合线圈G_1和G_2各产生一个脉冲信号。微电脑以此信号为基准来判定各缸活塞的工作位置，如图4-2所示。

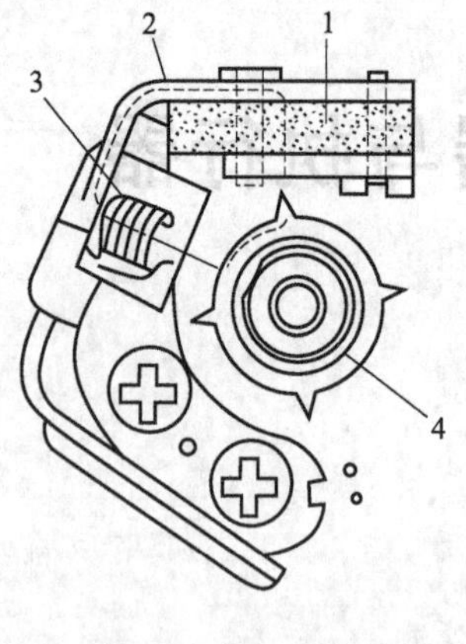

图 4-1 电磁感应式曲轴位置传感器

1—永久磁铁；2—铁芯；3—感应线圈；4—转子

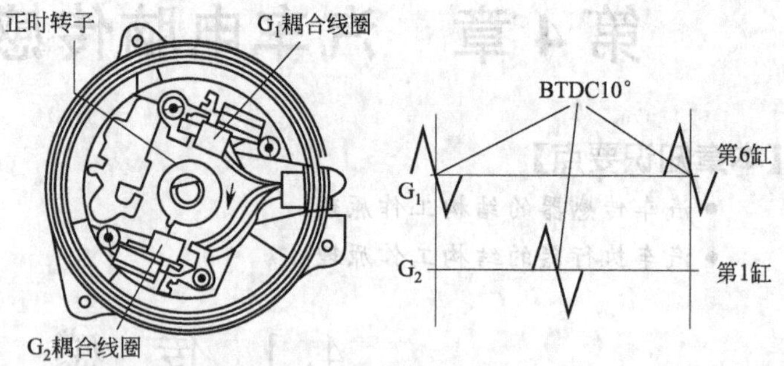

图 4-2 G_1和G_2脉冲信号的产生

(2) 霍尔式曲轴位置传感器

美国通用公司采用的触发叶片式霍尔曲轴位置传感器安装在曲轴前端，其结构如图 4-3 所示。在发动机曲轴带轮前端安装着内外两个带触发叶片的信号轮，与曲轴一起转动。外信号轮边缘上均匀分布着 18 个触发叶片和 18 个窗口，每个触发叶片和窗口的宽度为 10°弧长。内信号轮外缘上，有 3 个触发叶片和窗口，3 个触发叶片的宽度分别是 100°、90°和 110°弧长，3 个窗口的宽度分别为 20°、30°和 10°弧长。由于内信号轮的安装位置关系，宽度 100°弧长的触发叶片前沿位于汽缸 1、汽缸 4 上止点前 75°，90°弧长的触发叶片前沿在汽缸 6、汽缸 3 上止点前 75°，110°弧长的触发叶片前沿在汽缸 5、汽缸 2 上止点前 75°。

外信号轮每旋转一周产生 18 个脉动信号，称为 18X 信号。一个脉冲周期相当于曲轴旋转 20°转角的时间，ECU 再将一个脉冲周期均分 20 等份，即获得 1°曲轴转角所对应的时间。ECU 根据这个信号，控制发动机的点火时刻。18X 信号的功能相当于光电式曲轴位置传感器产生 1°信号的功能。内信号轮每旋转一周产生 3 个宽度不同的电脉冲信号，称为 3X 信号，脉冲周期均为 120°曲轴转角的时间，脉冲上升分别产生于汽缸 1、汽缸 4，汽缸 3、汽缸 6 和汽缸 2、汽缸 5 上止点前 75°，作为 ECU 判别汽缸和计算点火时刻的基准信号。

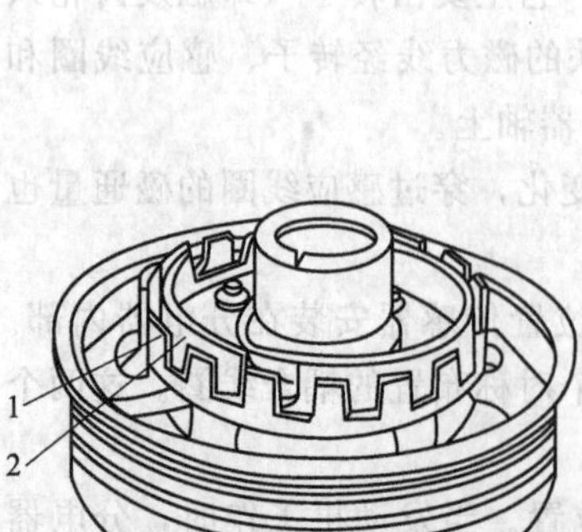

图 4-3 霍尔式曲轴位置传感器结构

1—外信号轮；2—内信号轮

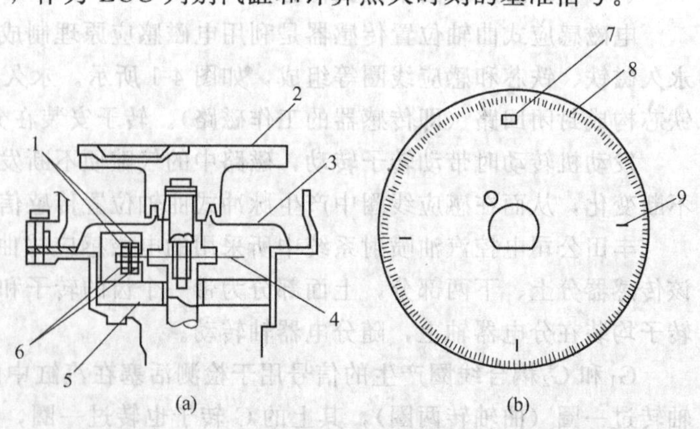

图 4-4 光电式发动机转速与曲轴位置传感器

1—发光管；2—分火头；3—密封盖；4—遮光盘；5—整形电路；6—光敏管；7—汽缸 1 180°信号口；8—1°信号口；9—180°信号口

(3) 光电式发动机转速与曲轴位置传感器

日产公司生产的光电式曲轴与凸轮轴位置传感器是由分电器改进而成的，主要由信号盘（即信号转子）、信号发生器、配电器、传感器壳体和线束插头等组成。

信号盘是传感器的信号转子，压装在传感器轴上，如图 4-4 所示。在靠近信号盘的边缘位置制作有均匀间隔弧度的内、外两圈透光孔。其中，外圈制作有 360 个透光孔（缝隙），间隔弧度为 1°（透光孔占 0.5°，遮光孔占 0.5°），用于产生曲轴转角与转速信号；内圈制作有 4 个透光孔（长方形孔），间隔弧度为 90°，用于产生各个汽缸的上止点信号，其中有一个长方形的宽边稍长，用于产生汽缸 1 的上止点信号。

信号发生器固定在传感器壳体上，它由 Ne 信号（转速与转角信号）发生器、G 信号（上止点信号）发生器以及信号处理电路组成。Ne 信号与 G 信号发生器均由一个发光二极管（LED）和一个光敏晶体管（或光敏二极管）组成，两个 LED 分别正对着两个光敏晶体管。

如果信号盘连续旋转，透光孔和遮光部分就会交替地转过 LED 而透光或遮光，光敏晶体管集电极就会交替地输出高电平和低电平。当传感器轴随曲轴和配气凸轮轴转动时，信号盘上的透光孔和遮光部分便从 LED 与光敏晶体管之间转过，LED 发出的光线受信号盘透光和遮光作用就会交替照射到信号发生器的光敏晶体管上，信号传感器中就会产生于曲轴位置和凸轮轴位置对应的脉冲信号。

由于曲轴旋转两转，传感器轴带动信号盘旋转一圈，因此，G 信号传感器将产生 4 个脉冲信号。Ne 信号传感器将产生 360 个脉冲信号。因为 Ne 信号透光孔间隔弧度为 1°，所以在每一个脉冲周期中，高、低电平各占 1°曲轴转角，360 个信号表示曲轴旋转 720°。曲轴每旋转 180°，G 信号传感器产生一个信号，Ne 信号传感器产生 90 个信号。

4.1.1.2　曲轴位置传感器的工作电路

(1) 电磁感应式曲轴位置传感器的工作电路

图 4-5 所示为丰田 2JZ-GE 发动机电磁感应式曲轴位置传感器的工作电路。从图中可以看出，三个感应线圈 G_1、G_2 和 Ne 共用低电位信号线，并与微电脑（ECU）的 G 端子连接。传感器上 G_1、G_2 两个耦合线圈产生的电脉冲信号经 G_1、G_2 端子输入微电脑。传感器上的 Ne 耦合线圈产生的电脉冲信号经 Ne 端子输入微电脑。

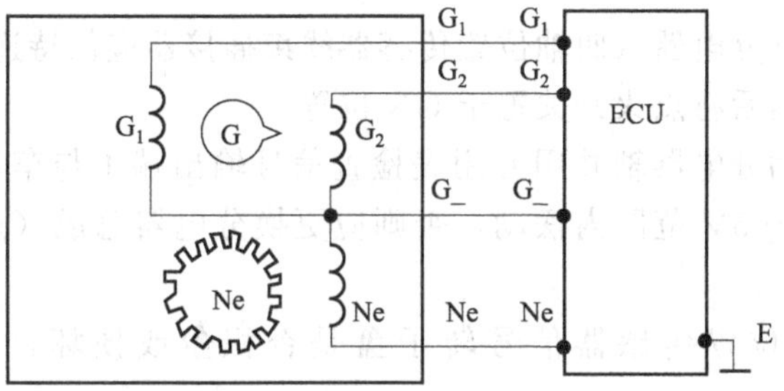

图 4-5　发动机电磁感应式曲轴位置传感器的工作电路

(2) 霍尔式曲轴位置传感器的工作电路

图 4-6 为北京切诺基汽车霍尔式曲轴位置传感器与微电脑的连接图，可以看出，微电脑由 7 号端子向两传感器提供 8V 的稳定工作电源，两传感器通过微电脑的 4 号端子搭铁。曲轴位置传感器信号和同步信号分别由 24 号端子和 44 号端子输入微电脑。

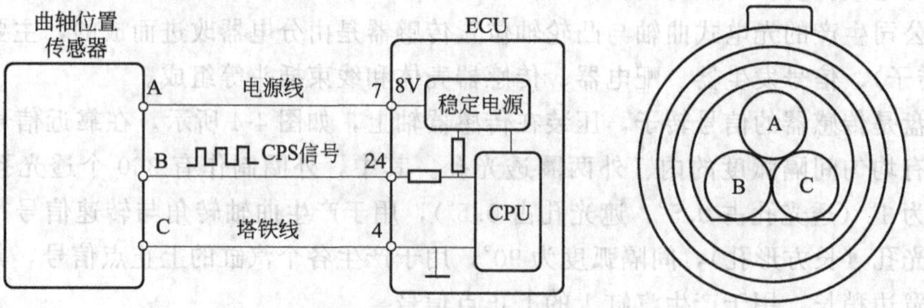

图 4-6　霍尔式曲轴位置传感器与微电脑的连接图

（3）光电式曲轴位置传感器的工作电路

图 4-7 所示为日产阳光（SUNNY）轿车光电式曲轴位置传感器的工作电路。

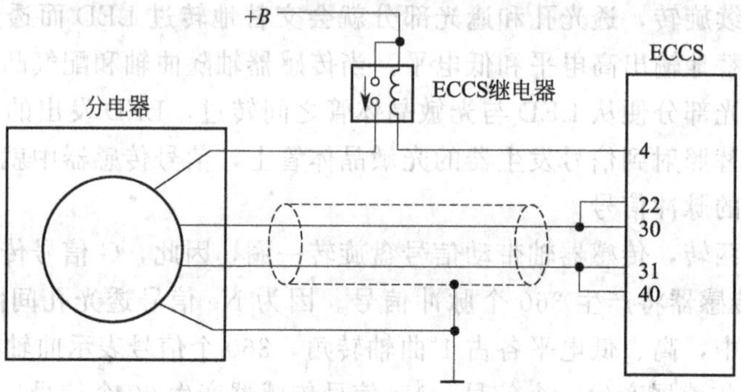

图 4-7　光电式曲轴位置传感器的工作电路

4.1.1.3　曲轴位置传感器的检测

曲轴位置传感器的常见故障有：导线断路、短路，无工作电压等。另外，霍尔式曲轴位置传感器还可能由于内部的霍尔元件发生故障而出现信号时有时无、高温时无信号等故障。曲轴位置传感器信号消失会导致汽油喷射系统停止喷油，点火系统停止点火，使发动机不能运转。现以日产阳光轿车 B14 车系为例介绍光电式曲轴位置传感器的检测方法：

① 从发动机上拆下分电器（曲轴位置传感器线束插接器应保持连接，无需拆开）。

② 断开点火线，然后将点火开关置于 ON 位置。

③ 用手缓慢地转动分电器轴并用万用表检查信号输出端子与车身搭铁之间的电压，正常时万用表指针应在 0～5V 范围内摆动，否则应更换分电器总成（连同凸轮轴位置传感器一同更换）

④ 目视检查曲轴位置传感器信号转子盘是否积尘或损坏，必要时应加以清洗或更换。

4.1.2　节气门位置传感器

（1）作用与类型

节气门位置传感器的作用是将节气门开度（即发动机负荷）大小转变为电信号输入 ECU，汽车电脑 ECU 根据节气门位置信号判别发动机的工况，如怠速工况、部分负荷工况、大负荷工况等，并根据发动机不同工况对混合气浓度的需求来控制喷油时间。

节气门位置传感器按总体结构分为触点开关式、可变电阻式、触点与可变电阻组合式三种。

(2) 开关式节气门位置传感器

这种节气门位置传感器实质上是一种转换开关，又称为节气门开关。这种节气门位置传感器结构比较简单，但其输出是非连续的，如图4-8所示。

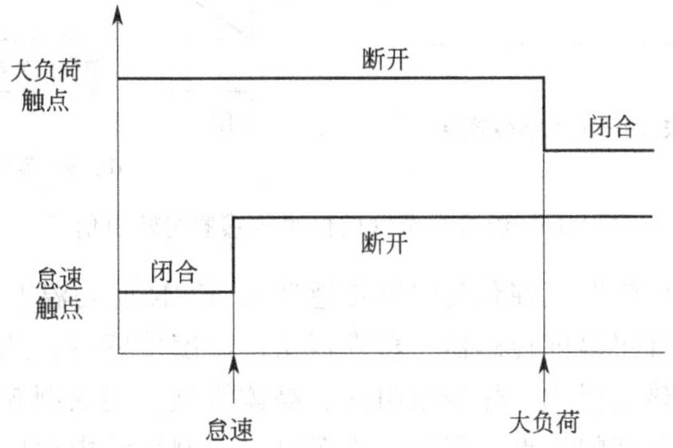

图4-8 开关式节气门位置传感器输出信号

(3) 线性节气门位置传感器

线性节气门位置传感器采用线性电位计，由节气门轴带动电位计的滑动触点，在不同节气门开度下，接入回路的电阻不同（图4-9）。通常给传感器提供+5V电压，从而将节气门开度转换成电压信号输送给ECU。ECU根据节气门开度和开启速率判定发动机的运行工况。输出信号在自动变速车辆上还可作为换挡条件的主要依据。

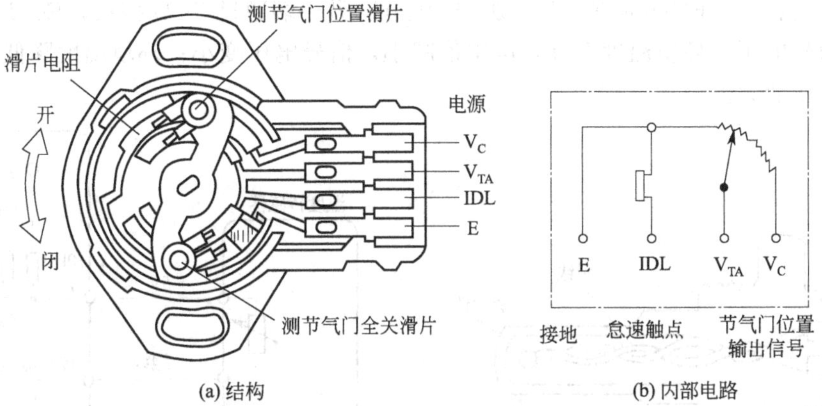

图4-9 线性节气门位置传感器

有的线性节气门位置传感器还有怠速触点，具备线性节气门位置传感器和开关式节气门位置传感器两种功能，因此也称为综合式节气门位置传感器。其输出信号如图4-10所示。

4.1.3 温度传感器

(1) 温度传感器的作用与类型

温度传感器的应用也越来越广，例如，冷却液温度传感器、空气温度传感器、变速器油

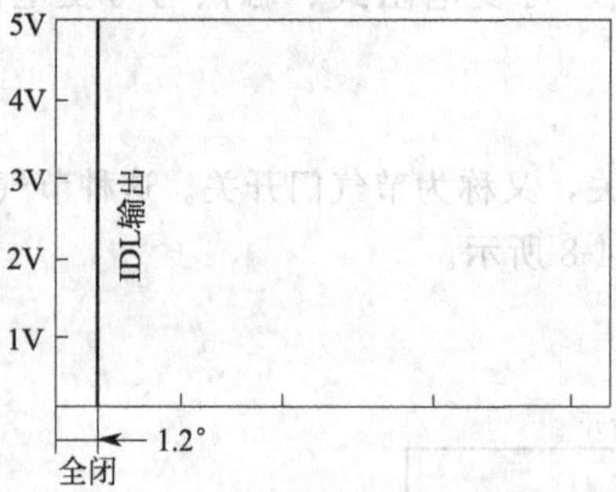

(a) 开关式节气门位置传感器

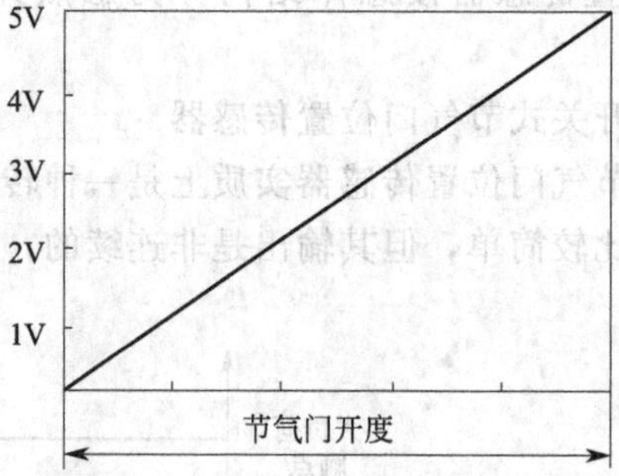

(b) 线性节气门位置传感器

图 4-10 综合式节气门位置传感器的输出信号

温度传感器、排气温度传感器（催化剂温度传感器）、EGR 监测温度传感器、车外温度传感器、车内温度传感器、日照温度传感器、蒸发器出口温度传感器、热敏开关等。常用的温度传感器有绕线电阻式、热电偶式、热敏电阻式、晶体管型、集成型 5 种。绕线式温度传感器具有灵敏度高、响应特性好的优点，因此在汽车电子控制系统中被广泛使用。

（2）热敏电阻式温度传感器的结构特点

热敏电阻式温度传感器（图 4-11）主要由热敏电阻、金属引线接线插座和壳体等组成。

半导体的电阻随温度变化而改变，其对温度的灵敏度比金属材料高，可分为 3 类：①电阻随温度的上升而增大；②电阻随温度的上升而减小；③在某一临界温度下电阻值跃变。热敏电阻就是利用半导体的这种温度特性，制成正温度系数热敏电阻（PTC）、负温度系数热敏电阻（NTC）和电阻突变的热敏电阻（CTR）。

常用汽车的温度传感器的共同特点：传感器电阻采用负温度系数的热敏电阻，传感器电路工作原理也相似。ECU 提供 5V 电源，热敏电阻另一端通过 ECU 搭铁，ECU 检测热敏电阻两端的信号电压。环境温度升高，电阻值减小，信号电压变小；环境温度降低，电阻值增大，信号电压变大。

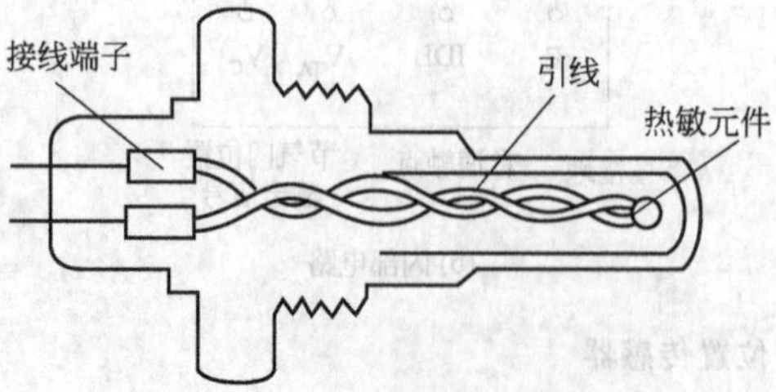

图 4-11 热敏电阻式温度传感器

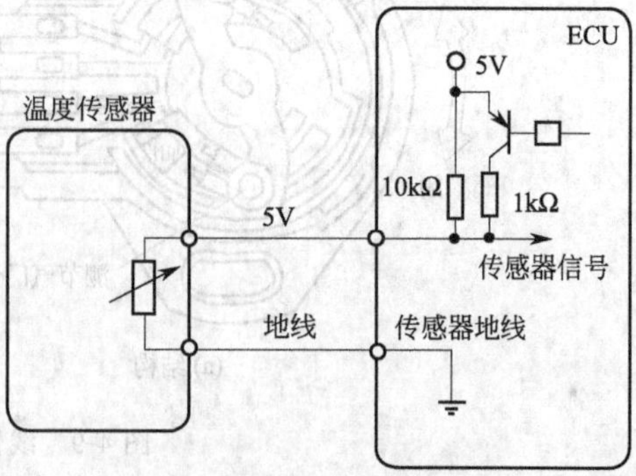

图 4-12 温度传感器电路图

（3）冷却液温度传感器

当出现因汽车负载过大、缺水、点火时间不对、风扇不转等故障，造成冷却液温度过高时，会使发动机机体温度上升，从而使发动机不能工作，所以在仪表系统内设计了冷却液温度表。利用冷却液温度传感器（图 4-12）检测发动机冷却液温度，让驾驶员能够直观地看出，发动机冷却液在任何工况时的温度，并及时作出相应地处理。在电子控制系统中也安有冷却液温度传感器，用于喷油量修正信号。冷却液温度传感器安装在发动机缸体或缸盖的水套上，与冷却液直接接触，用于测量发动机的冷却液温度。冷却液温度表使用的温度传感器是一个负温度系数热敏电阻（NTC），其阻值随温度升高而降低，有一根导线与 ECU 相连，另一根为搭铁线。

（4）进气温度传感器

进气温度传感器的安装位置有 3 种：在 D 型 EFI 系统中，它安装在空气滤清器之后的进气软管上；在 L 型 EFI 系统中，它安装在空气流量传感器上；有的进气温度传感器安装在进气压力传感器内。进气温度传感器内部也是一个具有负温度电阻系数的热敏电阻，其外部用环氧树脂密封。

（5）废气再循环温度传感器

废气再循环温度传感器安装在废气再循环管道上，用于测量废气再循环气体温度。当废气再循环阀开启时，所测温度上升，传感器告知 ECU 废气再循环系统工作。

（6）双金属片式温度传感器

双金属片式温度传感器，常用于控制散热器的冷却风扇，它安装在散热器冷却液的循环通路上。

以图 4-13 所示的丰田车系水温传感器为例，当水温传感信号不正常时，应对水温传感器及其工作电路进行如下检查。

① 检查水温传感器的电源电压：拆开水温传感器的插接器，接通点火开关，用电压表测量线束插接器上两端子之间的电压（即传感器的电源电压）。正常情况下，该电压值应为 5V。若电压值不正常，则应检查相关的线路。

② 检查水温传感器的信号电压：连接好水温传感器的插接器，接通点火开关，用电压表测量线束插接器上两端子之间的电压。当水温为 80℃时，该电压值应为 0.2～1.0V。

③ 检查水温传感器的工作特性：首先拆下水温传感器，然后对水加热，用万用表欧姆挡测量不同水温下水温传感器的电阻值，并将其与标准值对比，即可判定水温传感器是否正常。

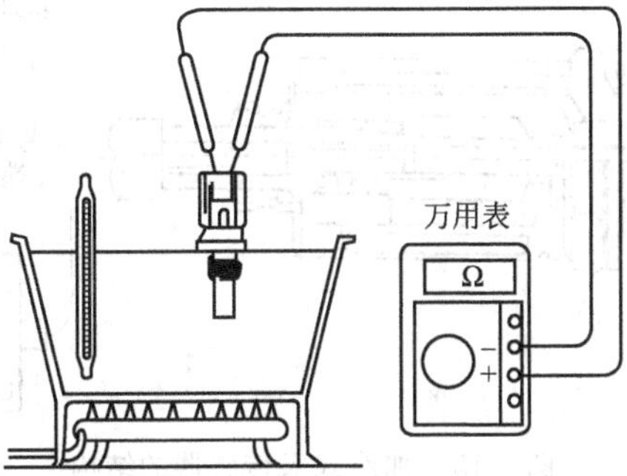

图 4-13　水温传感器的检测

4.1.4　氧浓度传感器

氧浓度传感器（又称氧传感器）是发动机电子控制系统中一个重要的传感器，其作用就是把排气中氧的浓度转换为电压信号，微电脑根据氧浓度传感器输入的信号判断混合气的浓度，进而修正喷油量，最终将缸内混合气的浓度控制在理想空燃比 14.7 附近。现代汽车中均安装了氧传感器。氧传感器安装在排气管中排气消音器的前面。

(1) 氧传感器的结构与工作原理

氧传感器根据内部敏感材料的不同分为氧化锆式（也称锆管式）和氧化钛式两种。

1) 氧化锆式氧传感器

氧化锆式氧传感器是目前应用最多的氧传感器，它主要由锆管、电极等组成，如图4-14所示。

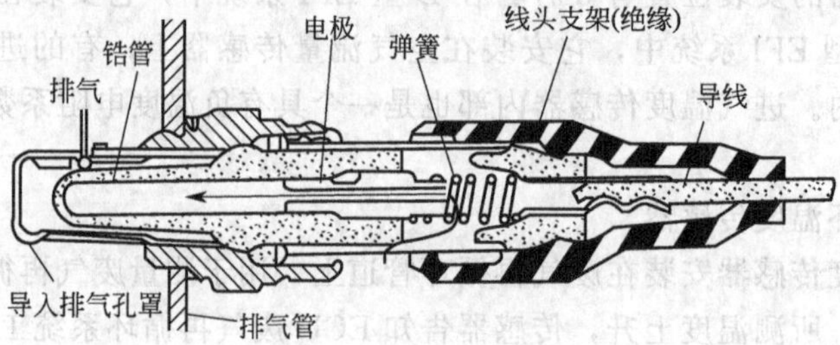

图 4-14 氧化锆式氧传感器

氧化锆式氧传感器内部的敏感元件是二氧化锆（ZrO_2）固体电解质。在二氧化锆固体电解质粉末中添加少量的添加剂并烧制成管状，便称为锆管。紧贴锆管内、外表面的是作为锆管内、外电极的铂膜，内、外电极通过电极引线与传感器的线束插接器相连。锆管的内电极与外界大气相通，外电极与排气管内的废气相通。为防止发动机排出的废气腐蚀外层的铂电极，在外层铂电极表面都覆盖着一层多孔性地陶瓷层。

氧化锆式氧传感器的工作状态与工作温度有着密切的关系。氧化锆式氧传感器在温度低于300℃时，无信号电压输出，而在300～800℃的温度范围内最敏感，输出信号最强。虽然可利用排气热量对其进行加热，但其工作温度不稳定，而且发动机启动后数分钟才能达到正常工作温度。因此，目前大部分氧化锆式氧传感器内都增设了陶瓷式电热元件，由汽车电源进行加热，通电后可使氧传感器温度保持在300℃附近。加热式氧传感器的结构如图4-15所示。

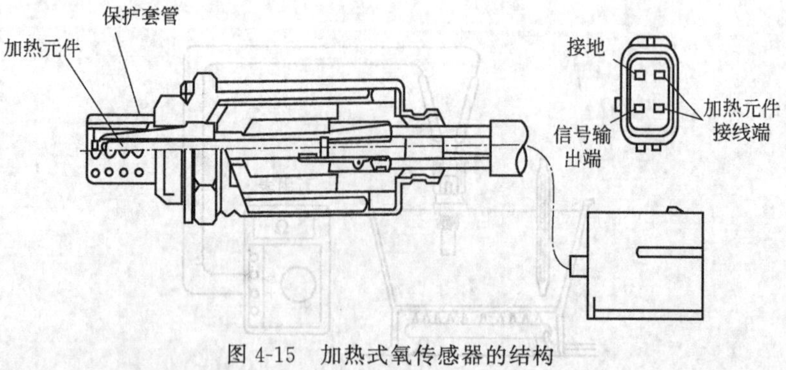

图 4-15 加热式氧传感器的结构

加热式氧传感器的线束插接器一般有4个端子（也有的是3个），其中两个是传感器信号输出端子，另外两个是电加热元件的电源输入端子。有的轿车采用非加热式氧传感器，这种传感器的线束传感器一般有两个或一个接线端子，它们是传感器信号输出端子。当采用一个端子时，传感器的外壳搭铁，作为传感器的另一个信号输出端子。

2) 氧化钛式氧传感器

二氧化钛在室温下具有高电阻性，但其周围气体氧含量少时，二氧化钛中的氧分子将逃逸使其晶格出现缺陷，电阻随之下降，利用这一特性可制成氧化钛型氧传感器。将二氧化钛敏感元件置于排气管中，当混合气偏稀时，排气中氧含量较高，传感器的电阻较大；当混合气偏浓时，排气中氧含量很低，传感器的电阻相应减小。传感器内部电路可以将这一电阻的变化转换成相应地电压信号输出。

(2) 氧传感器的检测

当氧传感信号不正常时，可对氧传感器及其工作电路进行如下检测。

1) 检查氧传感器的加热元件

拆下氧传感器线束插头，用万用表欧姆挡测量氧传感器内部电热元件的电阻值，其阻值应符合有关标准。如丰田汽车氧传感器加热元件的标准电阻值 4～40Ω，桑塔纳汽车的为 1～5Ω，具体数值可查阅各车型维修手册。若阻值不符，则应更换氧传感器。

2) 检查氧传感器加热元件工作电路

将点火开关置于 ON 位置，用电压表检测传感器加热元件的工作电压，其标准值为蓄电池电压（12V）。若无电压，则应检查加热元件的电源电路。

3) 检查其他系统

若上述检查均正常，而闭环控制时发动机工作仍不正常，则可能是由于其他故障造成的，如发动机的进气系统、燃油系统故障造成混合气偏浓、偏稀。故障原因也可能在微电脑内部。对上述几方面原因应认真查找，逐一排除。

4.1.5 爆震传感器

爆震传感器的作用是把发动机缸内发生爆震时引起的缸体振动转换为电信号。该信号输入微电脑后用于控制点火提前角，使发动机在最接近爆震的时刻点火。检测发动机爆震的方法有三种：检测发动机燃烧室压力、检测发动机缸体振动以及检测燃烧噪声。在汽车上大都采用检测发动机缸体振动的方法来检测发动机爆震。在这种检测方法中，爆震传感器大都安装在发动机缸体的侧面。

(1) 爆震传感器的结构与原理

1) 磁致伸缩式爆震传感器

如图 4-16 所示，磁致伸缩式爆震传感器主要由感应线圈、铁芯、永久磁铁和外壳等组成。

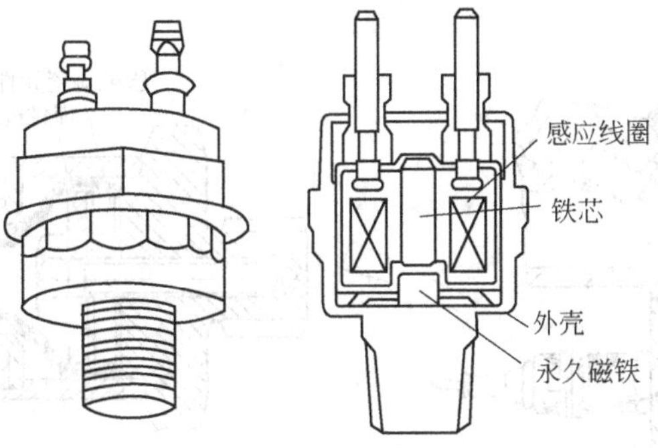

图 4-16　磁致伸缩式爆震传感器的结构

发动机振动时，通过外壳带动其内部的铁芯振动，铁芯产生位移，使通过感应线圈的磁路发生变化，通过线圈的磁通量也随之发生变化，线圈产生感生电动势，这就是传感器输出的电压信号。磁致伸缩式爆震传感器多用于通用、日产等车上。

2）电压式爆震传感器

电压式爆震传感器是利用压电效应制成的。某些晶体（如石英、压电陶瓷等）在某一方向受压（或受拉）产生变形时，在晶体内部产生极化现象，并在其两个表面出现异性电荷；当去掉外力后，又重新回到不带电的状态。这种现象就称为压电效应。

压电式爆震传感器按检测缸体振动频率的方式不同又可分为共振型与非共振型。

① 共振式压电式爆震传感器　共振式压电式爆震传感器的主要元件有压电元件与振荡片，如图 4-17 所示。压电元件的材料为压电陶瓷晶体片。压电元件紧贴在振荡片上，振荡片紧固在传感器的基座上。当固定在缸体（缸盖）上的爆震传感器随发动机振动时，通过基座带动振荡片振荡。振荡片压迫压电元件，使压电元件产生电压信号。当发动机爆震时产生的频率与振荡片的固有频率相同时，振荡片就发生共振。压电元件受到的力最大，此时压电元件产生的电压信号也达到最大值。

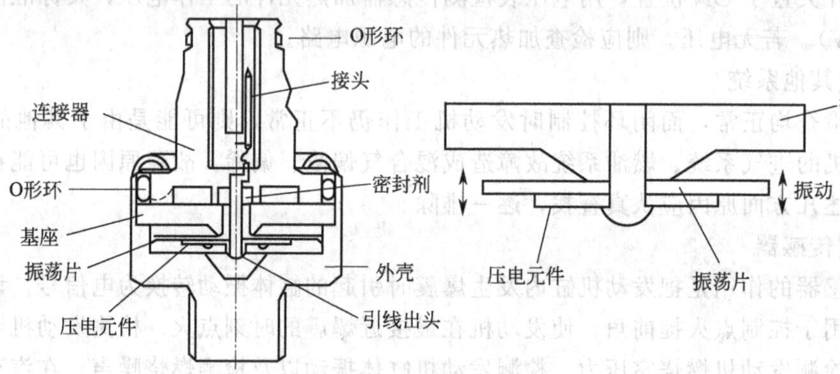

图 4-17　共振式压电式爆震传感器的结构

② 非共振型压电式爆震传感器　非共振型压电式爆震传感器的主要元件有惯性配重和压电陶瓷元件。惯性配重通过螺钉压在压电陶瓷元件上，并有一定的预紧力，如图 4-18 所示。当发动机振动时，惯性配重会因振动而产生加速度。加速产生的力作用压电陶瓷元件上，使压电陶瓷元件产生电压信号。发动机产生爆震时，振动幅度大，产生的加速度也大，因此压电陶瓷元件受到的作用力（惯性力）也大，压电陶瓷元件输出的电压信号就大。

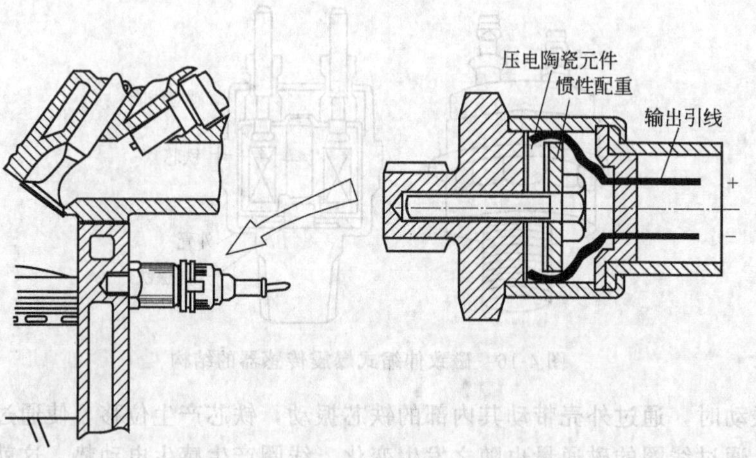

图 4-18　非共振型压电式爆震传感器

非共振型压电式爆震传感器是以接收加速度信号的形式来判断爆震是否产生的。配重将振动引起的加速度转换成作用于压电元件上的压力。非共振型压电式爆震传感器输出的信号电压小、平缓，必须将输出信号输送至带通滤波器中，判断爆震是否发生。带通滤波器一般由线圈和电容器组成，它只允许特定频带的信号通过，对其他频带的信号进行衰减。

(2) 爆震传感器的工作电路

图 4-19 所示电路为桑塔纳 2000GSi 轿车 AJR 发动机上爆震传感器的工作电路。每两个缸共用一个爆震传感器，1、2 缸共用一个传感器并安装在汽缸体进气管侧 1、2 缸之间，3、4 缸共用一个传感器并安装在汽缸体进气管侧 3、4 缸之间。传感器 G61、G66 分别通过端子 68、60 和 67（二者共用）向发动机微电脑输入爆震传感信号。两个传感器的屏蔽线直接搭铁。

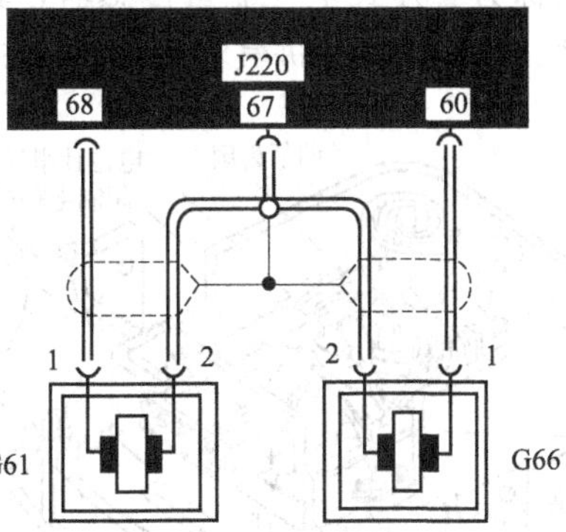

图 4-19　发动机爆震传感器工作电路

下面以桑塔纳 AJR 发动机爆震传感器为例，说明爆震传感器的检测方法。

①传感器线束的检测：关闭点火开关，从微电脑上拔下 80 端子插接器，再拔下爆震传感器的插接器，用欧姆表测量各线束的电阻（如图 4-19）所示，测量结果应符合表 4-1 所列数值。

表 4-1　上海桑塔纳 2000GSi 轿车 AJR 发动机爆震传感器的线束检测标准数据

检测项目	检测部位		标准电阻值/Ω
	微电脑插接器端子号	传感器插接器端子号	
爆震传感器 G61	68	1	0.5
	67	2	1
	2	3	0.5
爆震传感器 G66	60	1	0.5
	67	2	1
	2	3	0.5

用万用表检测每个传感器的三条线束之间的电阻，均应大于 1MΩ，即三条线束之间不应短路。

② 传感器输出信号的检测：在发动机运转时，用电压表测量传感器插接器端子 1、2 之间的电压，其测量结果应在 0.3～1.4V 范围内波动。

在安装爆震传感器时，应特别注意扭紧力矩。扭矩力矩的作用是让爆震传感器内压电元件有一定的预紧度。扭紧力矩过大或不足均会影响爆震传感器的输出信号电压。丰田 2JZ-GE 发动机爆震传感器的扭紧力矩为 44N·m；上海桑塔纳 2000GSi 轿车 AJR 发动机上爆震传感器的扭紧力矩为 20N·m。

空气流量计是微电脑控制汽油喷射系统中最重要的一个传感器，其作用是检测进入汽缸的空气流量。空气流量计将空气流量变为电信号并输入微电脑。微电脑根据空气流量传感信号决定基本喷油量和点火时间。当空气流量计不正常时，发动机将会出现启动困难、怠速不稳以及发动机转速不能提高等故障。

4.1.6 空气流量传感器

空气流量传感器可分为体积流量型（如叶片式、量芯式、涡旋式）传感器和质量流量型（如热线式和热膜式）传感器。质量流量型传感器不需要根据进气温度等信息换算进气量，工作性能稳定，测量精度较高，但成本也较高。

（1）叶片式空气流量传感器

叶片式空气流量传感器又称为翼片式空气流量传感器，其结构如图 4-20 所示，主要由检测部件、电位计、调整部件、接线插座和进气温度传感器 5 部分组成。

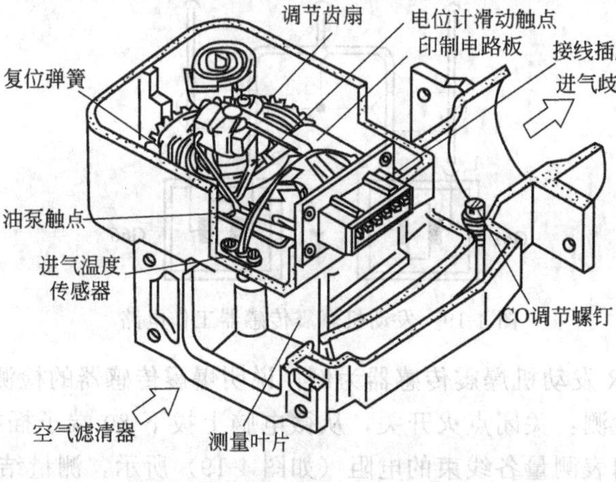

图 4-20　叶片式空气流量传感器

当吸入发动机的空气流过传感器主进气道时，传感器叶片就会受到空气气流压力产生的推力力矩和复位弹簧弹力力矩的作用。当空气流量增大时，气流压力对叶片产生的推力力矩增大，推力力矩克服弹力力矩使叶片偏转角度增大，直到推力力矩与推力力矩平衡为止。进气量越大，叶片偏转角度也就越大，滑臂带动的电位计阻值就越小，两端子之间输出的信号电压降低。

叶片式空气流量传感器结构简单、价格便宜、具有良好的工作可靠性，在发动机空气流量的变化范围内其测量精度温度。其缺点是进气阻力大、信号的反应比较迟缓，由于测量的是体积流量，需要对大气压力及进气温度进行修正。

（2）量芯式空气流量传感器

量芯式空气流量传感器的结构与叶片式流量传感器相似，如图 4-21 所示，主要由量芯、电位计、进气温度传感器和线束插座等组成。量芯安装于进气歧管内，受进气气流推动而产生位移，并带动滑臂使电位计阻值变化。量芯式空气流量传感器具有进气阻力小、计算精度和工作可靠性高等优点，有的马自达轿车采用了这种传感器。

（3）涡旋式空气流量传感器

涡旋式空气流量传感器是根据卡尔曼涡旋理论，是利用超声波或光电信号通过检测漩涡

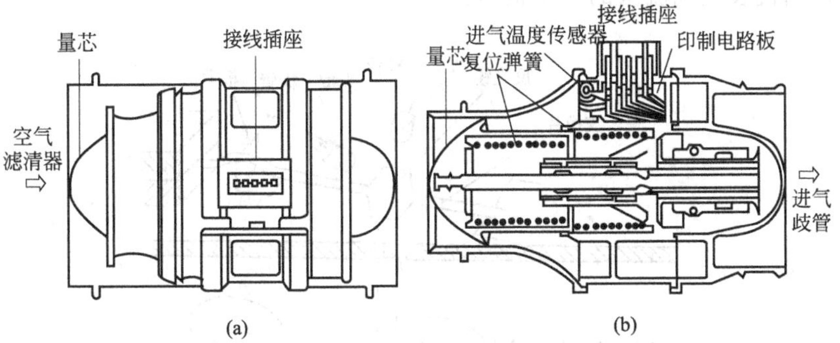

图 4-21　量芯式空气流量传感器

频率来测量空气流量的一种传感器。根据漩涡频率的检测方式不同，汽车用漩涡式流量传感器分为超声波检测式和光电检测式两种。要对空气温度和压力进行修正。

① 测量原理　户外的架空电线被风吹时会呜呜发出声响。风速越高声音频率越高，这是因为气流流过电线后形成涡旋所致，液体、气体等流体中均会发生这种现象，利用这一现象可以制成涡旋式流量传感器。在流体中安放一根（或多根）非流线型阻流体，流体在阻流体两侧交替地分离释放出两串规则的漩涡，在一定的流量范围内漩涡分离频率正比于管道内的平均流速，通过采用各种形式的检测元件测出涡旋频率就可以推算出流体的流量。

② 超声波检测涡旋式流量传感器的结构原理　超声波检测涡旋式流量传感器如图 4-22 所示，主要由涡旋发生器、超声波发生器、超声波接收器，集成控制电路、进气温度传感器和大气压力传感器等组成。

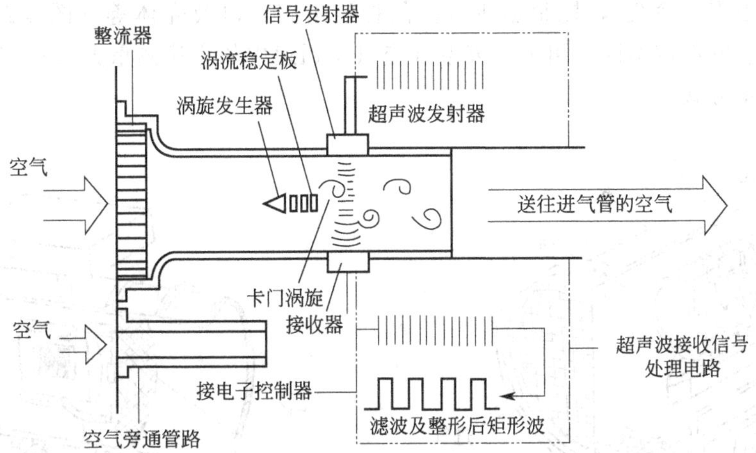

图 4-22　超声波检测涡旋式流量传感器

在卡门涡旋发生器下游管路两侧相对安装超声波发射器和接收器。因卡门涡旋对空气密度的影响，就会使超声波从发射器到接收器的时间较无涡旋变晚而产生相位差。对此相位信号进行处理，就可得到涡旋脉冲信号，即代表体积流量的电信号输出。

③ 光电检测涡旋式空气流量传感器的结构原理　丰田雷克萨斯 LS400 和皇冠 3.0 型轿车装备的光电检测涡旋式流量传感器的结构如图 4-23 所示，主要由涡旋发生器、发光二极管、反光镜、集成厚膜控制电路和进气温度传感器组成。在产生卡门涡旋的过程中，涡旋发生器两侧的空气压力会发生变化，通过导孔作用在金属箔上的反射光是被涡旋调制的光，其

输出经解调得到代表空气流量的频率信号。

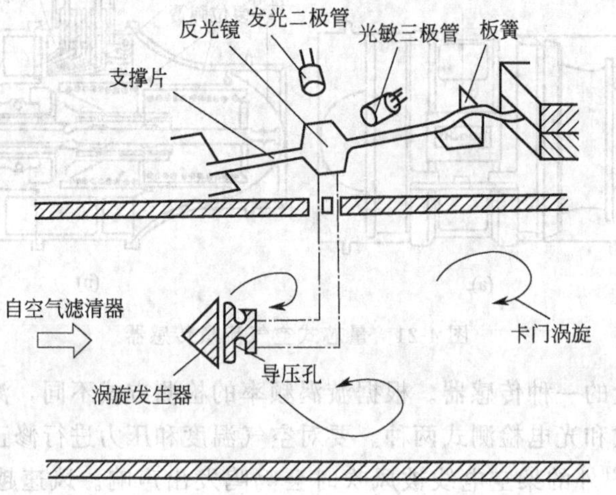

图 4-23　光电检测涡旋式空气流量传感器

(4) 热线式与热膜式空气流量传感器

热线式与热膜式空气流量传感器的发热元件是铂金属丝，热膜式空气流量传感器的发热元件是铂金属膜，铂金属发热元件的响应速度很快，能在几毫秒内反映出空气流量的变化，因此测量精度不受进气气流脉动的影响（气流脉动在发动机大负荷、低转速运转时最为明显）。

热线式空气流量传感器的基本构成包括：感知空气流量的铂热线，根据进气温度进行修正的温度补偿电阻（冷线），控制热线电流的控制电路，以及壳体等（图 4-24）。根据铂热线在壳体内安装的部位不同，可分为安装在空气主通道内的主流测量方式和安装在空气旁通道内的旁通测量方式。

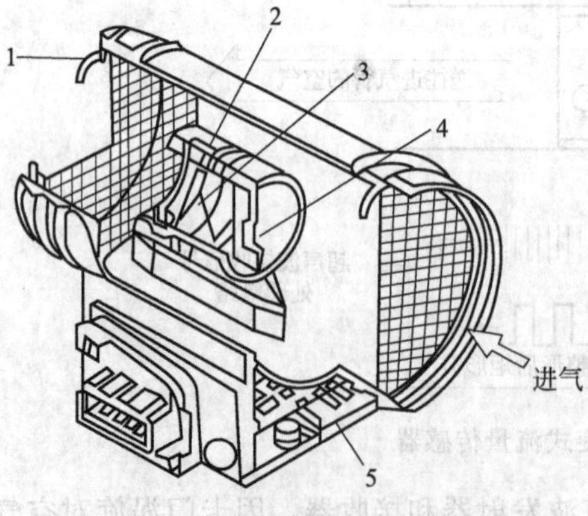

图 4-24　热线式空气流量传感器

1—防护网；2—取样管；3—白金热线；
4—温度补偿电阻；5—控制电路板

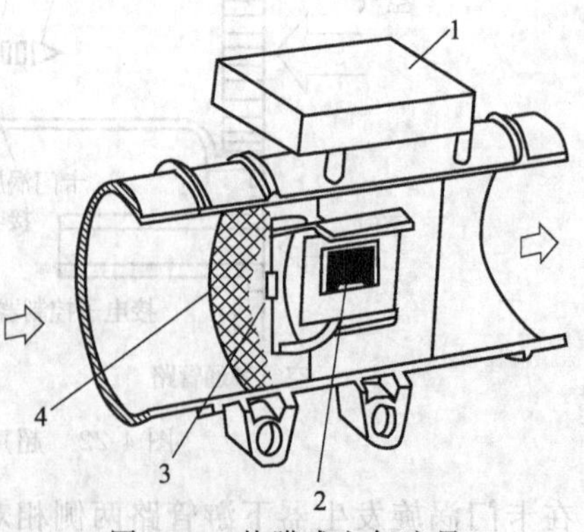

图 4-25　热膜式空气流量

1—控制电阻；2—热膜；
3—进气温度传感器；4—金刚网

热电式空气流量计由于无运动部件，因此工作可靠，而且响应特性较好。其缺点是，在流速分布不均匀时误差较大。空气流量传感器的热线积垢之后，传给 ECU 的电压信号便会不准，此时污物会影响传热，使冷却效果降低。当空气流量增大时，热线温度降低缓慢，其电阻值的变化量也相应减少，因而电压和流过热线的电流不能相应地增加，以致传给 ECU 的信号电压偏低，造成混合气过稀。因此热线式空气流量传感器都加装了烧净电路，即在每次停机时，ECU 会自动给热线高温（1000℃）加热 1s，以烧掉热线上的污物和灰尘。

（5）热膜式空气流量

热膜式空气流量计的工作原理与热线式空气流量计类似，都使用了惠斯登电桥。所不同的是：热膜式不使用铂丝作为热线，而是将热线电阻、补偿电阻及桥路电阻用厚膜工艺制作在同一陶瓷基片上构成的。这种结构可使发热体不直接承受空气流动所产生的作用力，增加了发热体的强度，提高了空气流量计的可靠性，误差也较小。热膜式空气流量计输出信号在 0～5V 间变化，其结构如图 4-25 所示。

4.1.7　压力传感器

（1）压敏电阻式进气管压力传感器的结构

压敏电阻式进气压力传感器是利用压阻效应原理工作的。所谓压阻效应是指在单晶硅等半导体材料轴向施加一定荷载产生应力时，它的电阻率会发生变化的现象。半导体应变片有体型、薄膜型和扩散型，无论哪一种，它们的工作原理是相同的。

丰田汽车采用的压敏电阻式进气压力传感器结构如图 4-26 所示。半导体应变式进气压力传感器主要由半导体应变片、真空室、混合集成电路板、外壳等组成。半导体应变片是在一个膜片上用半导体工艺制作 4 个等值电阻，并且接成电阻电桥。该半导体电阻电桥应变片置于一个真空室内，在进气压力作用下，应变片产生变形，电阻值发生变化，电桥失去平衡，从而将进气压力的变化转换成电阻电桥输出电压的变化。

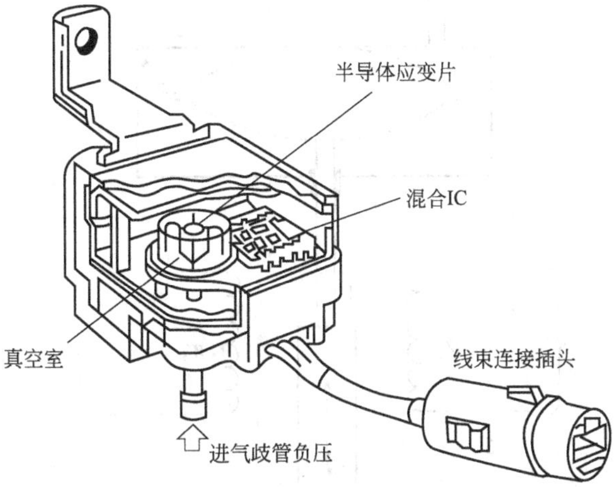

图 4-26　压敏电阻式进气管压力传感器

（2）电感式进气压力传感器

膜盒测压器检测气压的装置如图 4-27 所示。这种测压器可根据压力变化驱动电子传感器。膜盒侧压器的膜盒由薄金属片焊接而成，在其内部抽真空，外部接进气歧管，膜盒外面压力的变化使其膨胀、收缩。当膜盒接受正压力，如大气压力时，膜壁受压后收缩。要测量进气歧管的绝对压力，可使膜盒的气压室与发动机进气歧管相连，当进气歧管压力变化时，膜盒即收缩或膨胀，使操纵杆外伸或回缩。膜盒的动作使操纵杆的移动和进气歧管绝对压力的变化成线性关系。把膜盒的机械运动变换成电信号输出，可以采用可变电阻器（电位计）、可变电感器和差动变压器 3 种装置。

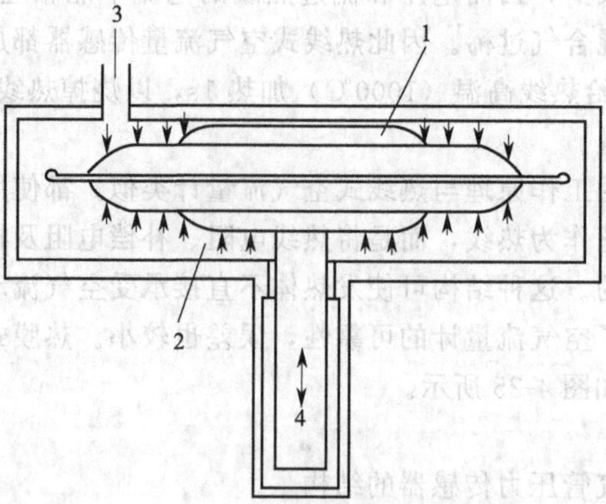

图 4-27 膜盒测压器

1—膜盒；2—气压室；3—气压增高；4—操纵杆

可变电感式进气压力传感器如图 4-28 所示，它的工作原理是，振荡器输出的交变电压通过线圈 W1，由互感作用而使线圈 W2 产生电压，电压的大小由两线圈耦合情况而定。耦合越紧，输出电压越大，所以，在铁芯向两线圈中间运动输出电压信号会得到增强。

在可变电感式进气压力传感器中，铁芯和线圈之间的位置是由膜盒控制的。进气歧管绝对压力升高时，膜盒收缩，使铁芯向线圈中部运动，这时输出的信号会增强。

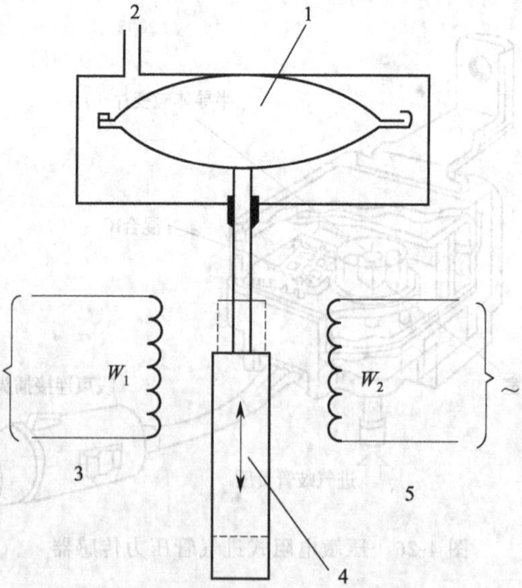

图 4-28 可变电感式进气压力传感器

1—膜盒；2—接进气管；3—线圈 1；4—铁芯；5—线圈 2

4.1.8 转向传感器

转向传感器的作用是用来检测方向盘（或转向轴）的转动方向与转动角度，以满足人们对悬架系统的操纵性和行车稳定性的要求，控制车辆姿势的变化，提高驾乘的舒适性。

传感器的遮光盘上有尺寸相同且均布的透光槽，当转向盘转动而带动遮光盘转动时，两对光电耦合器便产生脉冲电压，电子控制器根据传感器输出的脉冲个数就可判断转向盘转过的角度。

设置两个光电耦合器是为了让电子控制器能辨别转向盘的转动方向，A、B 两个光电耦合器产生的信号脉冲其脉宽相同，但相位上相差 90°，如图 4-29 所示，电子控制器可根据 A 信号从高电平转为低电平（下降沿）时 B 信号是高电平还是低电平来判断转向。如果 A 信号在下降沿时 B 信号是高电平，则为右转向。如果 A 信号在下降沿时 B 信号为低电平，则为左转向。

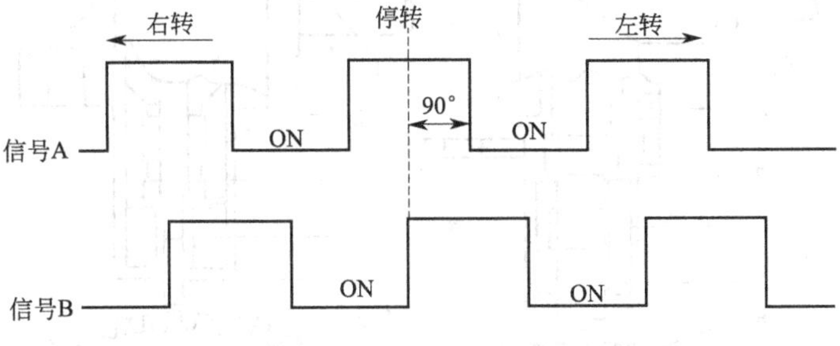

图 4-29 光电式转向传感器信号

4.1.9 车高传感器

车高传感器即车身高度传感器，又称为车身位置传感器，其结构图和原理图如图 4-30 所示。

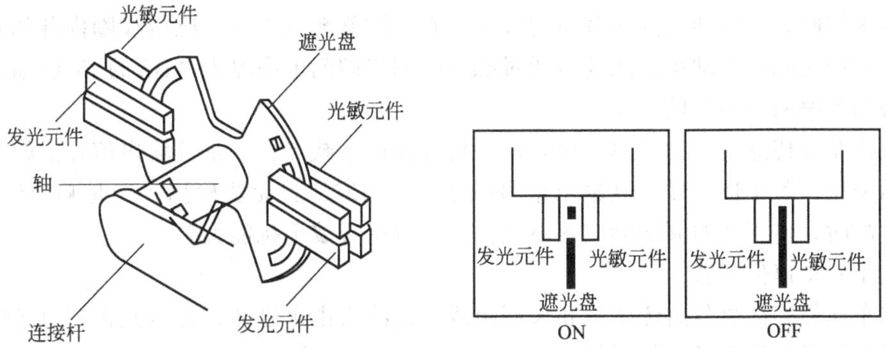

(a) 结构图 (b) 原理图

图 4-30 光电式车高传感器

作用：将车身位置（高度）变化的信号输入到电子调节悬架系统电控单元（EMSECU），以便调节车身位置（高度）。电子控制悬架系统对小轿车车身位置（高度）的调节范围一般为 10～30mm。

连接杆可将车身的移动变成遮光转子的转动。例如，某一车身位移传感器在车身高度变化范围内有 16 组信号输出，每一组信号都代表某一车身的位置，于是电子控制器根据传感器输入的一组信号就得到了车身位移信息。

电子控制器根据信号的变化情况，得到了车身高度变化的幅度和振动的频率，可判断车身的振动情况；电子控制器根据一段时间（一般为 1ms）内车身高度在某一区域的频率来判断车身的高度。

传感器固定在车身上，传感器通过连接杆与悬架臂（或车桥）连接。当车身的高度发生变化时，拉杆就会推动连接杆摆动，并通过传感器遮光转子轴使遮光转子转动，从而使传感器输出随车身高度变化的信号。

4.1.10 车速传感器

（1）电磁式车速传感器结构

传感器结构如图 4-31 所示，它由永磁体、极轴和感应线圈等组成，极轴头部结构有凿式和柱式两种。

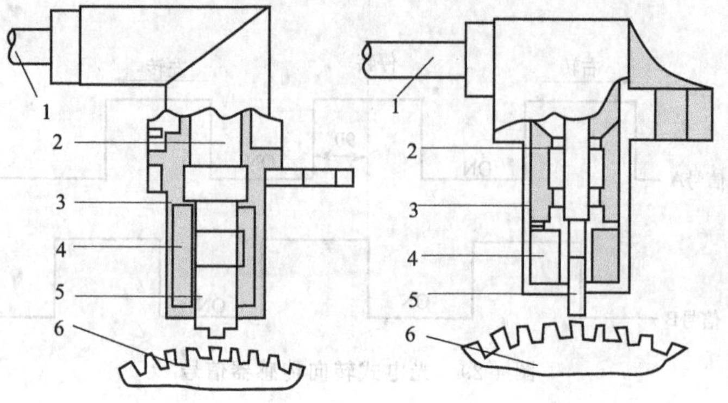

(a) 凿式极轴　　(b) 柱式极轴

图 4-31　车速位置传感器结构图

1—电缆；2—水磁体；3—外壳；4—感应线圈；5—极轴；6—齿圈

齿圈旋转时，齿顶和齿隙交替对向极轴。在齿圈旋转过程中，感应线圈内部的磁通量交替变化从而产生感应电动势，此信号通过感应线圈末端的电缆输入 ABS 的 ECU 通过检测感应电动势的频率来检测车轮转速。

电磁式车速传感器结构简单、成本低，但存在以下缺点：一是其输出信号的幅值随转速的变化而变化。若车速过慢，其输出信号低于 1V，ECU 就无法检测。二是响应频率不高。当转速过高时，传感器的频率响应跟不上。三是抗电磁波干扰能力差。

（2）霍尔车速传感器

霍尔车速传感器也是由传感头和齿圈组成。传感头由永磁体、霍尔元件和电子电路等组成，电磁体的磁力线穿过霍尔元件通向齿轮，如图 4-32 所示。

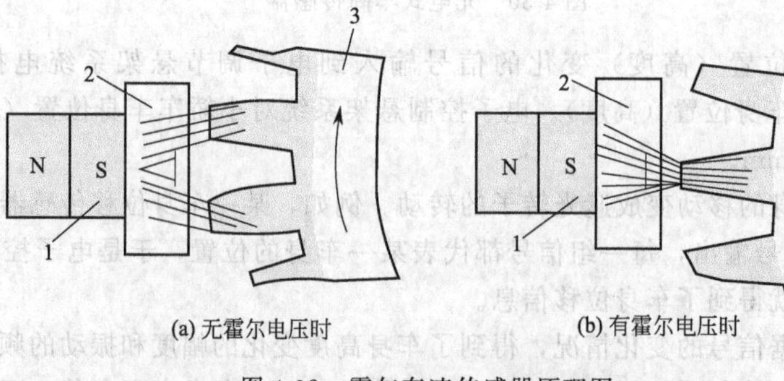

(a) 无霍尔电压时　　(b) 有霍尔电压时

图 4-32　霍尔车速传感器原理图

1—磁体；2—霍尔元件；3—齿圈

当齿轮位于图 4-32(a) 所示位置时，穿过霍尔元件的磁力线分散，磁场相对较弱；而当齿轮位于图 4-32(b) 所示位置时，穿过霍尔元件的磁力线集中，磁场相对较强。齿轮转动时，使得穿过霍尔元件的磁力线密度发生变化，因而引起霍尔电压的变化，霍尔元件将输出一个毫伏（mV）级的准正弦波电压。此信号还需由电子电路转换成标准的脉冲电压。

霍尔车速传感器具有以下优点：其一是输出信号电压幅值不受转速的影响；其二是频率响应高，其响应频率高达20kHz，相当于车速为1000km/h时所检测的信号频率；其三是抗电磁波干扰能力强。因此，霍尔传感器不仅广泛应用于ABS车速检测，也广泛应用于其控制系统的转速检测。

4.2 执行器

汽车电脑控制系统的各项功能都是由执行器来完成的，它是根据ECU输出的控制信号执行某些相应的动作，以实现某些预定的功能。如燃油喷射控制中的喷油器的电动油泵、点火控制的点火线圈、怠速控制中的步进电动机、自动变速器控制中控制换挡的电磁阀、空调控制中的压缩机等都是执行元件。

发动机电脑ECU是汽车电脑控制比较集中部分，主要用于控制供油、点火、怠速等工作系统，ECU从传感器接收输入信号并迅速驱动执行器工作。

4.2.1 电动汽油泵

电动汽油泵的作用是将燃油从油箱中吸出，并以足够的泵油量和泵油压力向燃油系统供油。电动汽油泵常见的安装位置有两种，即安装在油箱内和油箱外的供油管路上。安装在油箱内的电动汽油泵称为内装式电动汽油泵；安装在油箱外供油管路上的电动汽油泵称为外装式电动汽油泵。目前，电控汽油喷射系统一般采用内装式电动汽油泵。

（1）电动汽油泵的结构与工作原理

1）涡轮式电动汽油泵

涡轮式电动汽油泵主要由永磁电动机、涡轮泵、单向阀（止回阀）以及溢流阀等组成，如图4-33所示。当通过电刷给电动机电枢供电时，电动机就带动涡轮转子（即叶轮）转动。叶轮上的叶片在离心力的作用下贴紧外壳，形成一个个小的密封腔室。密封腔室的转动就将汽油从进油口带到出油口，并以一定的压力输出。

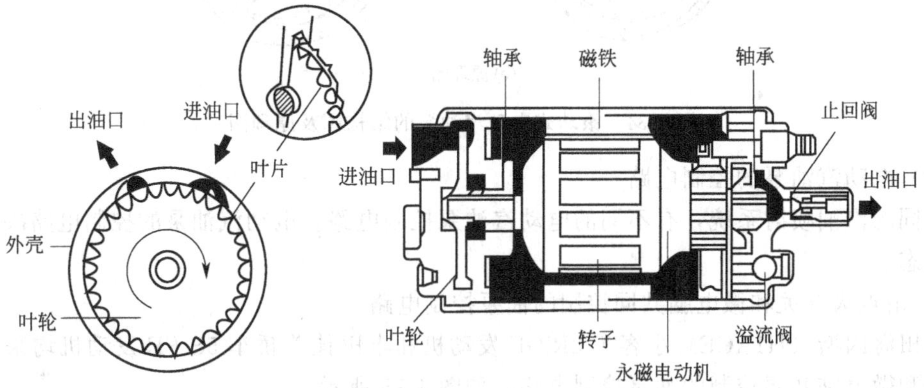

图4-33 涡轮式电动汽油泵的结构

在汽油泵的出油口处设有止回阀，其作用是让汽油只能向一个方向流动，这样可以防止在发动机熄火时因油压的突然下降而导致汽油倒流，从而保持供油油路中的油压，以便于下一次的启动。另外，汽油泵上还设有溢流阀，其作用是防止油泵压力过高，所以又称为限压阀。当泵油压力过高时，溢流阀打开，汽油又流回进油腔内。涡轮式电动汽油泵的泵油量大，输油压力稳定，其输出油压可达 294kPa。

2）滚柱式电动汽油泵

滚珠式电动汽油泵主要由永磁电动机、滚柱式油泵、单向阀（止回阀）以及溢流阀等组成，如图 4-34 所示。当给永磁电动机通电时，电动机便带动滚柱式汽油泵运转。滚柱式汽油泵主要由转子、滚柱及壳体组成。转子被偏心地装在泵体内，滚柱放在转子边缘上的凹槽内。当转子转动时，位于凹槽内的滚柱便在离心力作用下压在泵体内表面上，从而在相邻滚柱间形成密封腔室。由于转子被偏心安装，腔室的容积在转动过程中不断变化。当腔室容积变大时，其内部形成低压，将燃油吸入；当腔室容积变小时，其内部压力增大，将燃油挤出。这样就可以将燃油从油箱内吸出，加压后排到供油管路中。滚柱式电动汽油泵上单向阀和溢流阀的作用与涡轮式电动汽油泵相同。

和涡轮式电动汽油泵相比，滚柱式电动汽油泵中的滚柱数目要比涡轮式电动汽油泵中的叶片少得多，因而滚柱式电动汽油泵的输油压力脉动幅度大。因此，在滚柱式电动汽油泵出口处设有缓冲器，以减小出油口处的油压脉冲和降低运转噪声。

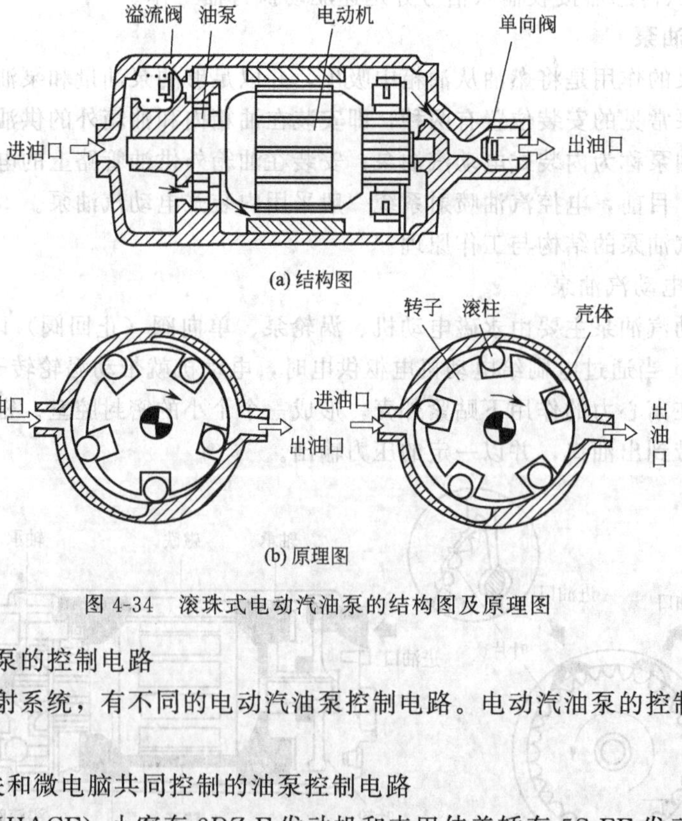

图 4-34　滚珠式电动汽油泵的结构图及原理图

(2) 电动汽油泵的控制电路

不同的汽油喷射系统，有不同的电动汽油泵控制电路。电动汽油泵的控制电路决定了其工作状态。

1）由点火开关和微电脑共同控制的油泵控制电路

丰田海因斯（HIACE）小客车 2RZ-E 发动机和丰田佳美轿车 5S-FE 发动机均采用由点火开关和微电脑共同控制的油泵控制电路，如图 4-35 所示。

发动机启动时，电动汽油泵的工作由点火开关控制。此时点火开关处于启动挡（ST 挡），开路继电器的线圈 L2 通电，继电器触点闭合，汽油泵工作，处于启动供油状态。当发动机正常运转时，电动汽油泵的工作由微电脑控制，微电脑根据转速传感器送来的信号控制线圈的搭铁回路。

当发动机运转时，转速传感器向微电脑输入发动机转动的信号。微电脑根据此信号控制

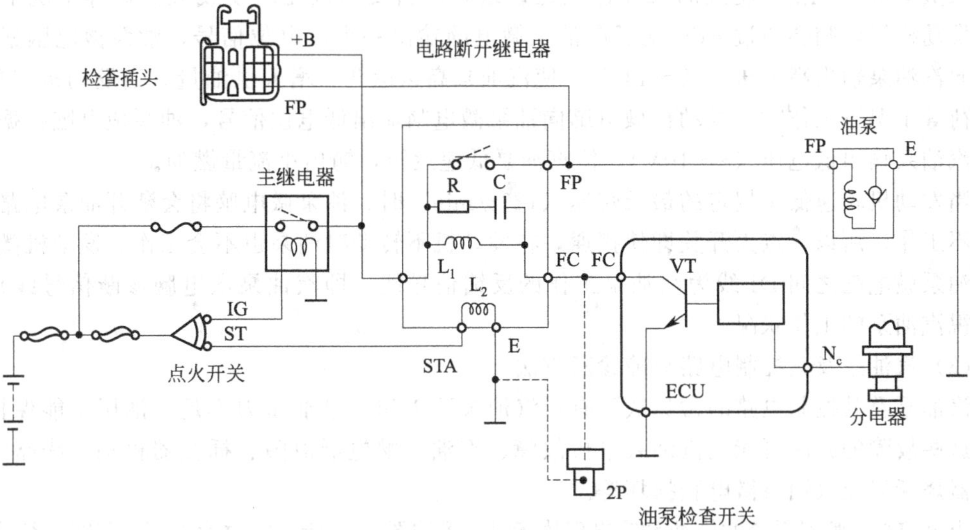

图 4-35 由点火开关和微电脑共同控制的油泵控制电路

FC 端子搭铁，线圈 L_1 通电，断开继电器触点闭合，汽油泵工作。当发动机停止运转时，微电脑因接收不到转速信号而使线圈 L_1 的搭铁回路断开，断开继电器触点打开，汽油泵停止工作。

这种控制方式还具有预运转供油功能，即点火开关由 OFF 挡转至 ON 挡，但不运转发动机时，微电脑会控制电动汽油泵运转 3～5s，使油路中的油压提高，从而方便启动。

对这种形式的控制电路，用连接线将检查连接器中的＋B 和 FP 插孔连接起来，可使汽油泵运转。用此法可判断汽油泵及其控制电路的故障。

2）由发动机微电脑和油泵微电脑共同控制的油泵控制电路

丰田皇冠 3.0 轿车 2JZ-GE 发动机的电动汽油泵采用了由发动机微电脑和油泵微电脑共同控制的油泵控制电路，如图 4-36 所示。

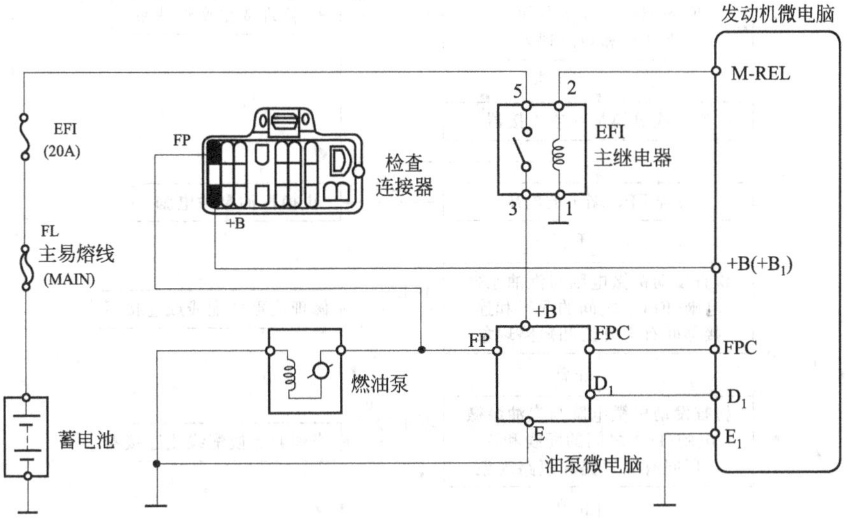

图 4-36 丰田 2JZ-GE 发动机油泵控制电路

该电控系统中单独设置一个油泵微电脑，用来控制电动汽油泵的工作。通过油泵微电脑和发动机微电脑的共同控制，可以实现汽油泵变速控制，即根据发动机的工况（启动、小负荷、大负荷等）变化，使汽油泵高速或低速运转。当发动机在启动或大负荷等工况下工作时，发动机微电脑会通过 FPC 端子向油泵微电脑输出一个高电位信号，油泵微电脑根据此信号向汽油泵输出高电压（12～14V），使汽油泵高速运转，增大供油量。当发动机在怠速、小负荷等工况下工作时，发动机微电脑向油泵微电脑输出低电位信号，油泵微电脑根据此信号向汽油泵输出低电压（8～10V），使汽油泵低速运转，输出小流量燃油。

当发动机转速低于规定的最低转速（120r/min）时，油泵微电脑将会断开油泵电路，使油泵不工作。所以，点火开关即使接通，在发动机不转动时油泵也不会工作。发动机微电脑与汽油泵微电脑之间 D1 线为汽油泵工作的反馈信号线（即汽油泵微电脑诊断信号线），用以监视汽油泵的工作状况。

（3）汽油泵及其控制电路故障诊断方法

汽油泵及其控制电路的常见故障有：汽油泵不工作，泵油压力不足，油压不能保持等。引起这些故障的原因可能是汽油泵电机故障、汽油泵继电器故障、插接器松动、线路断路、熔断器烧断以及汽油泵微电脑损坏等。

当电控汽油喷射系统的供油系统出现故障时，可按图 4-37 所示的故障诊断流程图进行诊断。

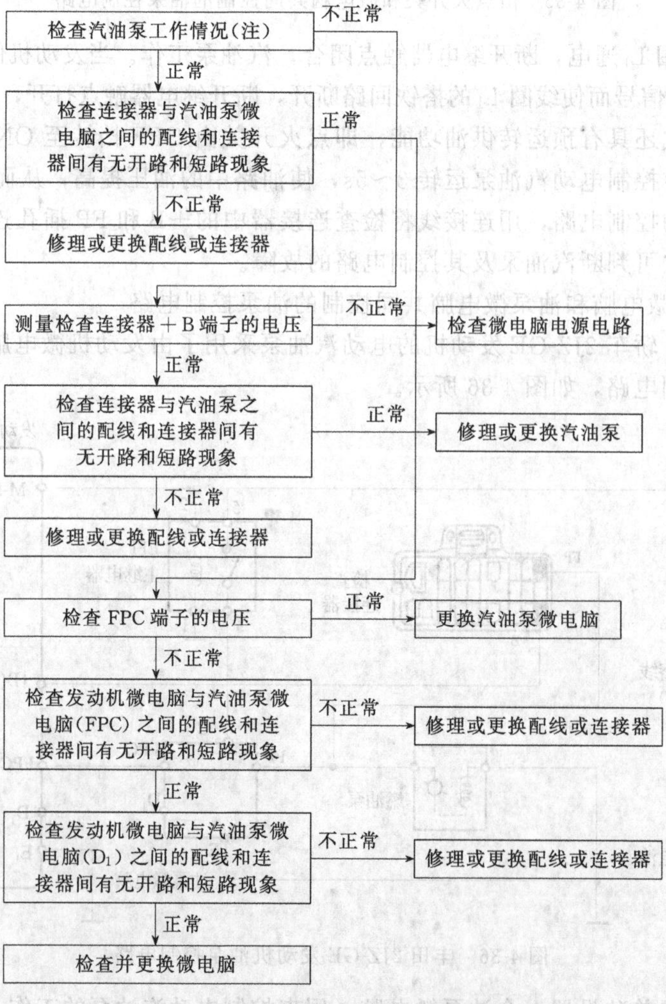

图 4-37　汽油泵及其控制电路故障诊断流程图

注：汽油泵工作情况的检查方法，用导线将检查连接器的＋B 和 FP 端子连接起来，观察汽油泵是否运转。

4.2.2 燃油压力调节器

燃油压力调节器的作用是自动调节燃油压力，使燃油供给系统的压力（即系统油压）与进气歧管压力之差保持在恒定值（一般为 285kPa）。在油路中安装燃油压力调节器后，就可实现微电脑对喷油量的精确控制。燃油压力调节器一般安装在分配油管（供油总管）的一端，其进油口和分配油管相连，回油口接回油管，真空管接口通过一个软管和进气歧管相连，如图 4-38 所示。

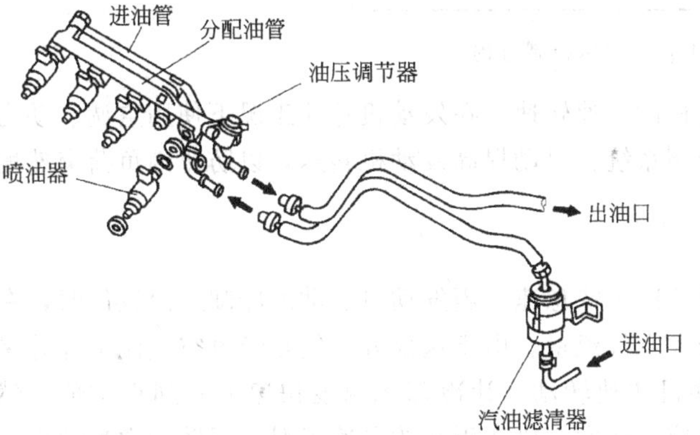

图 4-38 燃油压力调节器的安装位置

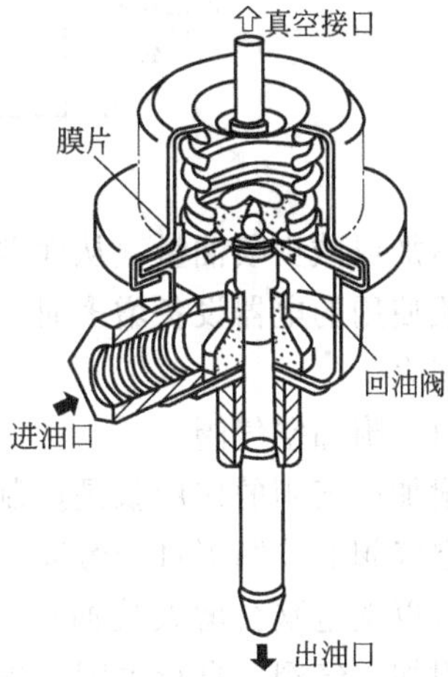

图 4-39 燃油压力调节器的结构

燃油压力调节器的结构如图 4-39 所示。金属壳体内的膜片将其内腔分为两个腔室，即真空气室和燃油室。真空气室内装有压缩弹簧，压缩弹簧压在膜片上，真空气室通过真空管和进气歧管相通。燃油室设有进油口与出油口，二者之间的通道由回油阀控制。发动机工作时，进气歧管内的真空度对膜片有吸引力，而汽油泵输送至燃油室的压力燃油又对膜片有推动力。当燃油压力与进气歧管的真空吸力之和大于弹簧的弹力时，膜片被顶起，回油阀打开，部分燃油流回油箱。反之，当燃油压力和进气歧管的真空吸力之和小于弹簧的弹力时，膜片落下或不被顶起，回油阀关闭，没有燃油流回油箱。燃油压力调节器如此循环动作，即可将系统油压与进气歧管的压力之差稳定在一个恒定值。

4.2.3 怠速控制阀

发动机怠速时，节气门开度最小，发动机只带动附件维持最低稳定转速。怠速是发动机工作过程中经常出现的工况，因而在电控汽油喷射系统中把怠速控制作为其重要的控制功能之一。怠速控制阀的作用就是自动调整发动机的怠速转速并将其稳定在最低值，同时还根据发动机的外加负荷（如空调、动力转向等）自动提高怠速转速，以满足附件的功率需求。

图 4-40 所示为由微电脑控制的怠速控制过程。微电脑根据节气门位置传感器输出的怠速开关信号（节气门全关信号）判断发动机是否处于怠速状态，然后根据冷却水温度、空调开关及动力转向等传感信号，在存储器中存储的数据中确定出该工况下的目标转速（即能稳定运转的怠速转速），再与发动机转速传感器输送来的实际转速进行比较，计算出转速差值，最后通过怠速控制阀的动作来提高或降低发动机的转速，使发动机稳定运转。

对应于冷却水的任一温度，微电脑内都储存有一怠速目标转速。水温越高，怠速目标转速越低。当怠速转速与目标转速有差距时，微电脑就控制怠速控制阀增大或减小进入汽缸的空气量。由于这部分增加或减小的空气量是经过空气流量计计量的，因此汽油喷射系统会相

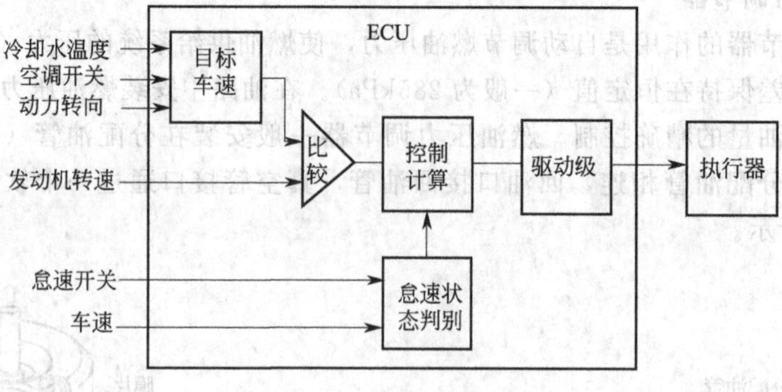

图 4-40　怠速控制过程

应地增加或减少喷油量，从而调整发动机的怠速转速。在发动机怠速工况下使用空调、动力转向或使用的电器设备增多时，怠速控制系统会自动提高发动机转速，以防止因负荷突然增大而熄火。

（1）附加空气阀

附加空气阀的作用就是控制发动机的冷车快怠速。当发动机启动后冷却水温较低时，在附加空气阀的控制下打开旁通气道以增大空气流量。由于这部分空气是经过空气流量计计量的，所以微电脑会增大喷油量，使发动机快速转动，让冷却水温度快速上升到正常值。然后，附加空气阀会自行关闭，停止快怠速，使发动机在正常的怠速工况下运转。常见的附加空气阀有两种，即双金属片式附加空气阀和蜡式附加空气阀。

1）双金属片式附加空气阀

如图 4-41 所示，双金属片式附加空气阀主要由双金属片、电热丝以及阀片等组成。电热丝绕在双金属片上，阀片上设有通气孔，当该通气孔和旁通气道正对时，旁通气量最大。阀片的动作受双金属片控制，而双金属片的动作和环境温度有关。当发动机冷启动（即在环境温度较低的环境下启动）时，双金属片控制阀片动作，使旁通气道处于最大开启位置，此时发动机快速运转，即所谓冷车快怠速。与此同时，双金属片的电热丝开始通电，加热双金属片。随着发动机的运转，冷却水温逐渐升高，受冷却水和加热丝加热的双金属片也逐渐变形，带动阀片将旁通气道逐渐关闭，完成冷车快怠速过程，发动机转入正常怠速运转过程。

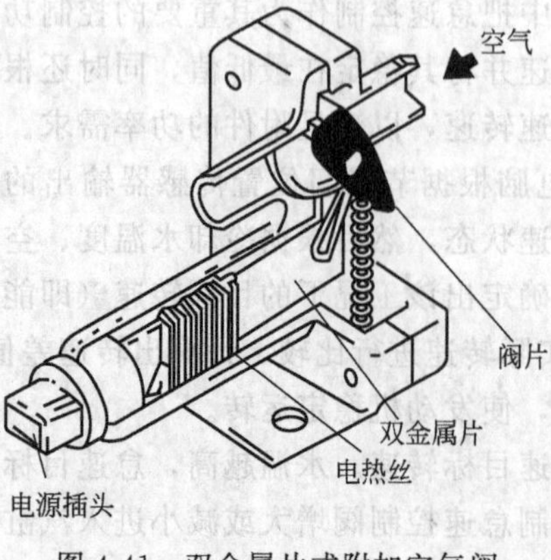

图 4-41　双金属片式附加空气阀

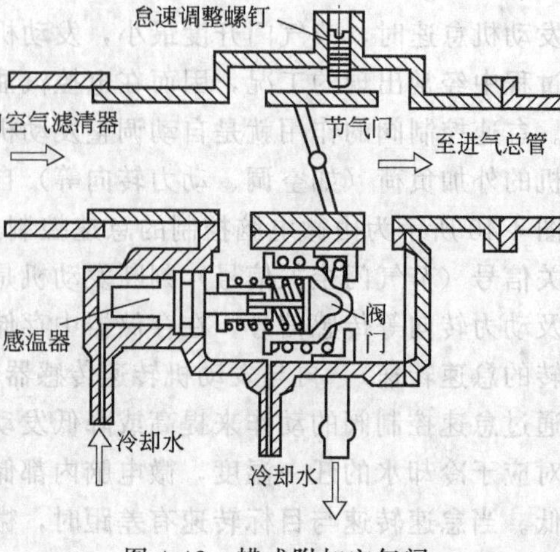

图 4-42　蜡式附加空气阀

2）蜡式附加空气阀

如图 4-42 所示，蜡式附加空气阀的结构主要由蜡式感温器和阀门组成。蜡式感温器内装有热膨胀系数较大的石蜡，发动机的冷却水被送到附加空气阀的蜡式感温器周围。当冷却水温度较低时，蜡式感温器收缩，带动阀门后移，将旁通气道打开。随着温度的升高，蜡式感温器逐渐膨胀，带动阀门前移，逐渐将旁通气道关闭。

（2）怠速控制阀

怠速控制阀是通过控制进入汽缸的空气量来调整发动机怠速的。按照其控制方式可将怠速控制阀分为直接控制节气门最小开度的节气门直动式和控制节气门旁通气道截面积的旁通气道式两种，如图 4-43 所示。丰田皇冠 3.0 轿车 2JZ-GE 发动机怠速控制阀的控制电路如图 4-44 所示。

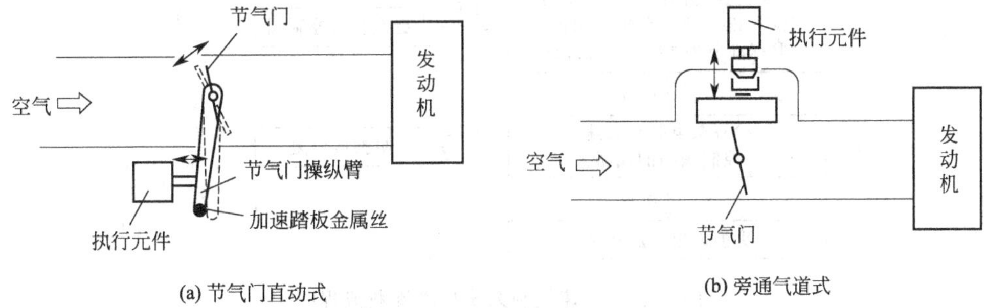

图 4-43 怠速控制阀的控制方式

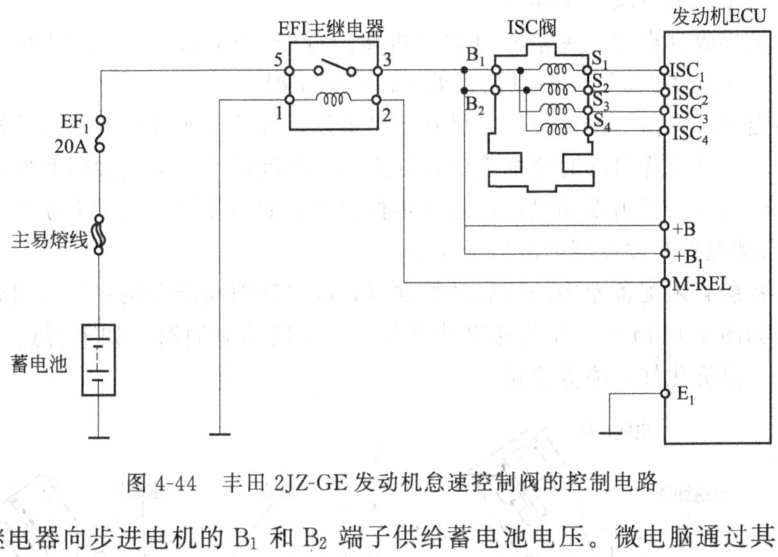

图 4-44 丰田 2JZ-GE 发动机怠速控制阀的控制电路

EFI 主继电器向步进电机的 B_1 和 B_2 端子供给蓄电池电压。微电脑通过其 ISC_1、ISC_2、ISC_3、ISC_4 端子控制步进电机内 4 个线圈的搭铁电路。微电脑按一定顺序控制 ISC_1、ISC_2、ISC_3、ISC_4 端子轮流搭铁，使步进电器顺时针或逆时针旋转，从而带动阀门向前或向后移动，开大或关小节气门旁通气道，控制发动机怠速转速。

（3）怠速控制系统的故障诊断方法

怠速控制系统的常见故障有怠速不稳、怠速失常、怠速过高或过低、无冷车快怠速以及无空调快怠速等。发生故障的主要原因是阀门卡滞、脏堵、漏气（垫片、密封胶圈）、插接器松动、怠速控制阀及微电脑故障、无工作电压等。此时，应从怠速控制阀、控制电路以及微电脑三个方面按顺序进行故障诊断。现以丰田子弹头汽车 2TZ-FE 发动机旋转滑阀式怠速控制阀为例阐述故障诊断的方法。

当发动机怠速控制阀不能正常工作时，可按图 4-45 所示的故障诊断流程图进行诊断。

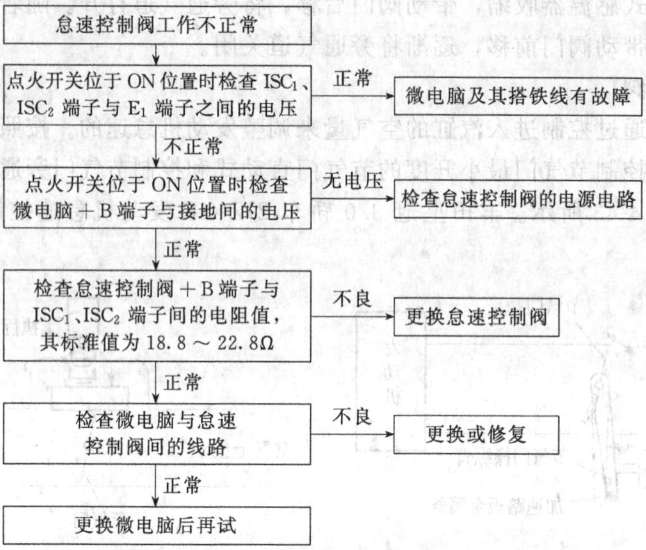

图 4-45　怠速控制系统故障诊断流程图

4.2.4　冷启动系统

(1) 冷启动系统的组成与工作原理

发动机电脑接收到启动开关信号且发动机转速低于 300r/min，若此时发动机的水温又很低（低于 30℃），微电脑则判断发动机处于冷启动工况。

发动机冷启动时，由于温度较低，燃料不易蒸发，因此需额外喷入一部分燃油，以提高混合气的浓度。发动机冷启动时增加喷油量的方法：①利用冷启动喷油器和冷启动温控开关来控制冷启动喷油量；②由发动机微电脑直接控制各缸的喷油量，以增大喷油量。

1) 由冷启动温控开关控制的冷启动系统

该冷启动系统必须配备专用的冷启动喷油器，冷启动喷油器安装在节气门后方的进气总管上，其结构如图 4-46 所示。和普通喷油器相比，冷启动喷油器有如下特点：一是要求工作电压较低；二是雾化好且喷雾锥角大。

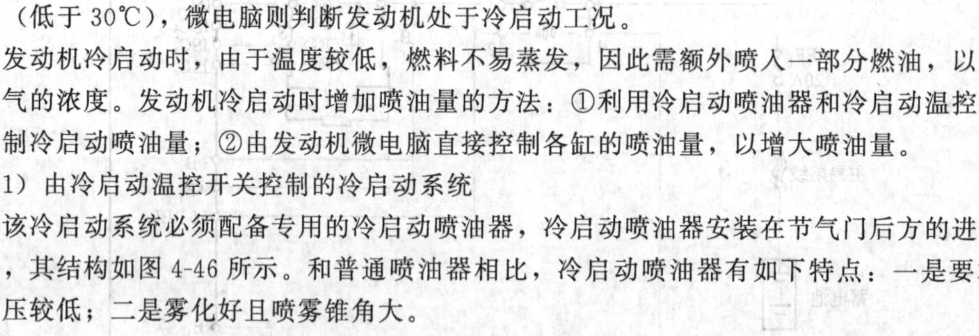

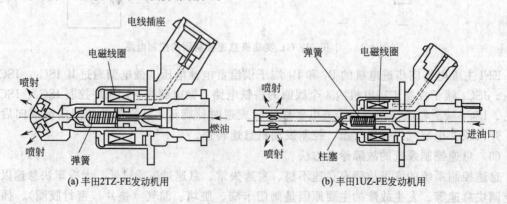

(a) 丰田2TZ-FE发动机用　　(b) 丰田1UZ-FE发动机用

图 4-46　冷启动喷油器的结构

冷启动喷油器由双金属片式冷启动温控开关控制。冷启动温控开关安装在缸体水道上。当冷却水温低于 30℃时，温控开关常闭。当水温高于 40℃或点火开关接通持续时间超过 1s 时，温控开关内的双金属片受电热线圈的加热而弯曲，使触点断开。

图 4-47 所示为丰田凌志轿车 IUZ-FE 发动机的冷启动系统。冷启动时，冷启动温控开关的触点闭合，电流流过冷启动喷油器线圈，喷油器喷油。同时，加热线圈 2 中也有电流通过，使双金属片受热而变形，触点断开，切断流过冷启动喷油器线圈的电流，使冷启动喷油器停止喷油。冷启动喷油器的喷油持续期由冷却液温度和电流通过加热线圈的时间长短来决定。当发动机在热态时，触点因双金属片受热而断开，喷油器不工作。当发动机难以启动且启动机连续工作时加热线圈 2 对双金属片加热，使触点保持断开状态，冷启动喷油器不再喷油。

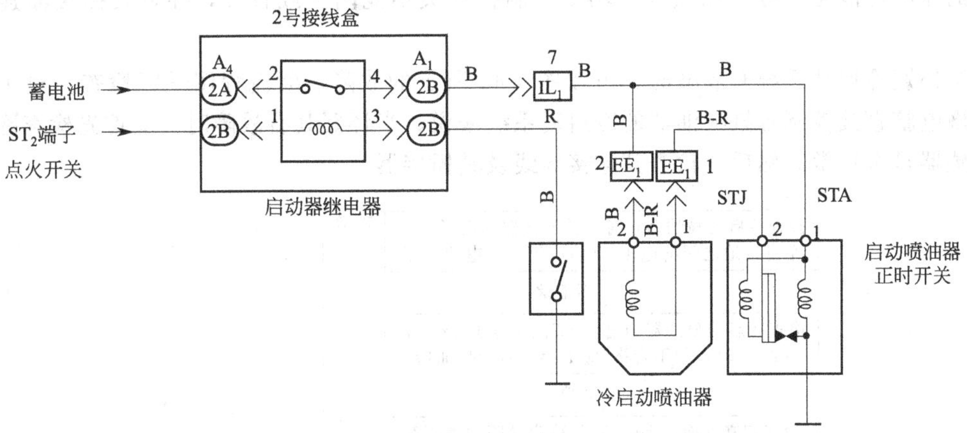

图 4-47　丰田 IUZ-FE 发动机冷启动系统

冷启动温控开关动作时的冷却液温度因车型而异。如丰田车的欧洲、澳大利亚车型，当冷却液温度等于或小于 22℃时，冷启动温控开关闭合，喷油器开始工作。而其他车型在冷却液温度为 35℃或更低时，冷启动系统才开始工作。

丰田部分车型的冷启动喷油系统不仅受温控开关的控制，而且还受发动机微电脑的控制，其控制电路如图 4-48 所示。该系统当冷却液温度低于 35℃（欧洲、澳大利亚车型为 22℃）时，冷启动喷油器的工作受温控开关控制。当冷却液温度高于 35℃时，冷启动温控开关常开，此时冷启动喷油器的工作不再受温控开关的控制，只受微电脑控制。微电脑通过

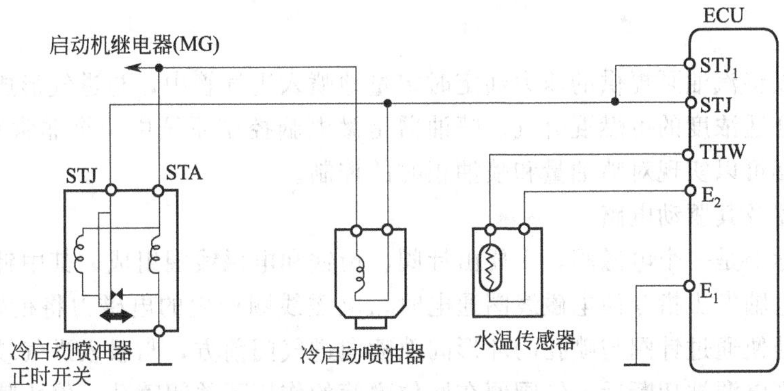

图 4-48　油温控制开关和微电脑共同控制的冷启动系统控制电路

对冷启动喷油器喷油正时（包括喷油时刻和喷油时间）的控制可降低启动时 CO 和 HC 的排放量，并保持发动机的启动性能。当冷却液温度达到 60℃时，微电脑就中断对冷启动喷油器的控制。

2）由发动机微电脑直接控制的冷启动系统

丰田皇冠 3.0 轿车 2JZ-GE 发动机的冷启动系统没有设置冷启动喷油器，其功能由发动机各缸喷油器完成。在启动时，发动机为电脑根据水温传感器送来的信号判断出发动机处于冷启动工况，然后微电脑直接控制各喷油器增加喷油量，以提高混合气的浓度，使发动机在低温下易于启动。这种冷启动系统的控制电路就是各缸喷油器的工作电路。

(2) 冷启动系统的故障诊断

冷启动系统工作不正常，会引发发动机冷启动的困难、怠慢不稳、排气冒黑烟等故障。故障的原因可能是：冷启动喷油嘴堵塞，温控开关不能闭合或打开，导致其插接器连接不正确。

当怀疑冷启动系统有故障时，可按图 4-49 所示的故障诊断流程图进行检查。对于由发动机微电脑直接控制各缸喷油器的冷启动系统来说，当怀疑其有故障时，应首先检查冷却水温传感器是否正常，然后再检查其连接导线及其插接器。

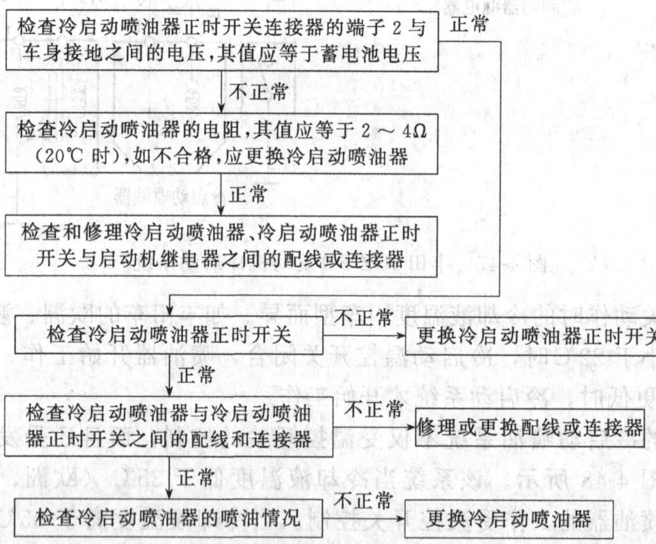

图 4-49 冷启动系统故障诊断流程图

4.2.5 喷油器

喷油器可以将汽油泵提供的压力油定时定量地喷入进气管中，与进气形成符合发动机运行工况要求的合适浓度的可燃混合气。喷油器是微电脑控制系统中一个非常重要的执行器，通过控制喷油器可以实现对喷油量和喷油正时的控制。

(1) 喷油器及其驱动电路

喷油器实际上是一个电磁阀，主要由针阀、衔铁和电磁线圈组成，其中针阀和衔铁结合为一体。当微电脑发出指令使电磁线圈通电时，电磁线圈产生的电磁力将衔铁和针阀吸起，阀门打开，汽油便通过针阀与喷孔的环形间隙喷向进气门前方，与吸入进气歧管的空气混合后进入汽缸。当电源被切断后，针阀便在回位弹簧的作用下关闭喷孔，停止喷油。喷油量与喷油器喷油的时间（就是针阀打开的时间）成正比，而针阀打开的时间又由微电脑输出的电脉冲宽度控制。喷油器安装在进气门的上方，其结构如图 4-50 所示。

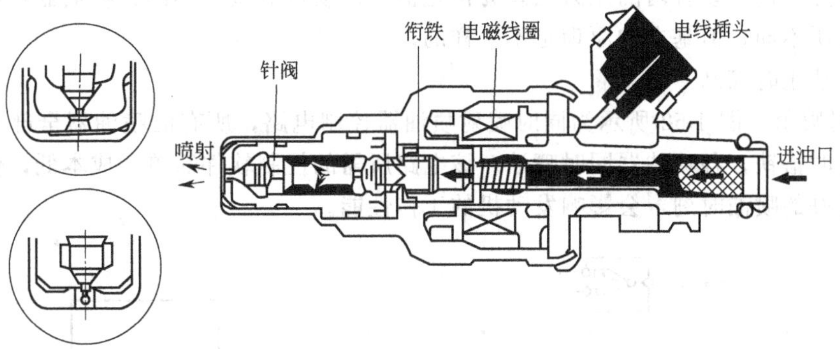

图 4-50　喷油器的结构

喷油器按喷孔的数目可分为单孔式、双孔式及环孔式三种。由于双孔式喷油器既有利于均匀喷射，又不易堵塞，因而得到了广泛应用。

喷油器按其电磁线圈的电阻值大小又可分为低电阻喷油器（0.3～0.6Ω）和高电阻喷油器（12～17Ω）两种。喷油器的阻值不同，其驱动电路也不同。喷油器的驱动电路有电压驱动式和电流驱动式两种。

所谓电压驱动式电路，就是指通过控制喷油器的工作电压来控制喷油器工作的电路。在电压驱动式电路中，使用高电阻喷油器时，可将蓄电池电压直接加在喷油器上；而使用低电阻喷油器时，则应在电路中串入附加电阻，将蓄电池电压分压后加在喷油器上。这是因为低电阻喷油器电磁线圈的匝数少、电阻小，所以电流大，发热快，易损坏，串入附加电阻可以保护低电阻喷油器。图 4-51(a) 所示为喷油器的电压驱动电路。

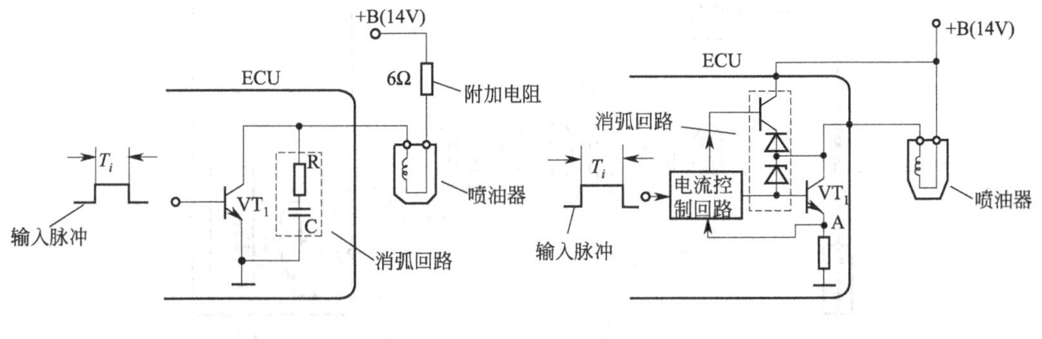

(a) 电压驱动回路　　(b) 电流驱动回路

图 4-51　喷油器驱动电路

所谓电流驱动式电路，就是指通过控制喷油器的工作电流来控制喷油器工作的电路。在电流驱动式电路中，只能使用低电阻喷油器，如图 4-51(b) 所示。蓄电池电压直接加在喷油器上。由于喷油器电阻值较小，当接通驱动电路时，通过电磁线圈的电流会上升很快，使针阀快速打开。随着电流的上升，检测点 A 的电位也很快升高。当点 A 电位上升到设定值时，电流控制回路会控制功率三极管 VT1 以 20MHz 的频率交替地导通和截止，使通过喷油器电磁线圈的平均电流保持 1～2A，保持针阀的开启状态。这种喷油器的响应特性好，可缩短无效喷油时间，既防止了电磁线圈的发热损坏，又减少了能量消耗。

喷油量的控制其实就是喷油器喷油持续时间的控制。因为经燃油压力调节器调节后，油管中燃油压力与进气歧管内的压力之差为恒定值。发动机的型号不同，喷油器喷油时间的控制方式会有所不同，但基本的原理是不一样的。

（2）喷油正时控制

① 同时喷射　图 4-52 所示为同时喷射喷油器控制电路，所有的喷油器全部并联，由微电脑控制同时搭铁，各喷油器同时喷油。该电路所需的控制软件简单、成本低，但不能使各缸都得到良好的喷油时刻，会影响发动机的工作性能。

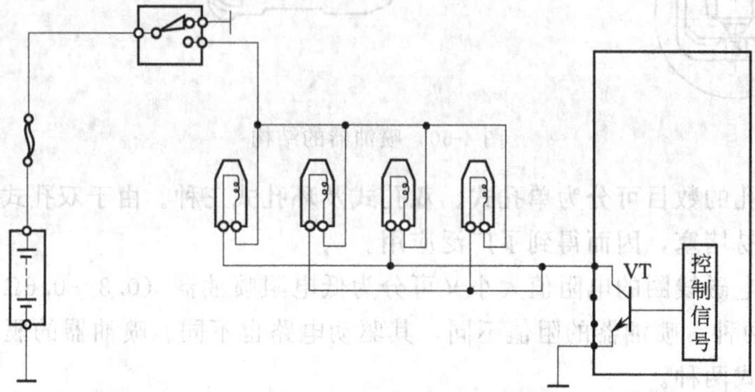

图 4-52　同时喷射喷油器控制电路

② 分组喷射　分组喷射是将喷油器分成若干组，一般每两个喷油器为一组，微电脑控制各组喷油器轮流喷射。其控制电路如图 4-53 所示。该电路能使发动机得到较好的喷油正时，且配用的控制软件不复杂，故目前得到了广泛应用。

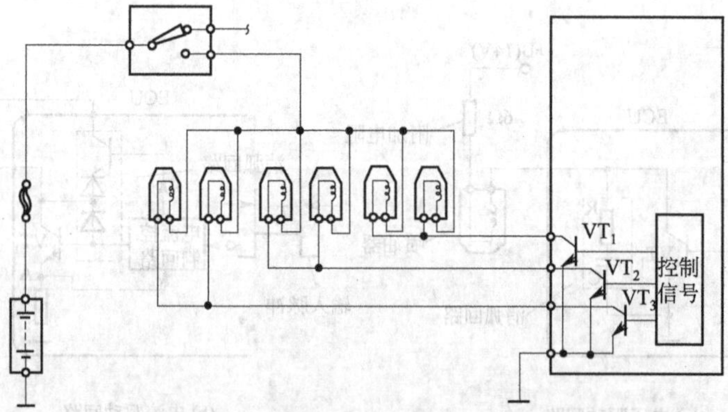

图 4-53　分组喷射喷油器控制电路

③ 顺序喷射　顺序喷射是指微电脑控制各缸喷油器按各缸的工作顺序单独轮流喷油。其控制电路如图 4-54 所示。采用此种控制电路能让各缸得到准确的喷油正时，但其控制软件比较复杂、成本高，目前只在部分高档车上得到了应用。随着电子技术的发展，顺序喷射方式将逐渐取代其他喷油方式。

（3）汽油喷射系统的故障诊断

喷油系统发生故障，会造成发动机动力下降、加速迟缓、怠速不稳、易熄火等故障，图 4-55 所示为丰田 2JZ-GE 发动机喷油器电路。发生故障时，可按图 4-56 所示的故障诊断流程图进行诊断。

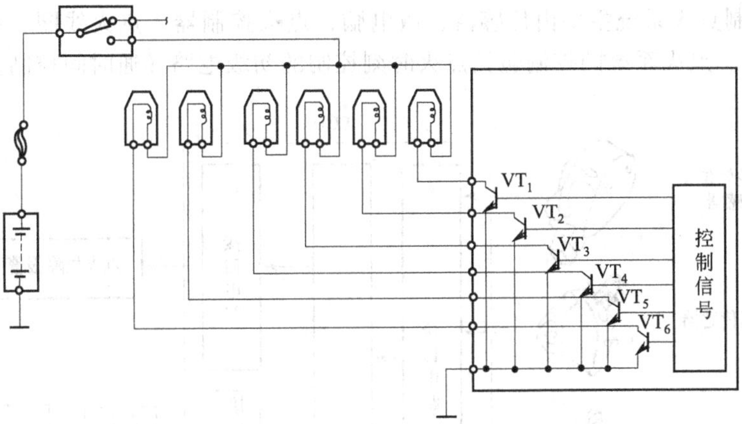

图 4-54　顺序喷射喷油器控制电路

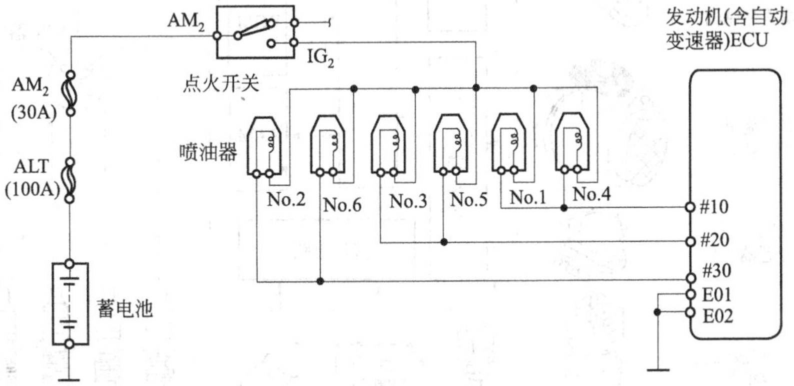

图 4-55　丰田 2JZ-GE 发动机喷油器电路

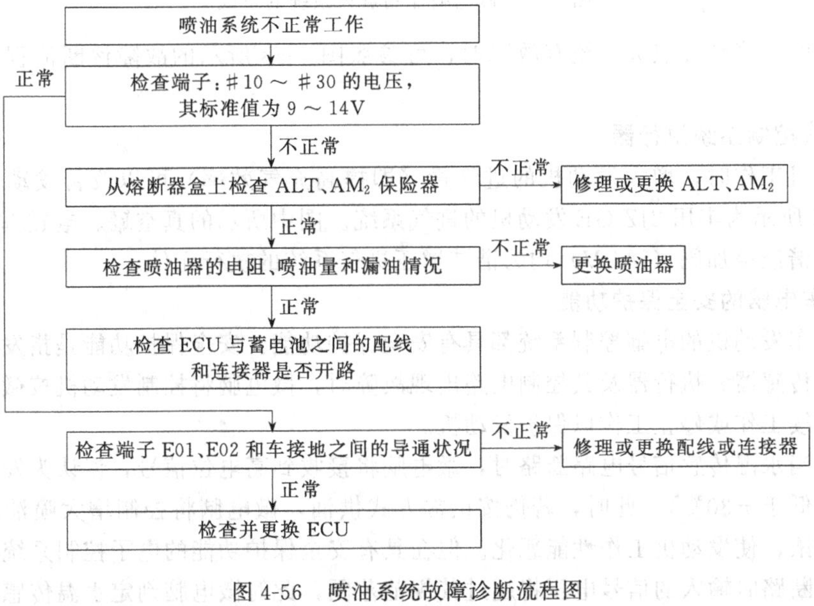

图 4-56　喷油系统故障诊断流程图

4.2.6 点火系统执行器

微电脑控制点火系统主要由传感器、微电脑、点火控制器、点火线圈、火花塞等组成，如图 4-57 所示。点火系统的控制包括点火时刻控制的初级电路导通时间控制。

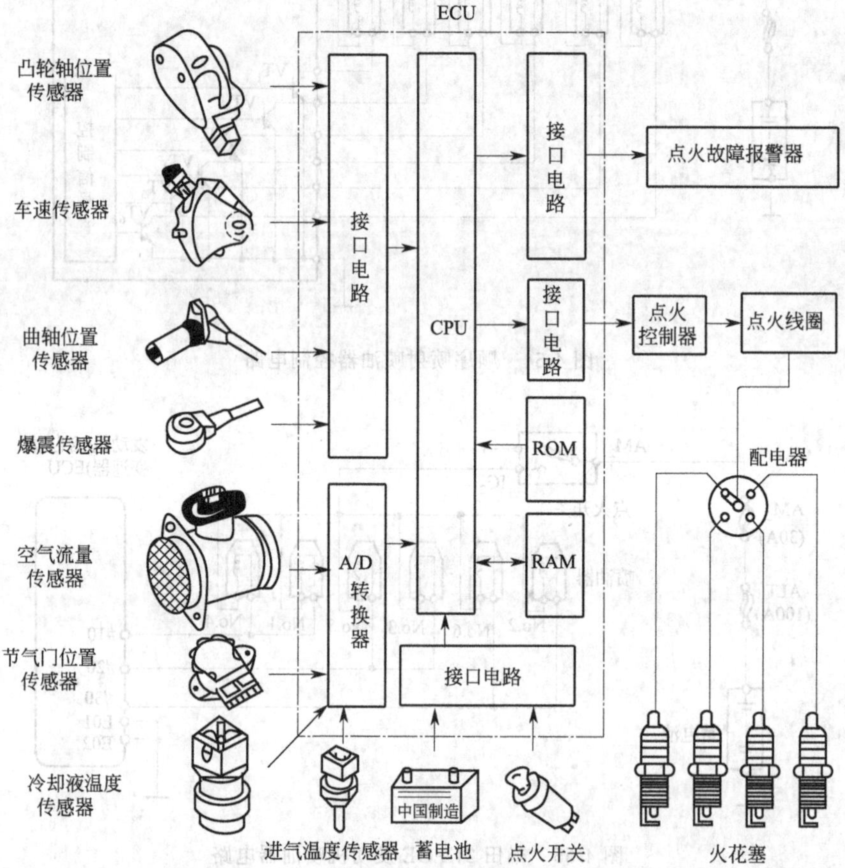

图 4-57 微电脑控制点火系统的组成

故障诊断：当怀疑点火系统有故障时，可参照图 4-58 所示的故障诊断流程图进行故障诊断。

4.2.7 进气控制系统执行器

在发动机工作时，增大发动机的进气量（即提高充气效率）可以改善发动机的动力性能。图 4-59 所示为丰田 2JZ-GE 发动机的进气系统。图中所示的真空罐、电磁真空阀、真空马达、进气谐波增加阀（IACV）均为谐波增压进气系统的执行元件。

4.2.8 汽车电脑的安全保护功能

现代汽车发动机的电脑控制系统都具有安全保护功能。安全保护功能是指发动机微电脑检测到某些传感器、执行器及其控制电路出现故障时，微电脑将控制发动机按微电脑预先内存的程序继续工作或停止工作以保护发动机。

例如，当水温传感信号电路断路时，微电脑将接收到高电位信号，误认为发动机冷却水温度过低（低于－30℃）。此时，若仍按正常方式供油，微电脑将控制增大喷油量，这将造成混合气过浓，使发动机工作性能恶化。但在具有安全保护功能的电子控制系统中，水温传感信号电路断路时输入的信号电压将超过其规范范围，此时微电脑判定水温传感器及其工作

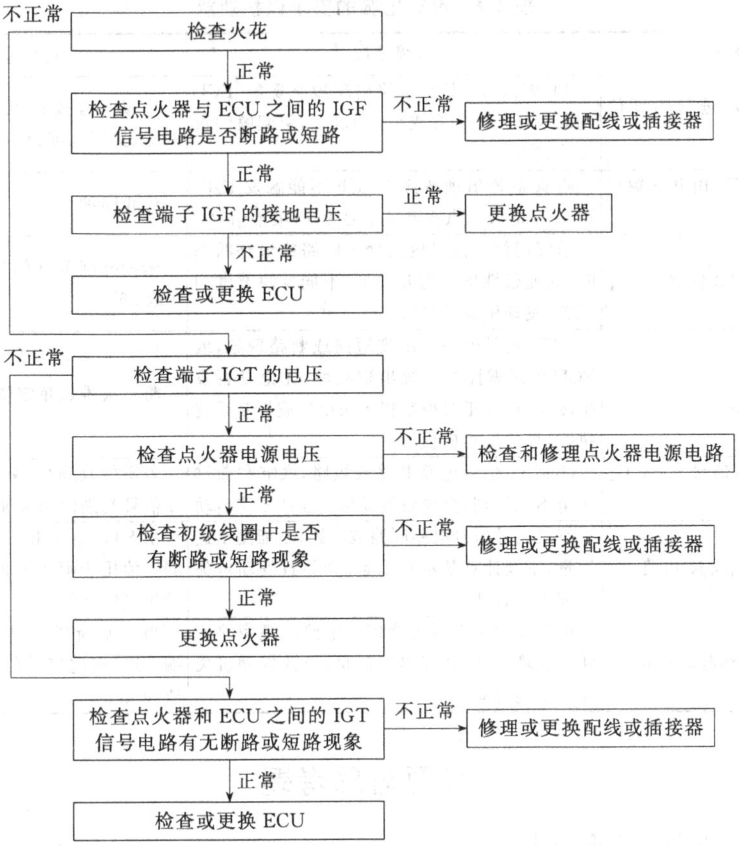

图 4-58　点火系统故障诊断流程图

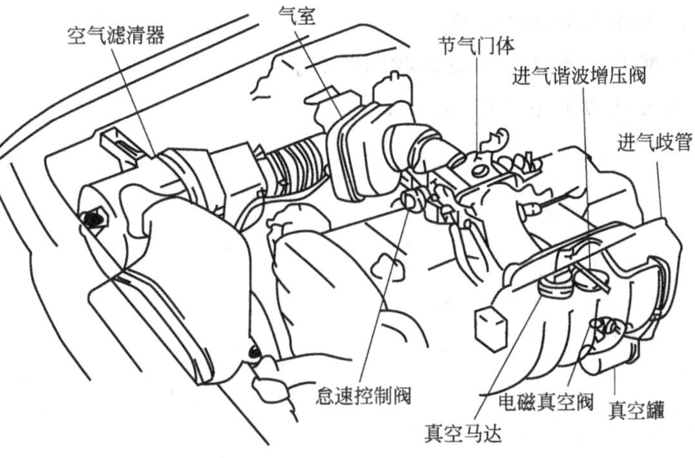

图 4-59　丰田 2JZ-GE 发动机的进气系统

电路有故障，并使其进入失效保护状态。在失效保护状态下，微电脑按冷却水温度为 80℃控制喷油和点火。当点火器 IGF 信号出现故障（微电脑连续 8～11 次接收不到 IGF 信号）时，利用点火系统的安全保护功能，微电脑将控制喷油器停止喷油。电子控制系统的各项安全保护功能见表 4-2。

表 4-2 汽车电脑的安全保护功能

故障信号电路	故障情况	安全保护功能
水温信号 THW，进气温度信号 THA	THW、THA 信号电路出现短路现象，ECU 判断为低于－50℃或高于 130℃，引起喷油过多或过少	启动 IC，按标准计量供油（水温为 80℃，进气温度为 20℃）
点火确认信号 IGF（由 IGF 触发产生）	点火系统出现故障或 IGF 不能触发 IGF，ECU 未能收到点火确认信号 IGF（喷油信号）	停止喷油
节气门位置信号（线性型）	节气门位置信号电路处于断路或短路状态时，就使线性型变为开关型，不能反映节气门位置，发动机运转异常	采用标准节气门位置（节气门开度为 0°或 25°）
爆震传感器信号 KNK 及控制线路	KNK 信号电路中出现短路或断路现象，或 ECU 内爆震控制系统出现故障，无论是否发生爆震，点火正时控制将无法由爆震控制系统执行，导致发动机损坏	将点火推迟角定位最大值
曲轴转角传感器信号 G_1 和 G_2 电路	G_1 或 G_2 信号电路断路或短路，汽缸和曲轴转角不能识别，会导致发动机失速或不能启动	若不能收到 G_1 或 G_2 信号，就按保留的 G 信号判别曲轴基准角
空气流量信号 V_S 或 K_S 电路	空气流量信号电路断路或短路，不能测出进气量，不能计算基本喷油量，会导致发动机失速或不能启动	由 STA 信号和 IDL 接触情况确定的固定值用于喷射定时和点火定时，使发动机能够运转
进气歧管压力传感器信号电路	进气歧管压力传感器信号电路出现短路或断路故障，无法计算出喷油量，导致发动机失速或不能启动	当 T 端断开时，进入备用状态；如果 T 端接通，则进气歧管压力信号采用标准值 30kPa

习题与思考题

1. 汽车发动机传感器主要有哪些？
2. 氧传感器的作用是什么？氧传感器是如何检测排气中的氧含量的？
3. 爆震传感器有哪几种类型？各种爆震传感器是如何检测爆震的？
4. 简述冷启动系统的组成与工作原理。
5. 喷油正时控制有哪几种类型？简述其控制过程。
6. 简述微电脑控制的发动机怠速过程。

第5章　汽车电脑核心电路原理

【本章知识要点】

- 电源及复位电路
- 燃油喷射系统 ECU 控制
- 点火系统 ECU 控制
- 发动机怠速 ECU 控制
- 时钟电路

5.1　电源及复位电路

5.1.1　电源与复位

（1）汽车电脑的供电电源

汽车电脑（ECU）系统的电源，对于汽车电脑的稳定运行有着非常重要的作用。这是因为汽车电脑（ECU）不仅对电压的稳定度和电流的大小有要求，还有上电复位的要求。所以电源不仅要提供稳定的电压、充足的电流，而且还要有很短的电压建立时间。例如，MCS51 单片机上电复位的时间要求是 1ms，即如果使用上电复位，则要求电源建立时间小于 1ms。在汽车系统中一般只提供 12V 的直流电压，而汽车电脑芯片大都需要 5V 的电压。汽车电脑的电源电路的作用就是对汽车所提供的电源进行滤波和稳压，以供给电脑内部稳定的直流电源。

（2）复位电路的作用

复位是微控制器的初始化操作，即使芯片内部各单元都处于一个确定的“各就各位”的状态，并且从这个状态开始工作。复位主要产生以下效果：

① 迅速停止当前正在执行的指令。

② 初始化有关寄存器的控制和状态位。

③ 从地址为＄FFFE 和＄FFFF 的存储单元中将用户自己定义的复位向量地址送到程序计数器 PC 中，如果这两个单元内容全为 1，则转向监控 ROM 执行程序。

④ 将锁相环输出的 T 时钟（CGMXCLK）四分频后作为系统的总线时钟。

（3）复位的方式

汽车电脑的复位方式有两种：一种是外部复位，另一种是芯片内部复位。

① 外部复位。外部复位是指通过外部电路将逻辑低电平 0 加到芯片的 RST 引脚上一段时间后产生的复位，如图 5-1 所示。

② 内部复位。内部复位是指芯片内部源引起的复位。复位时，内部复位源将芯片的 RST 引脚拉低 32 个 CGMXCLK 周期，以便使外部设备获得同步复位，在释放 RST 引脚后，再经过 32 个周期，才从复位向量处开始执行程序。内部复位包括以下 5 种。

a. 上电复位 POR。由 V_{DD}引脚上的电压从低到高正跳变引起的内部复位。

b. “看门狗” COP 复位。由“看门狗”计数器溢出引起的内部复位。

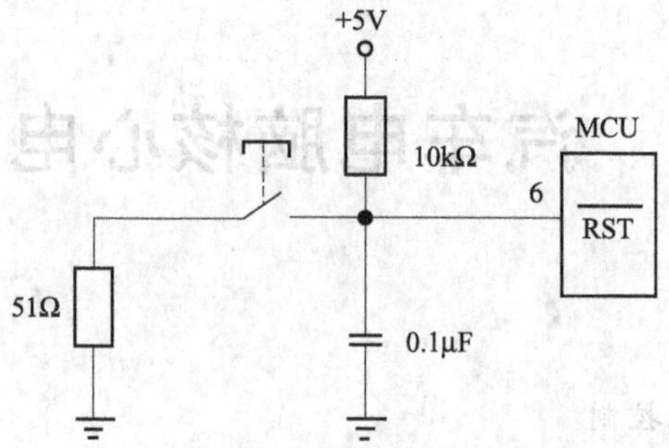

图 5-1　外部复位

c. 低电压极限 LVI 复位。由于电源电压降低到极限点时引起的内部复位。

d. 非法操作码 LOP 复位。由于执行不在指令集中的非法操作码引起的内部复位。

e. 非法地址 ILAD 复位。由于读取操作码时访问到不在寻址范围内的非法地址引起的内部复位。

(4) 复位状态寄存器 SRSR

复位状态寄存器 SRSR 是只读存储器，相应位为“1”表示发生相应中断，该寄存器自动清零，SRSR 的地址是 $FE01。复位状态寄存器 SRSR 各位的含义为：7—POR，6—PIN，5—COP，4—ILOP，3—ILAD，2—保留，1—LVI。

POR：上电复位标志。发生上电复位时该设置为 1。

PIN：外部复位标志。发生外部复位时该设置为 1。

COP："看门狗"复位。发生“看门狗”复位时该设置为 1。

ILOP：非法操作复位标志。发生非法操作码复位时该设置为 1。

ILAD：非法地址复位标志。发生非法地址复位时该设置为 1。

LVI：低电压极限复位标志。发生低电压极限复位时该设置为 1。

5.1.2 常见的电源芯片

玛瑞利电脑采用的电源芯片为：L9170，其功能如下。

① 产生稳压电源。

② 比较信号稳压。

③ 为 CPU 提供复位信号。

该芯片的工作原理如图 5-2 所示。芯片 L9170 的脚 2、脚 9、脚 10 为电源输入脚，当点火开关打开时，来自电脑引脚 PIN35 的 12V 蓄电池电压加到了 L8170 的 2 脚和 11 脚，当 L9170 的脚 9 收到来自 PIN26 的启动信号后，由脚 1 输出 5V 电压供给电脑本身使用，脚 3、脚 4 输出 5V 电压通过 PIN14 供给外部传感器（如进气压力、节气门位置传感器）使用，同时由脚 8 输出复位信号加到 CPU 的端子 17 和 74HC273 的端子 1，使电脑板复位，同时使 74HC273 在复位期间清零，以免发生错误的控制动作。

这里的 L9170 中的 8 脚为低电位复位信号输出，复位后为高电位。复位信号用 RST 表示。L9170 常因为发热量过高而损坏，在损坏时有明显的烧损痕迹，如没有明显的烧损迹象，检查时首先对电脑正常加电，再测接地，如正常再测外围各阻容元件是否有击穿短路、断路现象，如果也正常，则可怀疑芯片 L9170。拆下 L9170 测其静态特征，与手册对比，判断是否损坏。

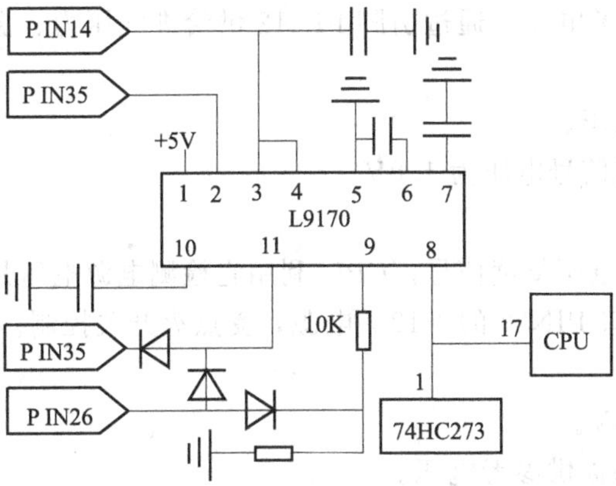

图 5-2　电源电路部分工作原理

5.1.3　Motronic 1.5.4 电脑电源电路

Motronic 1.5.4 电脑电源电路采用的芯片是 30358，如图 5-3 所示。30358 为 M1.5.4 电脑内部提供+5V 电源，其工作原理如图 5-4 所示。

图 5-3　芯片 30358

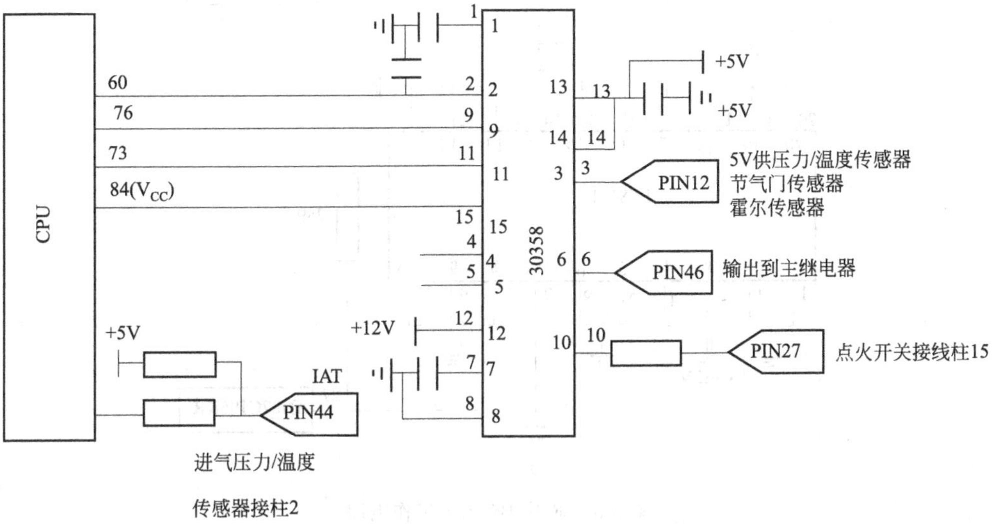

图 5-4　30358 芯片的工作原理

其引脚功能如下。

脚 1：内部电源滤波端 24V，判断 30358 好坏的关键就是 1 号脚如果低于 24V 那么电源块损坏。

脚 2：复位电压+5V，为 CPU 提供外部复位信号。

脚 3：传感器 5V 参考电压，通过引脚 PIN12 供给进气压力、温度、节气门位置和爆震等传感器。

脚 4、5、7：12V 电压。

脚 6：主继电器控制信号电压为 1.8V。

脚 8：接地。

脚 9：正常时为 5V 电压复读信号。CPU 利用它检测电源电压是否正常。

脚 10：来自电脑端口 PIN27 的＋12V 电源，受点火开关控制。

脚 12：＋12V。

脚 11、13、14：＋5V。

脚 15：为 CPU 内部提供参考电压。

检查电路时，观察芯片以及周边电路没有明显的烧焦痕迹，首先将电脑正常加电，测脚 10、12 是否有 12V 电压，再测脚 8 的接地，如正常再测各阻容元件是否正常，如上述检测结果均正常则为 30358 损坏应更换。

5.1.4 Motronic 3.8.2 电脑电源

上电复位信号是单片机系统的启动命令，对其可靠性要求很高，MMotronic 3.8.2 电脑采用电源芯片 B58491，作为其内部＋5V 电源供电和 CPU 等芯片的复位信号产生电路，由于在该电脑板中 B58491 只作为电源和复位使用，所以其功能和电路结构相对比较简单，工作原理电路如图 5-5 所示。脚 3、脚 4 为 B58491 的 12V 供电端，脚 16 和脚 17 为电脑板内部提供＋5V 电源，脚 7 输出复位信号。

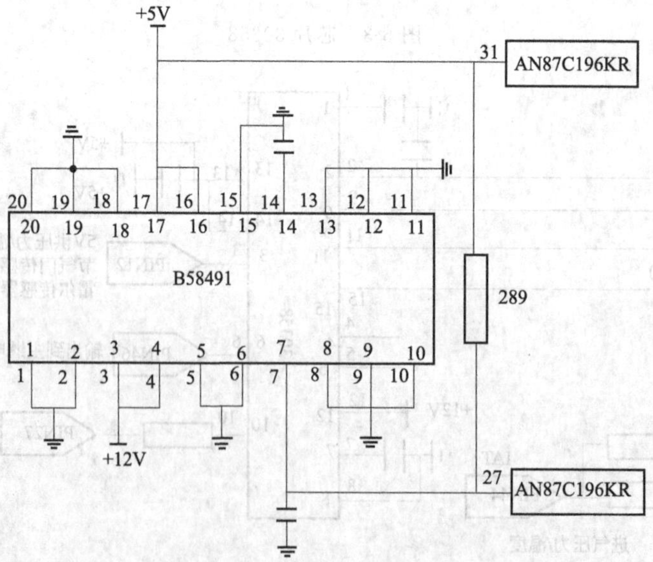

图 5-5　芯片 B58491 工作电路

5.2　燃油喷射系统 ECU 控制

(1) 燃油喷射系统概述

燃油喷射系统以发动机电控单元（ECU）为控制中心，利用安装在发动机不同部位的各种传感器检测发动机的各种工作参数。根据这些参数选择 ECU 中设定的程序，通过控制喷油器，精确地控制喷油量，使发动机在各种工况下都能获得最佳空燃比的混合气。

电控燃油喷射系统通过 ECU 的控制程序，实现启动加浓、暖机加浓、加速加浓、全负荷加浓、减速调稀、强制怠速断油、自动怠速控制等功能，满足发动机特殊工况对混合气的要求，使发动机获得良好的燃油经济性和排放性，提高了汽车的使用性能。该系统由传感器、ECU 和执行器三部分组成，电控制系统的组成如图 5-6 所示。

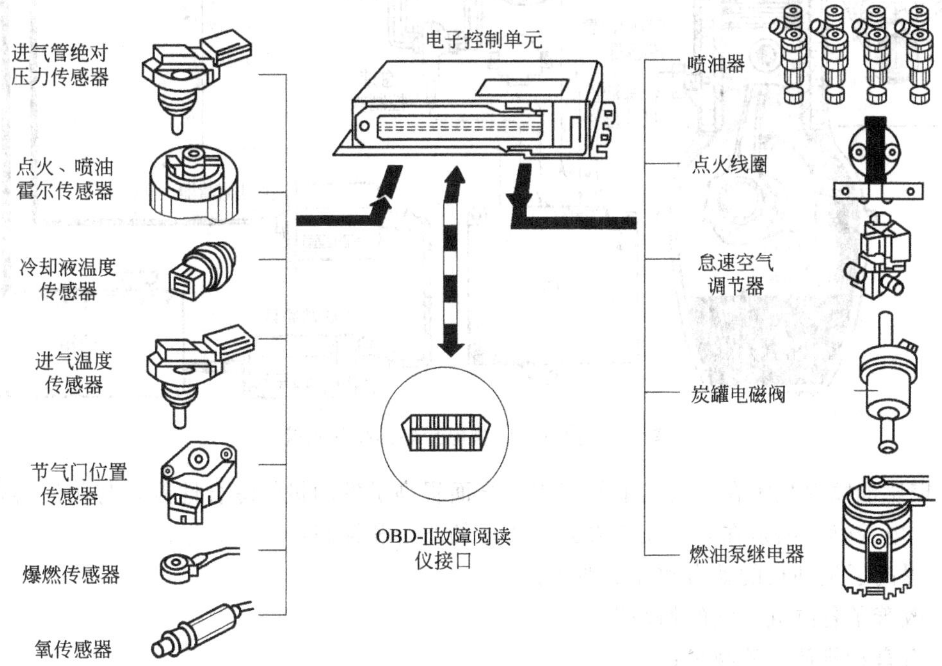

图 5-6 汽油机电控燃油喷射系统的组成

汽油发动机电控燃油喷射系统一般由 3 个子系统组成，分别为空气供给系统、燃油供给系统和电控系统。空气供给系统的功能是提供、测量和控制燃油燃烧时所需要的空气量。燃油供给系统的功能是向发动机精确地提供各种工况下所需要的燃油量。电控系统的功能是根据发动机运转状况和车辆运行状况确定燃油的最佳喷射量。

为了精确控制汽油机混合气的空燃比，电控系统必须对发动机吸入的空气量进行测量，才能确定相应的喷油量。按空气量测量方式分类，可分为间接测量方式电控系统和直接测量方式电控系统两类。直接测量方式采用空气流量计直接测量发动机单位时间吸入的空气量，ECU 根据流量计测出的空气流量和发动机的转速，计算出每一工作循环发动机吸入的空气量，从而确定循环基本喷油量。对于直接测量方式，按测出的是空气的体积流量还是质量流量，可分为体积流量方式和质量流量方式。

质量流量方式利用热线式或热膜式空气流量计，测量发动机单位时间吸入的空气质量。ECU 根据空气流量计测出空气质量和发动机转速，计算出每一工作循环发动机吸入的空气质量，从而计算出基本喷油量。质量流量方式具有测量精度高，响应速度快，结构紧凑，不需要进行质量换算的突出优点。采用质量流量方式的典型电控系统是 Bosch 公司的 LH-Jetronic 系统，如图 5-7 所示。国产轿车中，上海大众的桑塔纳 2000 系列和帕萨特、SGM 的别克系列、一汽大众的捷达王和奥迪、二汽的神龙富康等采用这种进气量测量方式。

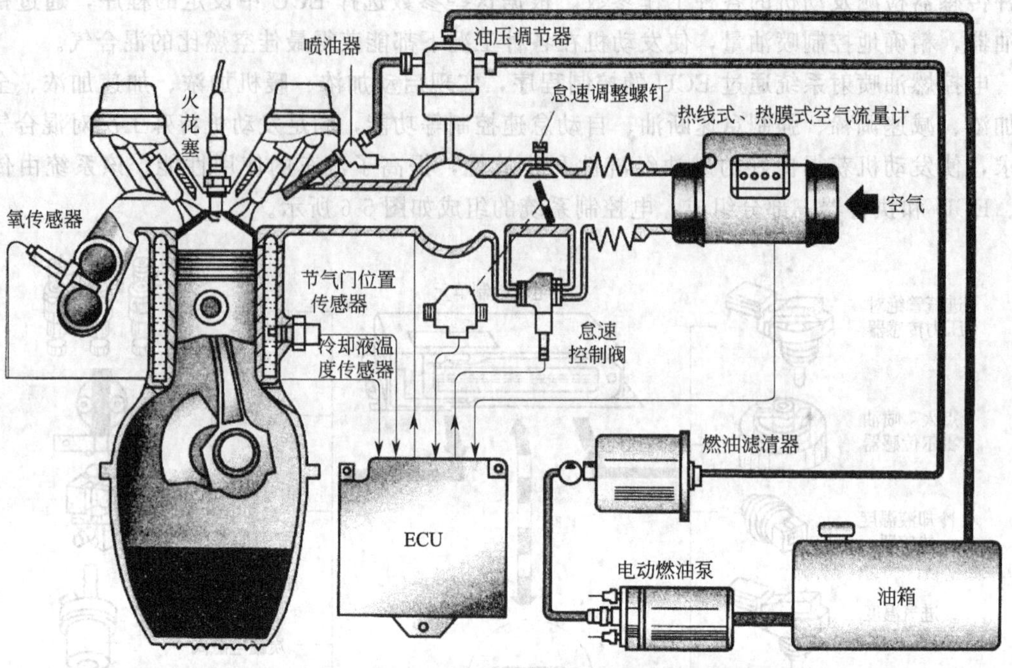

图 5-7 博世 LH 型电控燃油喷射系统

电控燃油喷射技术在发动机上的应用，全面提高了发动机的综合性能，与化油器式发动机相比，电控燃油喷射在以下几个方面有明显的改善和提高：

① 提高了发动机的动力和经济性能；

② 改善了各缸混合气的均匀性；

③ 有害物排放显著减少；

④ 改善了发动机对地理及气候环境的适应性；

⑤ 提高了发动机高低温启动性能和暖机性能。

电控系统使发动机在低排放、低油耗和高功率等方面有了质的飞跃和提高。随着科学技术的进步和发展，电控系统的控制功能将会进一步拓展，制造和使用成本将进一步降低，可靠性和使用寿命将进一步提高，电子控制技术将会使汽车发动机的综合性能迈上新的台阶。

(2) 玛瑞利单点电脑的喷油控制

1) 玛瑞利单点电脑的喷油控制原理

玛瑞利单点电脑的喷油控制主要是由 CPU 来完成的，其电路如图 5-8 所示。

CPU 首先根据点火频率确定喷油频率（喷油频率为点火频率的一半），由 CPU 的脚 37 输出喷油驱动脉冲信号至喷油模块 L9150 的脚 5，经 L9150 放大后由脚 2 输出到喷油器，在喷油过程中，CPU 还要根据 A/D 转换器与送来的各种传感器信号，判断当前的工况，并根据工况信息调整喷油驱动脉冲信号的脉冲宽度，从而控制喷油器喷射适量的燃油或中断燃油，以满足发动机各种工况的需要。

CPU 的脚 21 输出片选信号至 L9150 的脚 1，来控制喷油电路的启动和停止；L9150 的脚 7～脚 10 分别接至 CPU 的脚 26、脚 25、脚 27、脚 24，用来反馈喷油脉宽的二进制信息，使 CPU 时刻了解喷油控制是否达到了控制目标，这是个典型的闭环控制系统，通过不断的反馈和控制最终使喷油量与发动机的实际工况相一致。

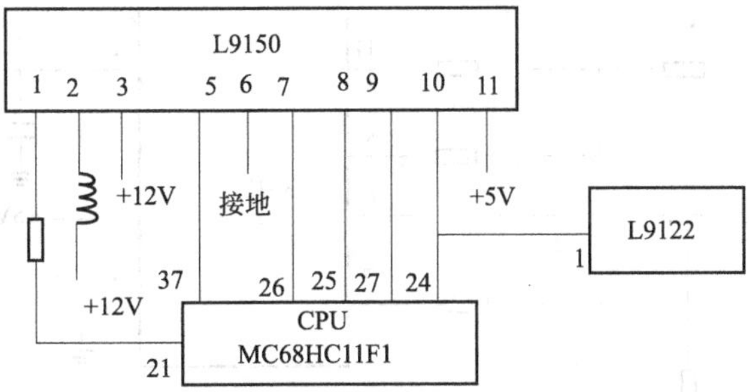

图 5-8　玛瑞利单点电脑的喷油控制原理

2）玛瑞利单点电脑喷油电路的故障检修

① 给电脑板通电，用波形发生器输入转速信号，测量 CPU 的脚 37 有无喷油驱动信号输出，如果没有喷油驱动信号输出，说明电脑板程序执行不正常，可重写存储器 27C512 内的程序。

② 如果有喷油驱动信号输出，在 L9150 的脚 2 外接感性负载，测量脚 2 有无喷油控制信号输出，没有输出说明 L9150 损坏，也可能是 L9150 供电不正常，在排除电源问题的情况下可更换 L9150。

③ 如有正常喷油控制输出，则说明喷油电路不正常，需检查电脑板外部电路。

（3）Motronic1. 5. 4 电脑的喷油控制

1）Motronic1. 5. 4 电脑的喷油控制原理

与油泵驱动相关的电路如图 5-9 所示，打开点火开关后，B58468 的 PIN67 脚输出低电平驱动信号，经 B58290 两次驱动后由脚 16 输出至 PIN3，使油泵吸合。

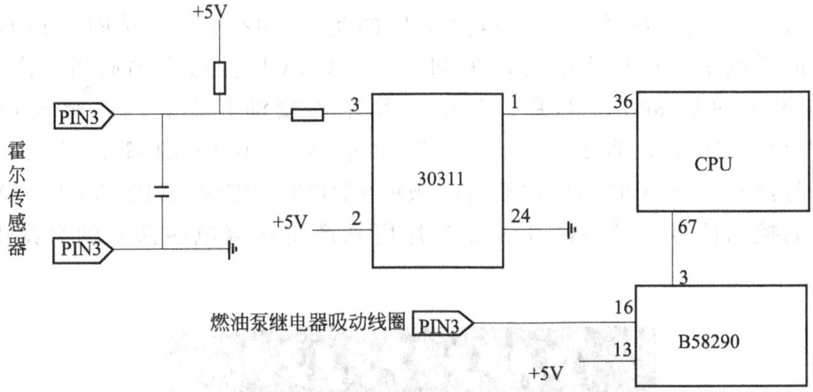

图 5-9　与油泵驱动相关的电路

氧传感器信号处理电路如图 5-10 所示，其工作过程如下：来自 PIN28 和 PIN10 的氧传感器信号加到 30311 芯片的脚 6、脚 11 和脚 7、脚 9，经 30311 放大处理后从脚 10 输出至 B58468 的脚 15，由 B58468 内部 A/D 转换成数字信号，B58468 根据该信号的大小对混合气的浓度进行调整。

2）Motronic1. 5. 4 电脑喷油电路的故障检修

给电脑板加电，然后用一个 1kΩ 的可变电阻和一个 4.7Ω 的固定电阻模拟氧传感器信号接到 PIN28 和 PIN10，改变可变电阻器的电阻，同时测量 30311 的脚 6、脚 11 有无电压

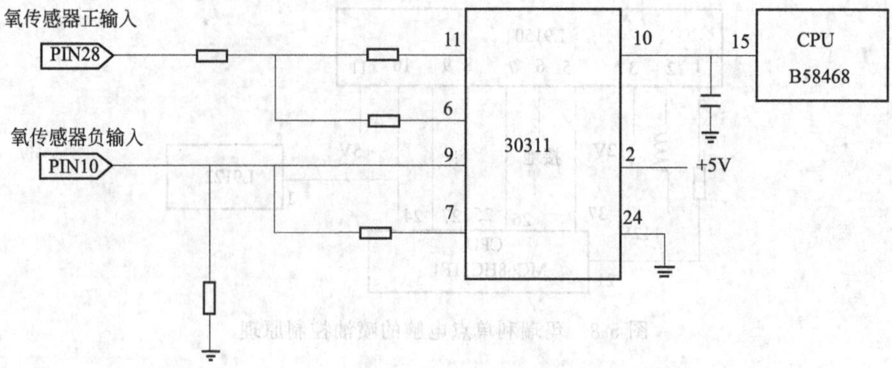

图 5-10 氧传感器信号处理电路

变化。

① 若无电压变化，则说明 30311 的脚 6、脚 9、脚 11、脚 7 之间是断路，用万用表检查后即可着手排除故障。

② 若有电压变化，则应测量 30311 的脚 10 和 B58468 的脚 15.

③ 测量 30311 的脚 10，若无电压变化，则说明 30311 损坏或周围元器件损坏。

④ 测量 B58468 的脚 15，若无电压变化，则说明 B58468 与 30311 之间存在断路。

⑤ 用示波器测量 B58468 脚 1、脚 2、脚 3、脚 5 的喷油脉宽是否变化，有变化则说明程序运行不正常，应更换或重写 EPROM27C512。

⑥ 测量 30373 脚 11、脚 13、脚 3、脚 5 的脉宽是否有变化，若没有变化，则应更换 30373；有变化则说明电脑工作正常，是其他电路及元器件存在故障。

(4) Motronic3. 8. 2 电脑的喷油控制

Motronic3. 8. 2 电脑的喷油控制电路采用的是 30382 芯片（见图 5-11），30382 芯片为四通道的低电平驱动集成电路，在 M3. 8. 2 型 ECU 主板上的应用如图 5-12 所示，该电脑板应用了两块 30382 芯片，其中一片作为喷油控制，四路喷油信号从 CPU（SCL4402-V4）的脚 25、脚 26、脚 27、脚 28 输出至 30328 的脚 3、脚 4、脚 17、脚 18，四路信号经过 30328 驱动后送至电脑板的 PIN73、PIN80、PIN58 和 PIN65 引脚作为喷油电路的控制信号；另一片 30382 芯片用来产生炭罐电磁阀和油泵继电器电路的控制信号。

图 5-11 30382 芯片

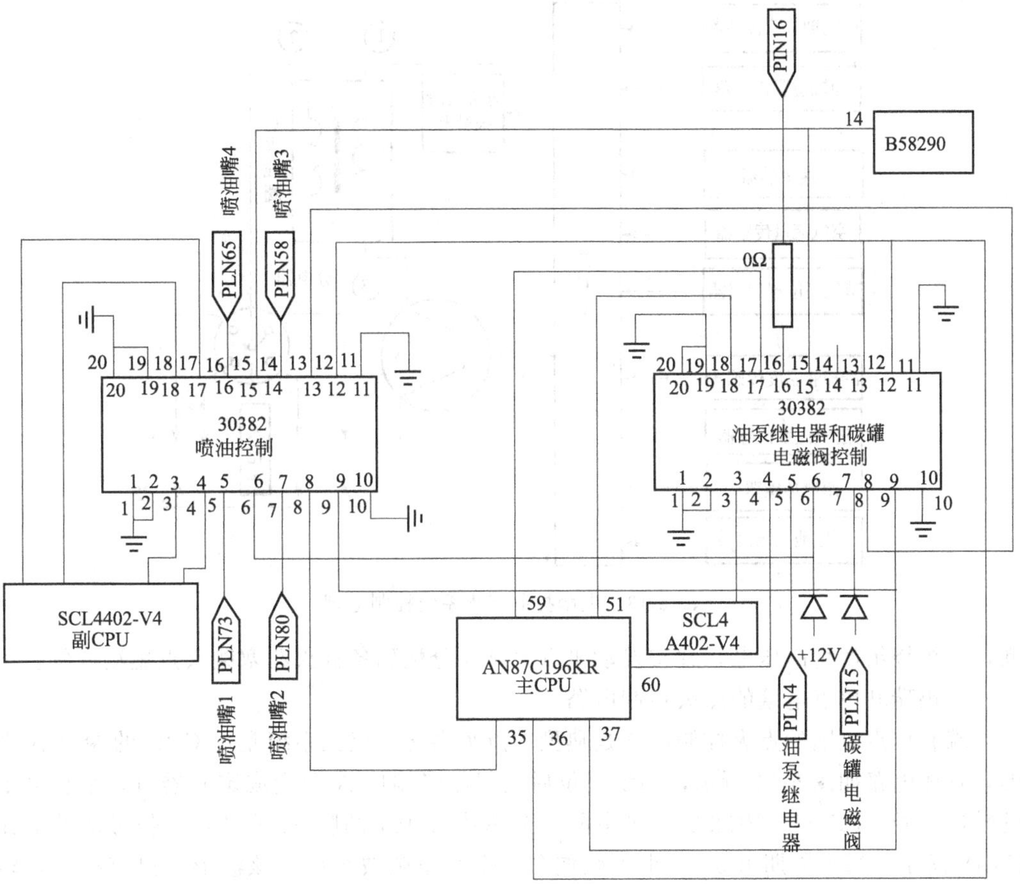

图 5-12 Motronic3.8.2 电脑的喷油控制电路原理图

5.3 点火系统 ECU 控制

电脑控制点火系统能实现最佳点火提前角的控制，从而提高发动机的动力性，降低燃油消耗量和有害气体的排放量。

电脑控制点火系统主要由空气流量传感器、节气门位置传感器、曲轴位置传感器、凸轮轴位置传感器、冷却液温度传感器、进气温度传感器、车速传感器、爆震传感器、各种控制开关、电脑 ECU、点火控制器、点火线圈以及火花塞等组成。

电脑控制点火系统控制原理见图 5-13，空气流量传感器（AFS）和节气门位置传感器（TPS）向 ECU 提供发动机负荷信号，用于计算确定点火提前角；曲轴位置传感器（CPS）向 ECU 提供发动机转速、曲轴转角信号，转速信号用于计算确定点火提前角，转角信号用于控制点火时刻（点火提前角）；凸轮轴位置传感器（CIS）用于检测活塞上止点位置，识别缸序；冷却液温度信号（CTS）、进气温度信号（IATS）、车速信号（VSS）、空调开关信号（A/C）以及爆震传感器（DS）信号等，用于修正点火提前角。

发动机工作时，ECU 根据凸轮轴位置传感器信号判定哪一缸即将到达压缩上止点，根据反映发动机工况的转速信号、负荷信号以及与点火提前角有关的传感器信号确定相应工况下的最佳点火提前角，向点火控制器发出控制指令，使功率三极管截止，点火线圈初级电流

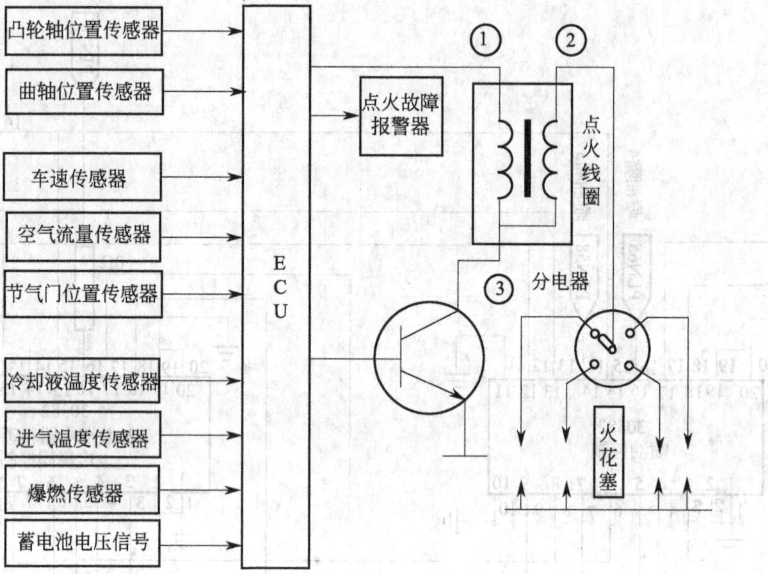

图 5-13 电脑控制点火系统控制原理

切断，次级绕组产生高压电，并按发动机点火顺序分配到各缸火花塞跳火点燃混合气。

(1) 玛瑞利单点电脑的点火控制电路

玛瑞利单点电脑的点火控制电路是典型的点火系统，点火系统是由 CPU 的端口 A 来控制的，具体电路如图 5-14 所示，系统复位后主程序将端口 A 配置成定时器口，来自电脑引脚的转速信号（PIN11、PIN28），经电阻送至芯片 L9101 的脚 6、脚 7，该信号的波形如图 5-15(a) 所示，每个周期由 58 个小正弦波和 1 个大正弦波组成（该波形可以直接取自转速传感器，也可由信号发生器进行模拟），经 L9101 内部波形整形后由脚 10 输出如图 5-15(b) 所示的 5V 低脉冲信号，每个周期由 58 个窄脉冲和一个宽脉冲组成。该信号送到 74HC14D 的脚 11 经反相器取反后由脚 10 送至 CPU 端口 A 的脚 35（PA7）（驱动 CPU 内部的脉冲累加器）和脚 42（PA0）（定时器的输入端口 OC1），其波形如图 5-15(c) 所示。

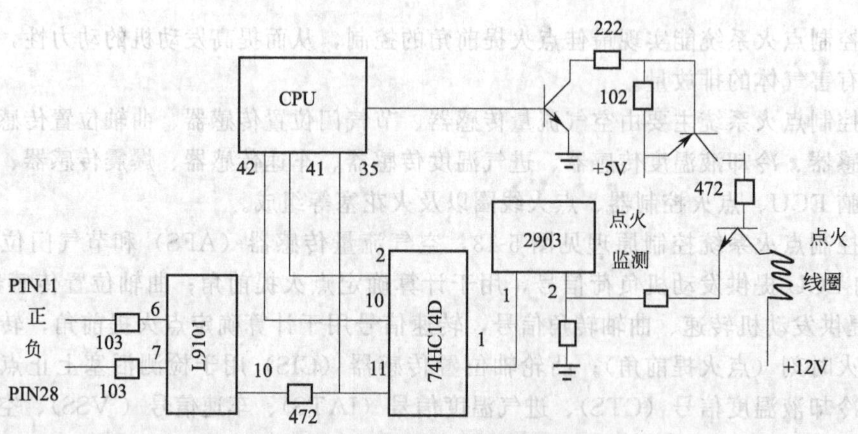

图 5-14 电脑的点火控制电路图

CPU 根据 OC1 收到的脉冲信号分别对缸 1、缸 4 和缸 2、缸 3 的点火时间做出判断，方法是：当收到宽脉冲后开始计数，当 20 个连续窄脉冲（对应连续齿）出现后判断为缸 1 或

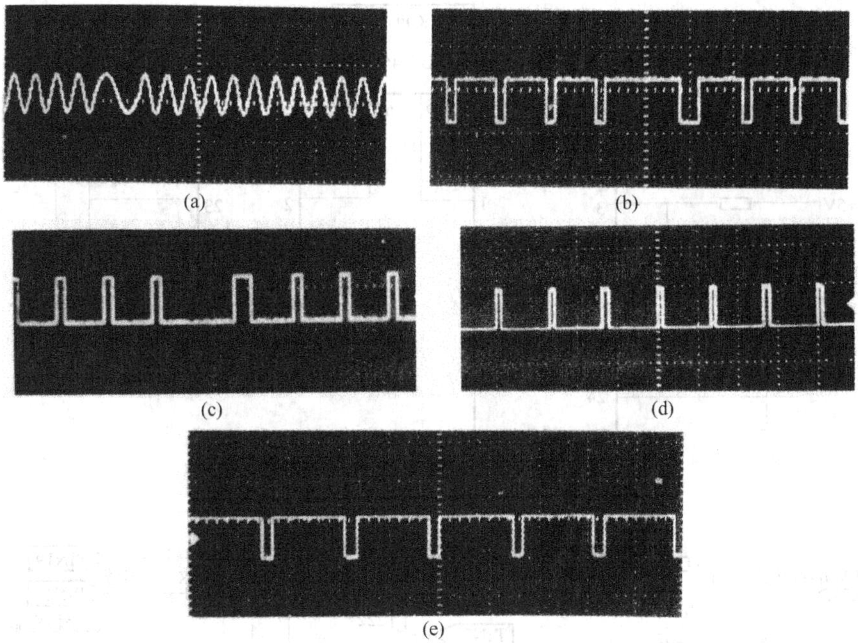

图5-15 波形图

缸4的上止点，而当50个窄脉冲出现后判断为缸2或缸3上止点，由此CPU可计算出缸1、缸4和缸2、缸3的基本点火提前角，然后根据发动机冷却液温度传感器、进气温度传感器、节气门温度传感器等输入信号，通过存储其中的点火提前角修正表对基本点火提前角进行修正以获得精确的点火时间，然后又由CPU的脚38(PA4)(OC4)和脚36(PA6)(OC2)分别输出给缸1、缸4和缸2、缸3点火驱动信号，信号波形如图5-15(d)所示，每路经过两个晶体管驱动后送至点火晶体管控制点火线圈进行点火。点火成功后经运算放大器LM2903构成的电压比较器（脚2反向端，脚3同向端），由脚1产生点火确认信号，见图5-15(e)。该信号送至74HC14D的脚1经反相驱动后由脚2送至CPU的脚41（PA1)，CPU通过该点火确认信号对点火情况进行监视。

（2）Motronic1.5.4电脑点火电路

1）Motronic1.5.4电脑的点火电路原理

Motronic1.5.4电脑的点火部分电路原理如图5-16所示，其工作过程如下：来自电脑引脚PIN49、PIN48的霍尔信号送至30311的脚3，信号经30311整形并驱动后由30311的引脚1输出送至CPU B58468的脚36，B58468根据此类信号来判断准确的点火时刻，由脚62输出点火驱动信号到B58290的脚2进一步增加电流驱动能力，同时将信号倒相后，由B58290的脚23输出到点火模块30023的脚1，30023的脚3通过插脚PI1控制外部的点火线圈来进行点火。

2）Motronic1.5.4电脑点火电路的故障检修

给电脑板加电，用波形发生器模拟转速信号加至电脑引脚PIN48和引脚PIN49，进行测量。

① 用示波器检测30311的脚1有无方波输出，若没有应检查30311脚3到电脑引脚是否通路和30311周围附属电路是否正常。

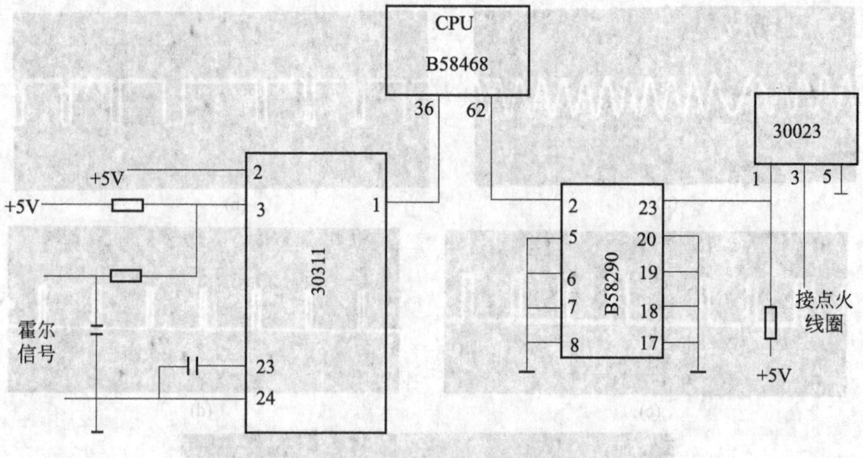

图 5-16　点火部分电路原理

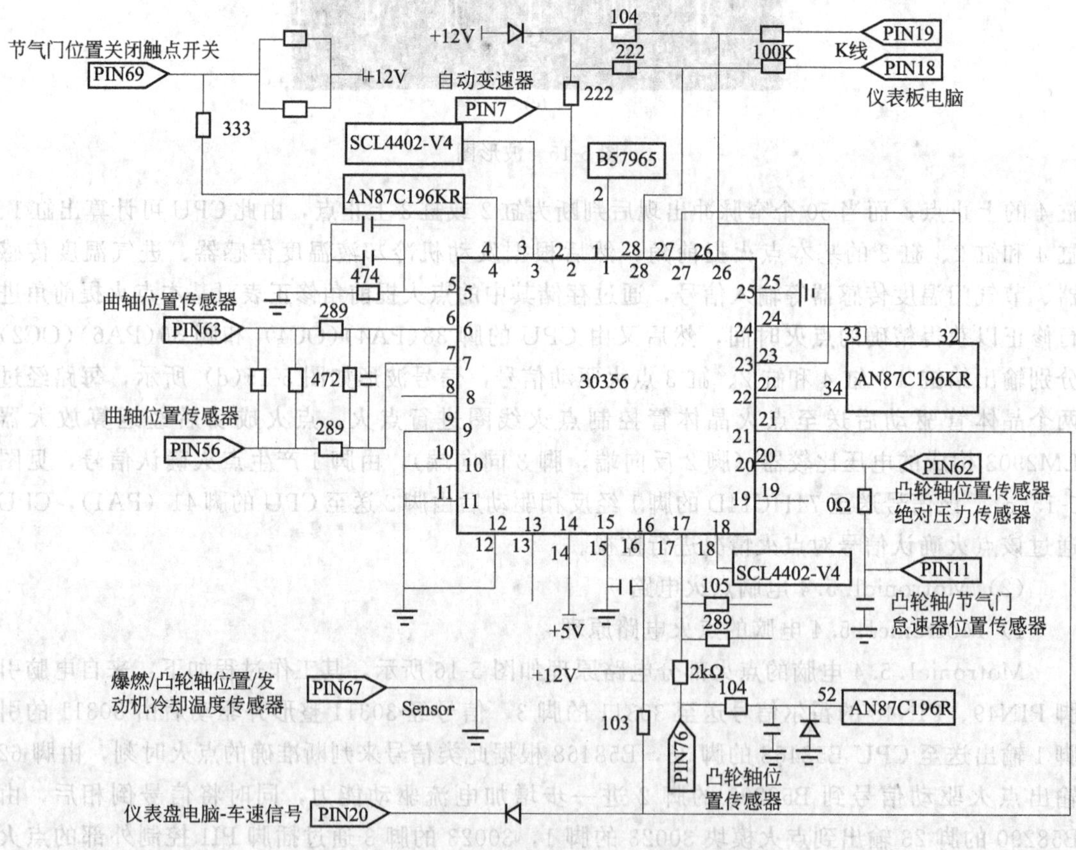

图 5-17　转速、凸轮轴信号处理电路

② 用示波器检测 30311 的脚 1 有无方波输出，若有则测量 B58468 的脚 36 有无方波信号，若无则 30311 的脚 1 到 B58468 的脚 36 之间断路（注意电脑板的过孔）。

③ 测量 B58468 的脚 36，若有方波信号则应测量 B58468 的脚 62 有无点火驱动信号，若无用示波器测量 27C512，数据及地址脚应有波形信号，若无则说明 CPU 损坏，应更换；若有则为 27C512 的程序损坏，重写程序即可解决故障。

(3) 博世 Motronic3.8.2 电脑点火电路

Motronic3.8.2 系统采用热膜式空气流量计检测发动机进气流量，可直接反映发动机负荷。Motronic3.8.2 系统能依据进气量信号和曲轴转角信号准确地控制发动机混合器空燃比和点火时间，从而极大地降低了汽车排气污染。

1) 曲轴位置信号和凸轮轴信号的处理

Motronic3.8.2 型 ECU 主板的曲轴位置信号、凸轮轴信号处理电路由 30356 芯片及外围电路组成，如图 5-17 所示。

曲轴位置信号从引脚 PIN63 和引脚 PIN56 的脚 6 和脚 7。30356 将该信号整形放大后由脚 4 输出至主 CPU（AN87C196KR）的脚 50。凸轮轴信号由 PIN76 输入，一路经过电阻 104 直接加至 AN87C196KR 的脚 52，另一路通过一个 2kΩ 的电阻送到 30356 的脚 17。

2) 点火电路的控制

该电脑的点火电路工作原理如图 5-18 所示，点火信号从 CPU（SCL4402-V4）的脚 3 和脚 4 发出，加至 B58290 芯片的脚 3 和脚 4，经 B58290 增大驱动后由脚 24 和脚 23 送至电脑引脚 PIN71 和引脚 PIN78，连接至发动机点火模块的功率晶体管。由于时代超人发动机使用的是分组点火模式（即缸 1、缸 4 和缸 2、缸 3 分别同时点火），所以 PIN0 和 PIN7 在时代超人上不同。

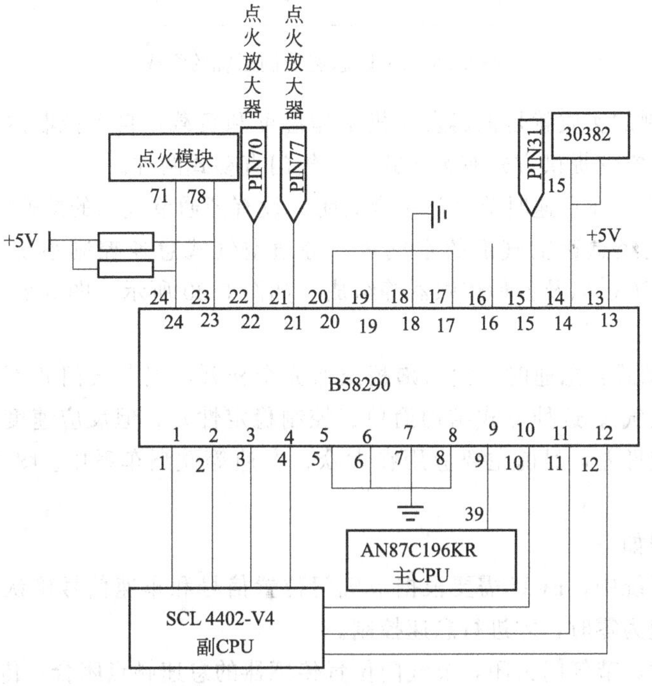

图 5-18 点火电路工作原理图

5.4 发动机怠速 ECU 控制

(1) 怠速控制系统概述

发动机在无负荷情况下最低的稳定运转的转速，叫做发动机怠速。发动机在怠速工况时，空气通过节气门缝隙或旁通节气门的怠速空气道进入发动机，并由空气流量计（或进气管绝对压力传感器）对进气量进行检测，电控燃油喷射系统（EFI）则根据各传感器信号控制喷油量，保证发动机的怠速运转。保证发动机排放要求且在运转稳定的前提下，尽量使发动机的怠速转速保持最低，以降低怠速时的燃油消耗量。

ECU 怠速控制系统由传感器、ECU、执行元件组成。如图 5-19 传感器检测发动机的运行工况和负载设备的工作状况，ECU 则根据各种传感器的输入信号确定一个怠速运转的目标转速，并与实际转速进行比较，根据比较结果控制执行元件工作，以调节进气量，使发动机的怠速转速达到所确定的目标转速。

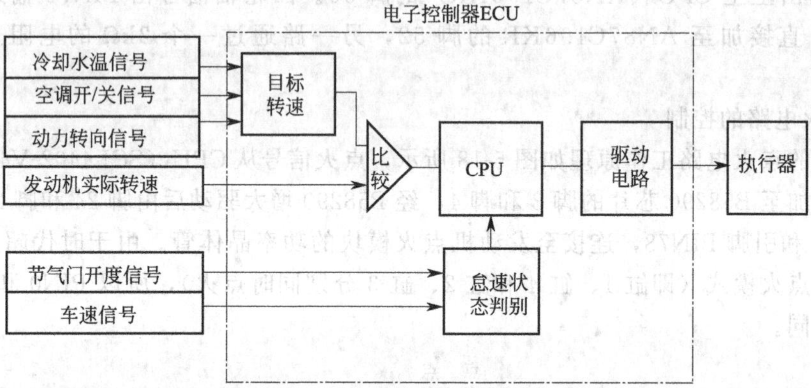

图 5-19　ECU 怠速控制系统的组成

ECU 怠速控制的实质就是根据发动机工作温度和负载，自动控制怠速工况下的空气供给量。怠速工况下空气提供方式有旁通式、节气门直动式两种。

① 旁通空气式：在怠速时节气门完全关闭，设有旁通节气门的怠速空气道，由 ECU 通过执行元件控制流经怠速空气道的空气量。旁通空气式怠速控制系统主要由怠速控制阀（ISCV）、发动机 ECU 以及各种传感器等组成，如图 5-20 所示。图 5-21 为旁通空气式节气门示意图。

② 节气门直动式：怠速时，油门踏板虽然完全松开，但节气门并不完全关闭，而是仍通过它提供怠速空气 。这种方式结构简单、控制稳定性好，但反应速度较慢、动态响应性和热机怠速的稳定性差，目前主要应用在大众、奥迪等欧洲车系中。图 5-22 为节气门直动式示意图。

怠速控制过程如下：

在怠速控制系统中，ECU 需要根据节气门位置信号和车速信号确认怠速工况，只有在节气门全关、车速为零时，才进行怠速控制。

发动机怠速时，节气门关闭，节气门位置传感器的怠速触点闭合，传感器输出端子 IDL 输出低电压信号，如果车速为零，就说明发动机处于怠速状态；如车速不为零，则说明发动机处于减速状态。

当 ECU 判定为怠速工况时，根据发动机冷却液温度传感器信号、空调开关、动力转向开关等信号，从存储器存储的怠速转速数据中查询相应的目标转速 n，然后将目标转速与曲轴位置传感器检测的发动机实际转速进行比较。

当发动机负荷增大，需要发动机快怠速运转，目标转速高于实际转速时，ECU 将控制

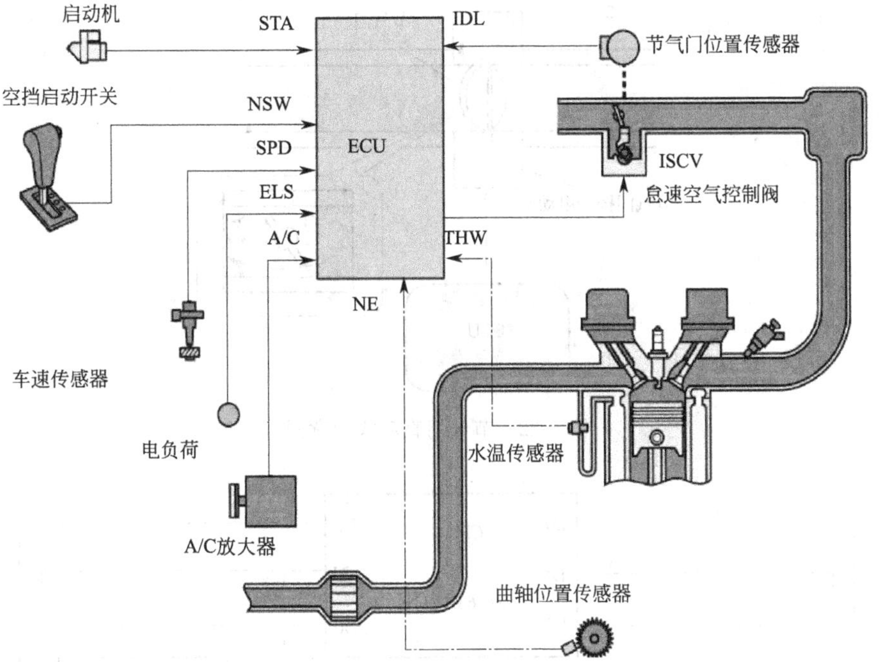

图 5-20　旁通空气式怠速控制系统

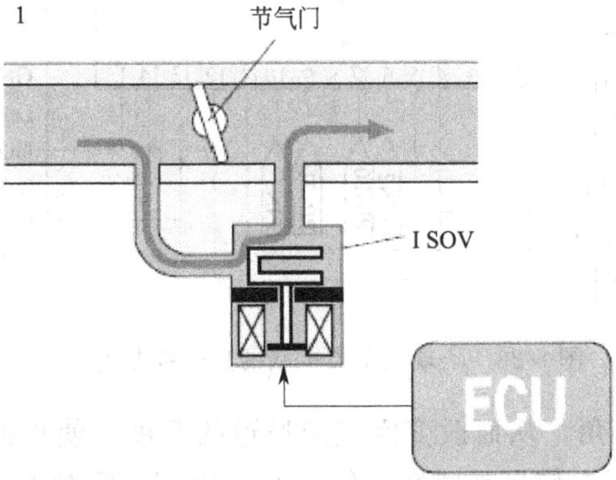

图 5-21　旁通空气式节气门示意图

怠速控制阀增大旁通进气量来实现快怠速；当发动机负荷减小，目标转速低于实际转速时，ECU 将控制怠速控制阀减小旁通进气量来调节怠速转速。

(2) 玛瑞利单点电脑的怠速控制

玛瑞利单点电脑的怠速控制电路由 CPU、数据锁存器 74HC273、总线驱动器 74HC244 及怠速电动机驱动电路 L9122 等器件组成，其电路组成如图 5-23 所示。

具体工作原理如下：发动机启动后，CPU 通过 A/D 转换器读入冷却液温度传感器数据，根据冷却液温度通过数据总线 D5、D6、D7 输出数字控制信号至 74HC273 的脚 14、脚 17、脚 18，经 74HC273 锁存后由脚 15、脚 16、脚 19 输出加到怠速电动机驱动芯片 L9122 的脚 5、脚 11、脚 4、脚 12 上、L9122 将高低电位的数字控制信号转化为电压信号，自脚 6、脚 7、脚 9、脚 10 输出到 ECU 的引脚 PIN2、PIN20、PIN21、PIN3，通过两组线圈控

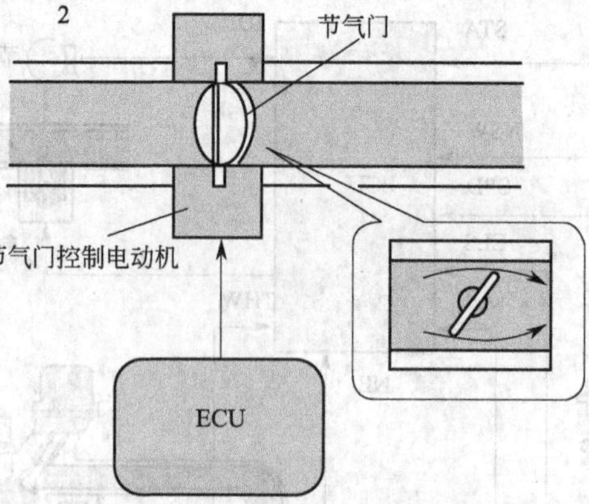

图 5-22　节气门直动式示意图

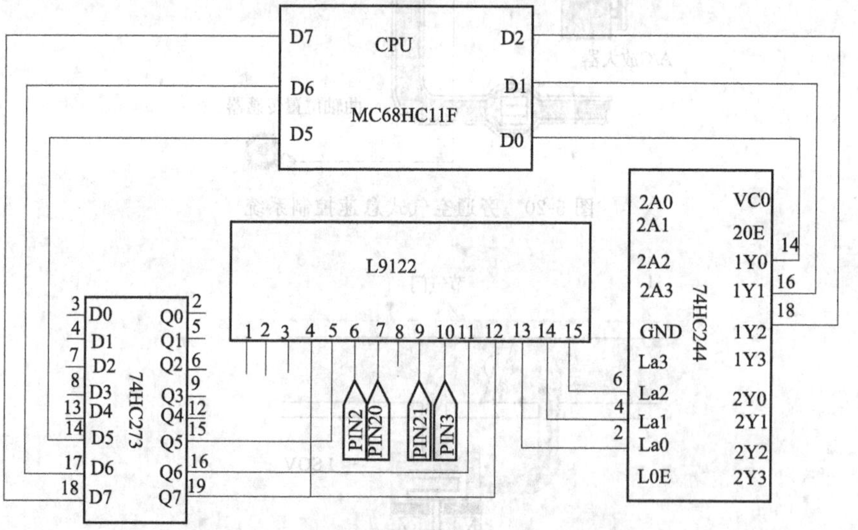

图 5-23　玛瑞利单点电脑的怠速控制电路图

制怠速电动机的转向和转角，从而改变空气旁通道的开度，使怠速状态下的进气量发生变化；CPU 通过读取进气压力信号来感知进气量的变化，然后对喷油脉冲宽度作出调整，进而使发动机的转速发生变化；转速的变化量又通过转速传感器送回了 CPU，这样就形成了一个闭环控制系统，CPU 根据当前的冷却液温度，通过查找固化在 ROM 中的怠速表格，可以对发动机怠速进行有效的控制。另外通过 L9122 的 13 脚、14 脚、15 脚将当前怠速驱动电路的工作状态信号送至 74HC244 的脚 2、脚 4、脚 6，经 74HC244 驱动后，由脚 18、脚 16、脚 14、送到 CPU 数据总线 D0、D1、D2 上，这样 CPU 就可以随时了解怠速驱动电路的工作状态，以便对其实施有效控制。

(3) Motronic1. 5. 4 电脑的怠速控制

1) Motronic1. 5. 4 电脑的怠速控制原理

如图 5-24 所示为 Motronic1. 5. 4 电脑的怠速控制电路，它主要由 B58468（CPU）和两块 B58574 怠速驱动控制模块组成。B58468（CPU）根据各传感器送来的信号（转速、曲轴位置、进气压力等信号），经过整形放大、数模转换后送给 B58468（CPU）进行处理，

B58468 输出相应的控制电流及相位驱动信号到 B58574 的脚 3 和脚 5，经 B58574 驱动后由脚 1 和脚 7 输出电流信号到 PIN4、PIN26（怠速电动机线圈 1）及 PIN21、PIN29（怠速电动机线圈 2）来控制怠速电动机的转角，从而达到控制怠速的目的。

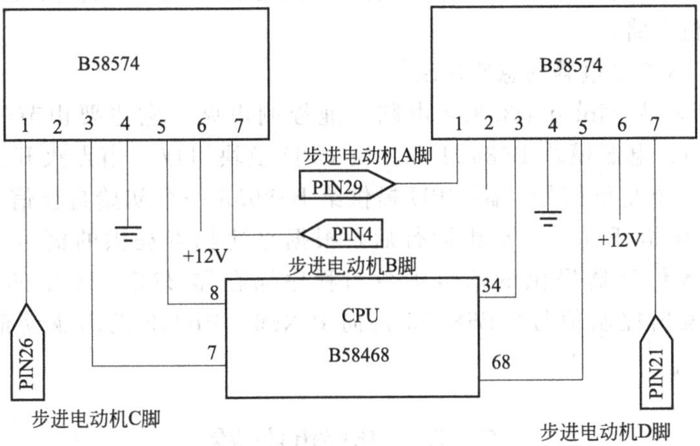

图 5-24 Motronic1. 5. 4 电脑的怠速控制原理

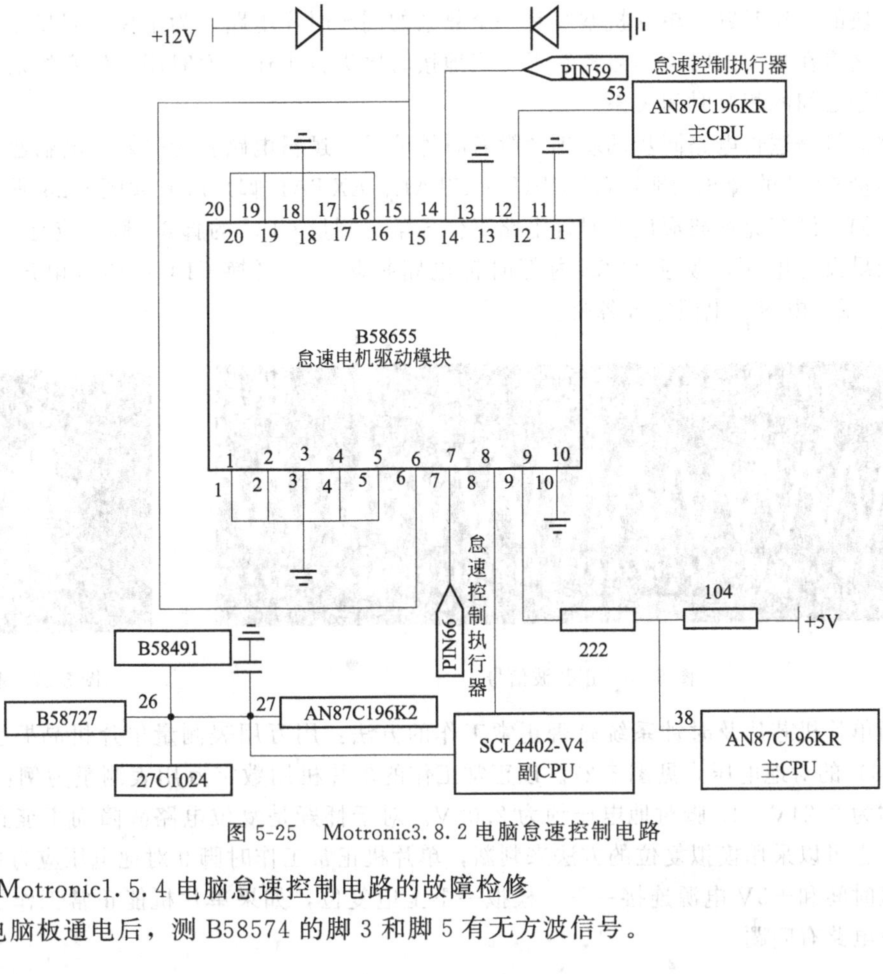

图 5-25 Motronic3. 8. 2 电脑怠速控制电路

2）Motronic1. 5. 4 电脑怠速控制电路的故障检修

给电脑板通电后，测 B58574 的脚 3 和脚 5 有无方波信号。

① 如没有方波信号，则首先检查 B58468 的脚 7、脚 8、脚 34、脚 68、至 B58574 的脚 3、脚 5 是否为通路，若无断路现象，应重写 27C512、B58253 或更换 B58468。

② 如有方波信号，则在 PIN4 与 PIN26 之间及 PIN21 与 PIN29 之间跨接 100Ω 电阻，测量 B58574 的脚 1 和脚 7 有无方波信号。若没有则更换 B58574；若有方波信号，则应检查外部的怠速电动机电路。

(4) Motronic3.8.2 电脑的怠速控制

如图 5-25 所示为 Motronic3.8.2 电脑怠速控制电路，它主要由节气门体怠速电机驱动模块 B58655、电源模块 B58491 和主副 CPU 模块组成。当点火开关打开时电源模块 B58491 提供一个复位信号，副 CPU 提供给 B58655 一个初始自检信号，驱动节气门电机动作以确定初始开度；发动机运行后，根据怠速触点提供的信号（是否处于怠速状态），CPU 将各传感器提供的信号参数与程序储存器 27C1024 中的数据进行比对，然后向 B58655 发出控制信号，B58655 再向 PIN66、PIN59 发出驱动信号以调整怠速节气门开度。

5.5 时钟电路

时钟电路产生与系统工作相关的时钟信号，如内部总线、A/D 转换、串行口、定时器接口等模块的工作时钟。单片机本身是一个复杂的同步时序电路，为了保证同步工作方式的实现，电路应在唯一的时钟信号控制下严格地按时序进行工作。而时序所研究的则是指令执行中各信号之间的相互时间关系。

时钟信号是逻辑电路同步的基础，没有时钟信号，逻辑电路就会失效。电脑通电后，用示波器测量 CPU 的脚 6、脚 7（即 CPU 的 XTAL、EXTAL 脚）应有如图 5-26 所示的正弦波信号，如果没有此种波形说明时钟电路工作异常，测量 CPU 的脚 6、脚 7 应有 3V 左右的电压，如果没有电压，说明 CPU 内部时钟电路损坏，应更换 CPU；如有电压，请更换 12MHz 晶振、电容、电阻等元器件。

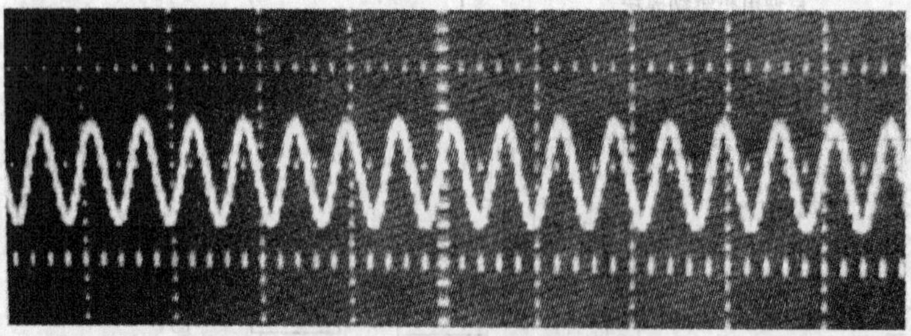

图 5-26 正弦波信号

图 5-27 晶振

判断单片机芯片及时钟系统是否正常工作的方法：用万用表测量单片机晶振引脚（脚 18、脚 19）的对地电压，见图 5-27。以正常工作的单片机用数字万用表测量为例：18 脚对地电压约为 2.24V，19 脚对地电压约为 2.09V。对于怀疑是复位电路故障而不能正常工作的单片机也可以采用模拟复位的方法来判断，单片机正常工作时脚 9 对地电压应为零，可以用导线短时间和＋5V 电源连接一下，模拟一下上电复位，如果单片机能正常工作了，说明这个复位电路有问题。

习题与思考题

1. 使用玛瑞利单点电脑的车型有哪些？
2. 复位主要会产生哪些效果？
3. 简述玛瑞利单点电脑的喷油控制的原理。
4. 点火电路正常工作的要素有哪些？
5. 在什么情况下需要提高发动机怠速？简述怠速的控制过程。
6. 简述时钟电路的作用。

第6章 汽车电脑检测与维修

【本章知识要点】

- 汽车电脑故障的检测原则与要点
- 汽车电脑故障的检测方法
- 汽车电脑维修常用设备与工具
- 汽车电脑芯片的识别与替换
- 汽车电脑CPU的识别与替换
- 集成电路与QEP芯片的拆焊方法
- 典型的汽车电脑检测与维修实例

6.1 汽车电脑故障的检测原则

6.1.1 汽车电脑检修的原则

汽车上应用的各种电脑，大多是由一个8/16位的单片微机、一些标准或特制的集成电路和一些精密的电子元件组成（简称ECU），包括发动机电脑、自动变速器电脑、自动空调电脑等。汽车电脑主要由输入电路（电源和信号源）、模/数（A/D）转换器、微控制器/单片微机和输出电路（功率放大等）组成。近年生产的许多单片机自身都带有A/D转换器，如摩托罗拉的M68HC系列、西门子的SAB80C166系列、英特尔的AN87C196系列等。虽然该装置在设计上有很高的可靠性，但由于使用条件复杂，还是免不了出现故障。其中输出电路的故障更高一些，尤其是驱动大电流负载电路的故障更高。大部分的ECU损坏，都是输出电路的局部功能失效。由于目前应用较多的多层线路板技术，维修时有比较大的困难，因为无法了解线路的走向，各元件间的连接情况，也就无从分析其电路结构，一些故障无从下手。汽车检修的原则应是先易后难，先外后里，先执行后传感。

6.1.2 汽车电脑检修要点

汽车电脑内部电路可以分为两部分，即包括输入、输出以及转换电路的常规电路和微处理器。常规电路大多采用通用的电子元件，如果损坏一般是可以修复的。在实际使用过程中，汽车电脑的故障大多发生常规电路中。

（1）外电路检查

要先对电脑的控制电路（即外电路）进行检查，排除电路中的故障。在外电路中存在故障的情况下，极容易对电脑进行误修，即使修好了或是更换一块新电脑板，装上去一用便又因外电路的故障而再次损坏电脑。

（2）确定电脑是否损坏

确定电脑损坏的通常方法是在相关传感器信号都能正常输入电脑的情况下，电脑却不能正确输出控制信号来驱动执行器。例如发动机无法启动，经过检查确定启动时喷油器插头上无频率电压，在检查相关电路正常而且启动信号可以正常输入发动机电脑，但是电脑没有输出驱动信号给喷油器，说明发动机电脑内部故障。

① 电脑电源部分故障。一般是因为就车充电时，充电机电压调整过高，或极性接反，或充电的同时开钥匙，甚至启动启动机，或发动机在运转过程中，电池接头松脱造成发电机直接给电脑板供电等原因造成的。这种情况一般会烧坏大功率稳压二极管等元件，更换后即可排除故障。

② 输入/输出部分故障。一般是放大电路元件烧坏，有时伴随着电路板上覆钢线条烧断。很多电喷车辆经过烤漆后，再启动时经常会出现各种故障。这是因为经过烤漆后，在汽车内部，特别是电路设备内部积聚了高温和热量，且这些热量从内部深处散发出来比较缓慢，而电器设备在高温状态下工作极易发生故障。因此，在烤漆后不要立即将车开出来，而应经过充分的冷却后方可启动，如果生产紧张需要腾出烤漆房，可以用人力将车推出来，待其充分冷却后，再行启动。

③ 存储器部分故障。对于可擦除可编程存储器（EPROM 或 EEPROM）出现问题，可进行更换，找一只良好的带有程序内容的存储器芯片，再买一只同型号的空白芯片，通过读录器，从原片中读出程序，再写入到空白芯片中去，可复制出新的芯片，再将新的芯片装入电脑。但一般汽车厂家规定了最多只能复制 3～7 次，次数超过后就不能再使用，也有的厂家通过加密手段使芯片一次也不能复制。对于大众系列的汽车，可用原厂仪器 1551 或深圳元征公司研制的 1553 仪器对电脑进行程序更换，或对空白芯片进行程序写入。

④ 特殊故障。被水浸过的车辆，电脑板会出现腐蚀，造成元件引脚断路、粘连或元件损坏，可逐个检查修复或更换元件。

(3) 按照电路寻找损坏元件

根据电路图或实际线路的走向找到与喷油器连接的相应电脑端子，然后用数字万用表的通断挡从确定的电脑端子开始，沿着电脑的印制电路查找，直至找到某个三极管。这是因为电脑通常采用大功率三极管放大执行信号以驱动执行器，所以此类故障的原因大多是一个起着开关作用的三极管短路所致。

(4) 测量三极管（确定三极管的 3 个极）

与印制线路对应的引脚为三极管的集电极，旁边较细的印制线是基极。确认方法是，将发动机电脑多孔插头插上，启动发动机，使用万用表的电压挡连接到确认的印制线，显示 5V 则为基极。用万用表测试三极管，如果发现集电极（c）与基极（b）的正反向电阻无穷大，则说明三极管已经断路；如果发现集电极（c）与发射极（e）之间的电阻为零，则说明三极管已经被击穿。另外，还需要测三极管附近相连的其他三极管和二极管。

(5) 确定替换用的三极管

确定三极管的方法：①型号。查看三极管上的型号，通过三极管对应表确定与之相配的国产三极管。②电阻。三极管的基极一般都串有电阻，基极的电阻值要与原三极管的电阻值相近，不同颜色的电阻阻值不同。因为三极管的基极是靠电流的大小控制的，电脑电压值固定，因此就需要利用电阻来控制电流。如果电流过大会烧毁三极管，电流过小则不能将其触发。③测量。利用万用表的二极管测量挡测量三极管的属性。根据三极管的特性，应该只有 1 个引脚相对于另外 2 个引脚单向导通，具备这个属性则可确定是三极管，只有 1 对引脚单向导通的是场效应管，相对另外两个引脚导通的引脚是三极管的基极。

(6) 焊接三极管

将替换的三极管焊接到电路板上，焊接时要注意焊锡要尽可能少，避免过热，焊接完成后要用万用表测量各引脚应不相互连通。

(7) 测试维修效果

将电脑板在裸露的情况下连接到车体线束中，启动发动机检查相应功能是否正常，同时用手触摸三极管，有些热是正常的，如果烫手就有问题了。观察故障灯是否点亮，并进行路试后方可确定维修效果。

6.1.3 汽车电脑芯片的维修

汽车电脑一般是不会发生故障的（在维修时一般也看作是一个黑匣子）。如是在维修时，所有执行器动作正常，所有传感器信号在规定范围之内，进行了一系列调校之后，故障依旧。怀疑汽车电脑有故障，通过电脑互换之后确诊为电脑有故障。但当打开电脑控制盒后，面对陌生的芯片与各种贴片元器件，如何维修也是无从下手。现介绍汽车电脑芯片的维修。

汽车电脑故障的确认由于安装在汽车中的电子设备是暴露在热、潮湿、震动、水淋、浪涌电压冲击及其他电压突变条件之中的。发动机罩内的温度可高达100℃以上，汽车仪表板顶部的温度可达90℃，车尾行李箱的温度可达65℃。由于温度突变引起结露现象，从而引起水渗漏侵蚀导致的引脚断裂。某些汽车部位可达20g的加速力。各种负载汽车蓄电池频繁通/断所引起的汽车蓄电池供电电压频繁地大幅度变化对电子元件造成电压冲击。上述汽车电子元器件的工作环境特别是温度、湿度、电压冲击易引发电脑系统的故障。

根据上述引发故障的原因，可推断故障在汽车电脑中发生的部位。

① 功率板。由于功率板上较大的驱动电流，极易导致功率板发热，这是电脑中最易发生故障的部分。某些汽车喷油嘴不喷油，某些汽车突然熄火，其终极原因往往是功率驱动电路发生击穿。

② 电源板。它包含电源和信号源。由于浪涌电压的存在，许多元器件易出故障，最常见的是出现贴片电容（高频黄色钽电容）、贴片电阻、贴片二极管甚至某些重要芯片的周边外围保护电路连同印制板上的铜布线一起烧坏（某些制造商如丰田公司的外围电路采用4位辅助CPU以增加系统的设计参数的伸缩性)，此种情况是最常见的电脑故障。

③ 存储器（PROM或EEPROM)。由于在运行过程中浪涌电压的冲击，程序存储器中出现某些字节丢失的现象，导致汽车发动机或其他被控制对象出现运转失常；或者由于事故发生后，EEPROM中的内容被改写为异常状态，导致系统暂时故障，如风度SRS出现故障后，更换新总成后故障灯一直点亮，就是因为EEPROM中的内容已非正常状态下内容。

④ CPU（中央处理器）。这是控制电脑中最不易出故障的部分，CPU的设计寿命一般为10年。只要不是进水腐蚀掉引脚，CPU运行一般不会出现问题。

汽车电脑的维修若确认汽车电脑本身存在故障，不要轻易更换电脑，应注意与其密切相关的外存储器ROM/PROM/EPROM/EEPROM是否提前损坏，这些存储器损坏的概率一般较其他元件高。若是程序芯片损坏，可到旧车市场购买报废车的车用电脑（车型要相同，配置要一样)，进行拆件替换。因为程序芯片中的运行程序都是加密固化的，一般很难从市场上买到，应与特约维修站或厂家联系购买。

6.1.4 易产生故障的部分电脑

奔驰2003款W211底盘新E级后SAM电脑板（在现代汽车车身电脑中极具代表性)。该电脑板为双层PCB板，使用了摩托罗拉68HC908AZ608位CPU，大量采用意法半导体VN系列灯光专用控制芯片和西门子的汽车专用功率元件及串并行数据转换芯片，具有

CAN 总线控制器。该电脑板故障率极高。

奔驰 W220 底盘 S 级 EIS 电脑（即钥匙门电脑），采用摩托罗拉 2J74YCPU。该电脑既用于防盗系统，也作为车身 CAN 和动力 CAN 之间交换信息的网关，还存有里程数据。

奥迪大众 ME7.5 发动机电脑板（为多层 PCB 板）。该电脑被新款奥迪大众系列车所广泛采用，如 A4、S3、途安、高尔夫、甲壳虫、宝来、帕萨特、斯柯达等。该电脑使用了英国飞凌公司的 16 位高速 CPU，大容量 29F800 存储器和 NEC 公司大容量随机存储器，宽频带氧传感器处理芯片，电子油门控制芯片，第三代防盗系统，CAN 总线控制器。

玛瑞利单点喷射电脑，双层 PCB 板，摩托罗拉 68HC11F1CPU。该电脑在金杯、奇瑞等许多车型中采用，故障率极高。

联合电子 M1.5.4 电脑、双层 PCB、西门子 CPU。在桑塔纳、吉利、奥托等车上使用，故障率极高。

摩托罗拉单插头电脑、双层 PCB 板、摩托罗拉 CPU。在福田、夏利、万丰、五菱车中使用，故障率极高。

时代超人电脑、多层 PCB 板、双 CPU 故障率较高。

一汽 C5A6 仪表液晶显示电路，采用菲利浦芯片。

6.2 汽车电脑的检测方法

随着汽车技术电子化的发展，计算机技术在汽车上的应用越来越广泛，汽车电脑板和电器元件的维修也随之增多。汽车电脑板常见故障主要有断路、短路、芯片损坏等，为了能迅速准确地诊断故障。下面介绍几种常见的检测方法，在介绍时各种方法是分开介绍的，但在修理中应是相互联系的，应灵活选择和应用。

6.2.1 直观检测法

(1) 方法概述

直观检测法是通过视觉、嗅觉、听觉和触觉查找故障范围和有故障的元件，这是一种简单有意义的检测方法。

对于有问题的 ECU，检测时首先就是仔细观察，了解 ECU 的型号、应用车型、外部连接引脚等一些基本信息。然后，可通过观察发现故障，看电脑板上的元器件有无烧黑或烧焦，连接线插头有无松脱等，查找很明显的故障；或是通过接触发现故障，当 ECU 在工作状态下，通过接触感知可疑元件的温度，再与正常情况下进行比较。以判定其工作是否正常；另外，也可能包含嗅觉方面的接触，比如克莱斯勒的 ECU，因元件表面覆盖有保护胶质材料，可能直接看不到，需要打开 ECU 盖板闻闻是否有烧蚀的焦煳味。最后分析故障原因，对找到的故障要进行深入地分析，找到根本原因所在。

有些 ECU 故障比较明显（比如，ECU 引脚因进水而腐蚀），不用开盖，通过看就可找到问题根源。但是，大部分 ECU 的损坏从外表是看不出来的，需要开盖检查，比如，比较严重的外部引线短路引起的故障一般多会引起 ECU 内部相关元件烧蚀，这种故障开盖检查后一般可以直接看到的。

(2) 直观检测法的优缺点

① 此方法简易、方便，能够直接发现故障部位；

② 收效低，这是因为许多故障从元件等外表上是发现不了的。

③ 只有在具有丰富的接触检测经验时，才能获得准确的检测结果。

(3) 直观检查法的适用范围和注意事项

① 适用范围　直观检测法适用于一些硬性故障的检测，例如 ECU 内部引线腐蚀、元件冒烟等，其中的接触检修主要适用于发热元件（指一些工作在大电流工作场合下的器件，例如电磁喷油器、各种电磁阀和电动机的驱动元件、点火功率元件等）。

② 注意事项　很多时候，单独使用直观检测法其效果并不理想，与其他方法配合使用往往会事半功倍。同时，对于直观检测的结果有怀疑时，要及时采用其他检测方法进行核实，不要放过疑点。

6.2.2　故障再现法

故障再现检测法是有意识地让故障重复发生，并力图使故障的发生、发展、转化过程变得比较缓慢，以便提供充足的观察机会（例如，次数、时间和过程），从而查出故障原因。

对于汽车 ECU 来说，有些间歇性的故障是在一些特定的环境下出现的，因此，为了让故障再现，可以采取一些必要的措施。比如，有的故障是在频繁、剧烈的振动情况下出现，这个时候就可以人为地模拟这种环境，拍打、敲击 ECU 壳体，拉动 ECU 连接处的线束插头，当然要掌握一定的力度，不要真的给“打”坏了。再如，有些故障是在高温情况下产生的，这时需要打开 ECU 的盖板，可以用电吹风或热风枪对可疑部位进行加热，以使故障再现，这个过程同样要注意，温度不能调整得太高，风口与 ECU 电路板要保持一定的安全距离，一般为 20cm 左右，以免因为温度过高而使半导体元件损坏。

此方法主要适用于一些间歇性出现的问题，即 ECU 时好时坏，对于一直处于不良状态的则不起作用。

6.2.3　参照检测法

参照检测法是一种利用比较手段来寻找故障部位的检测方法。通常用一个工作正常的 ECU，测量其关键部位参数，包括电压、电阻等，运用移植、比较、借鉴、引申、参照等手段，查出不同之处，找出故障部位和原因。理论上讲，大部分故障都可以采用此方法检测出来，因为只要有标准物，将有故障的系统与之进行仔细对比，必能发现不同之处，找出故障原因。

参照分为实物参照和图纸参照。实物参照即需要找到同型号的车辆，对其两块电脑板进行工作对比，但实现起来困难较大（没有哪个人会把自己开得好端端的车子让你拆开研究）；另一种就是图纸参照，出于技术上的原因，ECU 的原理图一般很难搞到，但不是说这样就无法参照了。当通过检查已经将故障缩小到某一个集成电路中，此时可按其型号查找其技术文档，了解其典型应用电路、各引脚功能。通常典型应用电路与实际应用电路是相同的或十分相近的，这样就可以用典型电路来指导维修。但实际维修中通常的情况是，ECU 内的元件统一编号，或是为“定制”产品，没有资料可查，这也是一个切实存在的问题。只能平时注意多收集相关资料，参考国外有关网站，加强理论知识学习，善于根据电路连接形式，逆向分析其结构，配合其他方法，进一步深入检测。

6.2.4　替代检测法

替代检测法的基本思路是用一个质量可靠的元器件（或工作正常的电路）去替代一个所

怀疑的元器件（或电路），如果替代后工作正常，说明怀疑正确，故障可排除。如果替代后故障现象不变，也会消除原先的怀疑，可缩小故障范围。

替代检测法适用于各种故障，但如果有选择地、有针对性地采用，成功率会高得多。在运用替代检测法的过程中，要注意以下几点：

① 在个别情况下，一个故障是由两个元件造成的（两个故障点），此时若只替代了其中一个元件则无收效，反而认为被替代的元器件是正常的，容易放过故障点；

② 替代检测法通常是一个小范围内用来针对某一个具体元件的检查方法，所以它是在其他方法已基本证实某个元件有问题后才采用，盲目的替换往往会对线路板、元器件造成伤害；

③ 对于集成电路这样的多引脚元件，采用替代检查法更应慎重，通常是在有较明确的结论后才进行替代检查。同时，在替代操作过程中，焊元件要在断电的情况下进行。

6.2.5 电压检测法

电压检测法主要是对 ECU 内关键点的电压进行实时测量，以找出故障部位。这些关键点主要是各集成电路的供应电源、线路中连接蓄电池的主电源、受点火开关控制的电源以及内部经过集成稳压器或调整三极管输出的稳压电源等。一般来讲，电路中的数字电路、微处理器等均工作在 5V 或更低的工作电压下，12V 的蓄电池电压是无法直接加到这些元件的电源引脚上的，必须由稳压电路为其工作提供合适的工作电压。稳压电路在降低电压的同时可滤掉脉冲类干扰信号，以避免其对数字电路带来的影响。

这些关键电路的供应电源在工作期间往往是固定不变的，最好的测量方法是在静态下（车辆开启钥匙开关但未启动）采用数字万用表对 ECU 内的集成电路的供电进行检测，当相关电源电路工作失常时，往往会影响较大面积内的元器件，导致其不能工作。采用此种方法简便易行，除万用表外，不需要什么专用仪器。

6.2.6 电阻检测法

电阻检测法是利用万用表的欧姆挡，通过检测线路的通与断、阻值的大与小，以及对元器件的检测，来判别故障原因和故障部位。此种方法主要用于元器件和铜箔线路的检测。

① 除了检测常规的电阻、二极管、晶体管等外，一些集成电路也可以采用此种方法进行检测。对于集成电路来讲，如果引脚功能结构相同、外电路结构相似，那么正常情况下，其对搭铁电阻是十分接近的，因此可以使用数字万用表对其进行正反向（调换表笔方向）的测量，然后将测量值进行比较，找出故障点。这种测试方法对于检测那些找不到芯片资料，而元件外部连线结构形式相同的集成电路效果较为理想。

② 因铜箔线路开裂、腐蚀而造成的断路也是经常发生的故障。开裂可能是因为受外力的影响而造成的，而 ECU 进水是造成铜箔腐蚀断路的主要原因。很多车辆的 ECU/ECM/PCM 安装于驾驶室的地板下或侧面踢脚板的旁边，在一些特殊情况下，ECU/ECM/PCM 内容易进水，如果不及时处理，铜箔在水汽的作用下会逐渐腐蚀，直至故障完全表现。

在分辨铜箔线路走向时，可采用万用表 R 挡。若一条铜箔线路很长，弯弯曲曲，为了证实它的两端焊点是相连的，可对其两端点进行电阻值的测量，为零说明是同一条线路。

6.2.7 示波器检测法

示波器检测法是采用汽车专用或通用示波器，对 ECU 中关键点的波形进行测量，通过对比实际波形和理论波形的差异，得知其是否运行正常。在这种检测方法中，一般使用汽车专用的示波器比较好。

汽车示波器是维修电喷车必备的专用仪器，示波器与数字万用表相比有着更为精确及描述细致的优点，数字万用表通常只能用一、二个电参数来反映电信号的特性，而示波器比万用表更准确、更形象，因为有些汽车电子设备的信号的变化速率非常快，变化周期达到了毫秒级。由于许多故障信号是间歇性的。这就需要仪器的测试速度高于故障信号的速度，汽车示波器完全可以胜任这个速度，汽车示波器不仅可以快速捕捉电路信号，还可以用较慢的速度来显示这些波形，以便使我们可以一面观察一面分析。它还可以储存信号波形，通过回放可观察已经发生过的快速信号，这就为我们分析故障提供了极大的方便。无论是高速信号（例如喷油嘴信号、间歇性故障信号），还是慢速信号（例如节气门位置变化及氧传感器信号），都可以用汽车示波器观察其波形。此外，汽车示波器能够确认故障是否真的排除，这可通过观察对比修理前后汽车示波器中的信号波形的变化来加以判断。

汽车示波器在汽车电子控制故障诊断中有两种应用方式：方式一，整个系统运行状态的分析，即确定整个系统运行的情况。方式二，某个电器或电路的故障分析，即在整个系统运行正常的情况下，确定某个电器或某段电路的故障。

6.2.8 信号模拟检测法

信号模拟检测法是采用函数发生器（信号发生器）或汽车专用的诊断仪给电路输入信号，在输出端观察执行器的动作情况，或在输出端连接示波器或万用表，根据示波器指示的波形和万用表显示的信号电平大小来判断故障范围。采用该方法一般应对电路的结构有了比较深层次的了解，对相应的功能电路的输入输出信号的正常波形要有所了解，从而在车辆不工作的状态下，人为地模拟这些信号对车辆相关电路进行故障判断。另外，该方法需要有专门的仪器设备，引线较多，操作麻烦，但对于解决一些疑难问题来说，是一个很好的方法。

此外，还可以通过汽车自诊断方法检测故障。

汽车正常运行时，电控单元 ECU 的输入、输出信号的电压值都有一定的变化范围。当某一信号的电压值超出了这一范围，并且这一现象在一段时间内没有消失，ECU 便判断为这一部分出现故障。ECU 把这一故障以代码的形式存入内部随机存储器 RAM，同时点亮故障检查灯。通过读取故障码和观察故障灯，可以发现汽车电脑的一些故障。

电路的异常情况分为 3 种。第一种是电路的信号超出规定范围，诊断系统判定为故障信号。例如，冷却液温度传感器 CTS 在正常工作时，其输出电压在 0.1～4.8V 内，如果超出这一范围，诊断系统则判定为故障信号。

第二种是电控单元 ECU 在一段时间内接收不到传感器的信号或接收到的信号在一段时间内不变，诊断系统判定为故障信号。例如，氧传感器在正常工作时，其输入电压应在 0.1～0.9V 内，波动不少于 8 次/10s；如果与之不符，诊断系统会判定为故障信号。

第三种是电控单元 ECU 中的诊断系统发现不正常的输入信号多次出现或持续一定时间，判定为故障信号，偶然发现一次不正常的输入信号时，不会诊断为故障信号。例如，转速信号（Ne）是一个脉冲信号，发动机转速在 100r/min 以上时，丢失几个信号，ECU 不会判定为故障。

6.3 汽车电脑维修常用设备与工具

6.3.1 汽车测电笔

汽车测电笔是为汽车维修电工设计的一种检测仪，利用它不仅可以测试汽车电路，而且可以直接从电笔的灯光指示上判断发电机及调节器的工作是否正常，如图 6-1 所示。

汽车测电笔分为适用于 12V 的测电笔汽车和适用于 24V 汽车的测电笔。使用时，将电笔负极用鳄鱼夹与搭铁可靠地相接，而将电笔头逐次碰触被测点，观察发光二极管的颜色来判断电压值。

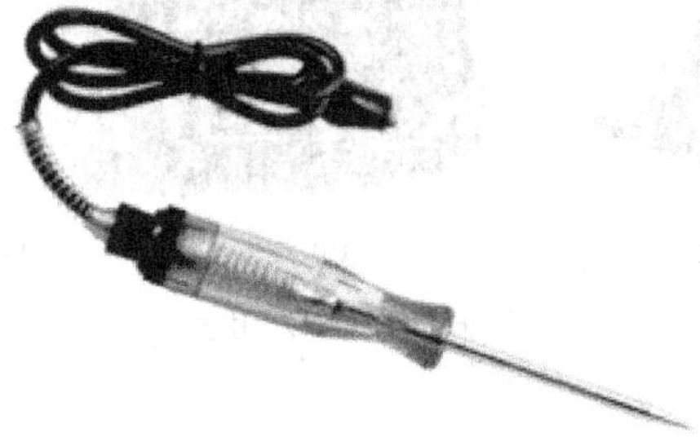

图 6-1 汽车测电笔

目前市场上还有多功能汽车测电笔，它除了能测被测点的电压值以外，还具备汽车线路短路和断路测试、电路极性判别测试、汽车电瓶性能测试、充电系统性能测试、点火系统性能测试、发动机性能测试、传感器输入和输出信号测试、执行元件信号测试等功能。

6.3.2 汽车万用表

万用表是检测电子电路时最常用的仪表之一，它以携带及使用方便、可测参数多等显著特点而深受工程人员的青睐。随着汽车电子控制技术的发展，单片机在汽车控制领域得到了广泛的应用，检测汽车各个电控系统的各种专用检测仪应运而生。但是，即便检测仪种类繁多并已广泛使用，在检测汽车电控系统时仍然离不开汽车万用表，通过汽车万用表可判别故障的具体部位和检测元件的状态，与普通万用表相比，它的功能更加完善、性能更加可靠，在汽车电控系统的检测方面发挥出越来越重要的作用，如图 6-2 所示。

(1) 汽车万用表与普通万用表的主要区别

① 可测量的信号种类不同 为了适应汽车检测的特点，汽车万用表除了涵盖普通万用表的基本测量参数种类外，还扩展了汽车检测电参数种类和包括了非电参数的测量，例如，它可测频率、占空比、闭合角、转速和温度等。

② 对汽车信号的适应性不同 检测汽车电控系统的各个端口、传感器及执行器时，要求仪表对电控系统的信号影响越小越好，否则会造成汽车电控系统电路元件和传感器的损坏，这就要求汽车万用表有很高的内阻、很宽的频带和有很高的灵敏度。

③ 对汽车电磁环境的适应性不同 汽车上的电磁干扰很强，例如，汽油发动机的点火、交流发电机调节器的电流断续控制等，均会产生很强的电磁辐射，因此要求汽车万用表应有较强的抗电磁干扰的能力。

④ 汽车万用表功能更完备 相比普通万用表，汽车万用表具有更完备的功能，包括：液晶数字显示，读数更直观方便；具有记忆、识别等智能化功能；兼有信号输出测试、信号

模拟显示等功能；内部扩展处理能力增强（例如 IC 卡），外部附件功能较强。

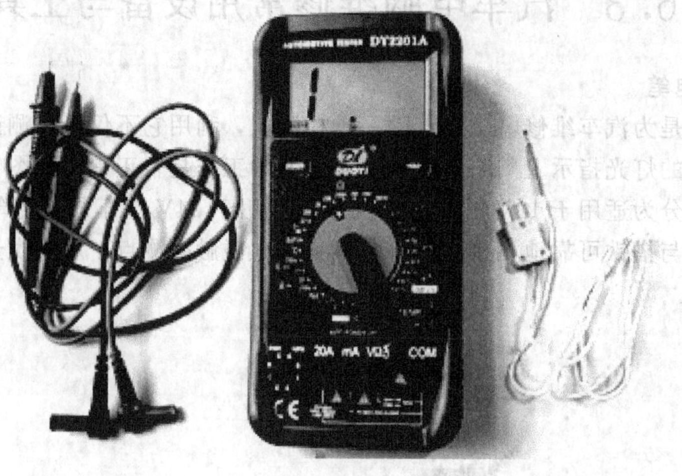

(a) 表笔　　(b) 表身　　(c) 温度传感器

图 6-2　汽车万用表

（2）汽车万用表的结构

汽车万用表是一种数字式万用表，一般由数字及模拟量显示屏、功能按钮、测试项目选择开关、温度测量插孔、公用插孔（用于测量电压、电阻、频率、闭合角、频宽比和转速等）、搭铁插孔、电流测量插孔、测试探针（或大电流钳）等全部或部分构成。目前常用的汽车万用表有 EDA 系列汽车万用表、OTC 系列汽车万用表和 KM300 型汽车万用表等。检测时，通过万用表的测试探针采集外部电信号后，输入万用表专用集成电路进行预处理，再通过 CPU 处理完成后送入显示屏进行显示，其工作过程如图 6-3 所示。

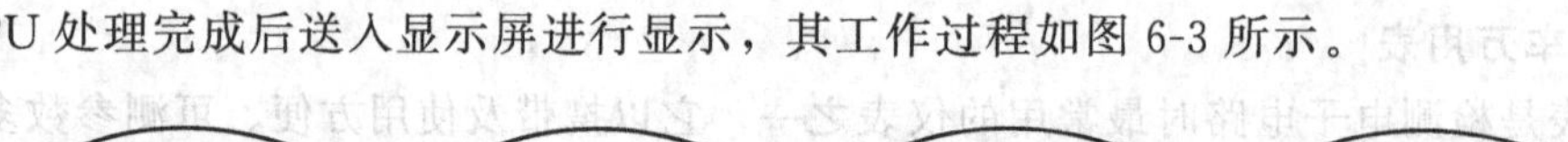

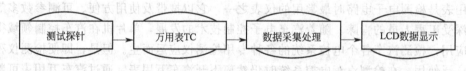

图 6-3　汽车万用表工作框图

1）汽车万用表的主要功用

① 测量交、直流电压。考虑到电压的允许变动范围及可能产生的过载，汽车万用表应能测量大于 40V 的电压值，但测量的范围也不能过大，否则将导致测量的精度下降。

② 测量电阻。汽车万用表应能测量 1MΩ 的电阻，测量范围大一些使用起来比较方便。

③ 测量电流汽车万用表应能测量大于 10A 的电流，若测量范围再小则使用不方便。

④ 记忆最大值和最小值该功能用于检查某电路的瞬间故障。

⑤ 模拟条显示该功能用于观测连续变化的数据。

⑥ 测量脉冲波形的频宽比和触点闭合角，该功能用于检测喷油器、怠速稳定控制阀、EGR 电磁阀及点火系统等的工作状况。

⑦ 测量转速。

⑧ 输出脉冲信号，该功能用于检测无分电器点火系统的故障。

⑨ 测量传感器输出的电信号频率。

⑩ 测量二极管的性能。

⑪ 测量大电流配置电流传感器（霍尔式大电流钳）后，可以测量大电流。

⑫ 测量温度配置温度传感器后可以检测冷却水温度、尾气温度和进气温度等。

2）汽车万用表的使用方法

① 电控单元端子电压的测量

a. 用万用表检测蓄电池的电压，应大于或等于11V，否则应进行充电。

b. 从汽车上拆下电控单元，但保持线束连接器与电控单元处于连接状态（即不拔下线束）。

c. 将点火开关置于“ON”位。

d. 将万用表置于电压挡。

e. 依次将万用表测针从线束插头的导线一端插入，测量电控单元各端子之间的电压，并与标准数据进行比较，如果测得的电压与标准值不符，则说明电控单元或控制线路有故障。

② 电控单元端子间电阻的测量

a. 从汽车上拆下电控单元，拔下导线连接器。

b. 用万用表欧姆挡，测量导线连接器端子间电阻值（测量时不要触碰电控单元的连接端子，应将测针从导线侧插入导线连接器中）。

c. 记录所测电阻值，并与标准数据进行比较，从而确定电控单元控制线路是否正常。

d. 若通过上述检查判断出电控单元有故障，此时还应再通过总成互换的方法最终确定电控单元是否被损坏。

③ 信号频率测试　测试项目选择开关置于频率（FREQ）挡，黑线（自汽车万用表搭铁座孔引出）搭铁，红线（自汽车万用表公用座孔引出）接被测信号线，显示屏即显示被测频率。

④ 占空比的测试　挡位转换开关置于占空比（DUTGCYCLE）挡，黑线接搭铁，红线接电路信号，此时显示屏显示的数字为占空比的百分数。

⑤ 温度检测　将选择开关置于温度挡，将汽车万用表配备的带测针的特殊插头插接到黄色插孔内，测针端部接触被测物体。显示屏即显示被测温度。

⑥ 触点闭合角检测　闭合角为点火周期触点闭合的时间，合适的闭合角能使点火线圈在任意的发动机转速下积蓄最大的能量以获得最佳点火。闭合时间过长将导致点火电压的降低，以致加速性能差，使每分钟转速降低；反之亦然。所以，应在清洗或更换点火触点之后和调整定时之前对闭合角进行测试和调整。检测时选择开关置于闭合角（DWELL）挡，黑线搭铁，红线接点火线圈负接线柱，发动机运转，显示屏即显示被测的触点闭合角。

⑦ 频宽比测量　将选择开关置于频宽比（DUTY）挡，黑线搭铁，红线接电路信号，发动机运转，显示屏即显示脉冲信号的频宽比。

⑧ 转速测量　测试项目选择开关置于转速（RPM）挡，将转速测量专用插头插入搭铁座孔与公用座孔中，感应式转速传感器夹在某一缸高压点火线上。在发动机工作时，显示屏即显示发动机转速。

⑨ 启动机启动电流测量　挡位转换开关置于400mV挡（一般1mV相当于1A的电流，即用测量电流传感器电压的方法测量启动机电流），传感器（一般是利用霍尔效应制成）被做成夹钳形式。测试时，将夹钳夹在蓄电池的火线上，拆下点火线圈上中央插孔内的高压导线（使发动机不能启动），用启动机转动曲轴2～3s，此时显示屏显示的数字为启动机的启

动电流。

⑩氧传感器测试　拆下氧传感器线束连接器，将测试项目选择开关置于“4V”挡，按下DC功能按钮，使显示屏显示“DC”，再按下最小/最大功能按钮，将黑线搭铁，红线与氧传感器相连；然后以快怠速（2000r/min）运转发动机，使氧传感器工作温度达36℃以上。此时，如果混合气浓，氧传感器输出电压约为0.8V：如果混合气稀，氧传感器输出电压为0.1～0.2V。当氧传感器工作温度低于36℃时（发动机处于开环工作状态），氧传感器无电压输出。

⑪喷油器喷油脉冲宽度测量　测试项目选择开关置于频宽比挡。测出喷油器工作脉冲频率的频宽比后，再把测试项目选择开关置于频率（FREQ）挡，测出喷油器工作脉冲频率计算喷油器喷油脉冲宽度。

6.3.3 汽车示波器

（1）汽车示波器简介

汽车示波器为汽车检修人员快速判断汽车电子设备故障提供了有力的依据。测试时，只要选择需测试的内容，无需任何设定和调整就可以直接观察波形，并且还可以储存所记录信号波形，通过回放观察已经发生过的快速信号，从而为分析故障带来了极大方便。图6-4为汽车示波器。

汽车示波器一般由传感器（包括夹持器、测试探头和测针等）、中间处理环节和显示器组成，其基本功用是显示电压随时间的变化。除用于观察状态变化外，还可检测电压、频率和脉冲宽度等。

（2）汽车示波器的功用

汽车示波器在汽车电脑的故障诊断中，主要用于汽车传感器、点火波形、执行器及ECU输入/输出控制信号波形的检测和电路分析。当今汽车电子控制系统中的传感器、执行器、电气系统及电子控制单元等之间通过五种基本类型的电子信号进行工作。

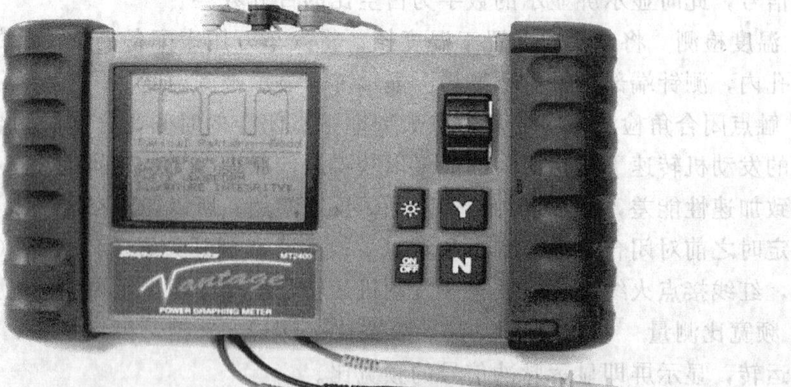

MT2400专用示波器

图6-4　汽车示波器

① 直流（DC）信号　在汽车中产生直流（DC）信号的传感器或电源装置有：蓄电池电压或电控单元（PCM）输出的传感器参考电压。

② 交流（AC）信号　在汽车中产生交流（AC）信号的传感器和装置有：车速传感器、防滑制动轮速传感器、磁电式曲轴转角和凸轮轴传感器、从模拟压力传感器信号得到的发动

机真空度波形、爆震传感器。

③ 频率调制信号　在汽车中产生可变频率信号的传感器和装置有：数字式空气流量计、数字式进气压力传感器、光电式车速传感器、霍尔式车速传感器、光电式凸轮轴和曲轴转角传感器、霍尔式凸轮轴和曲轴转角传感器等。

④ 脉冲调制信号　在汽车中产生脉宽调制信号的电路或装置有：初级点火线圈、电子点火正时电路、废气再循环控制、净化装置、涡轮增压和其他控制电磁阀、喷油嘴、怠速控制电动机和电磁阀等。

⑤ 串行数据（多路）信号　若汽车中具备有自诊断能力和其他串行数据送给能力的控制模块，则串行数据是由发动机控制电控单元、车身控制电控单元和防抱死制动系统或其他控制模块产生的。

上述 5 种汽车电子信号都可以用 5 种测量尺度（幅值、频率、形状、脉宽、阵列）来加以判断。

（3）示波器的使用注意事项

① 测试点火高压线时，必须使用专用的电容探头，不能将示波器探头直接接入点火次级电路。

② 使用汽车示波器时，注意远离热源，例如排气管、催化器等，这是因为温度过高会损坏仪器。

③ 汽车示波器在测试时要注意使测试线尽量离开风扇叶片、皮带等转动部件。

④ 测试时确认发动机盖的液压支撑是好的，防止发动机盖自动下降时伤及头部或损坏汽车示波器。

⑤ 测试中，不要将汽车示波器放在仪表台上方，最好是拿在手中测试。

6.4 汽车电脑芯片的识别与替换

6.4.1 电脑芯片引脚顺序的识别方法

①芯片有缺口时，缺口向上摆放，左上第一个引脚为 1 脚，逆时针数引脚依次为 1、2、3、4、5、6、7、8（图 6-5）。

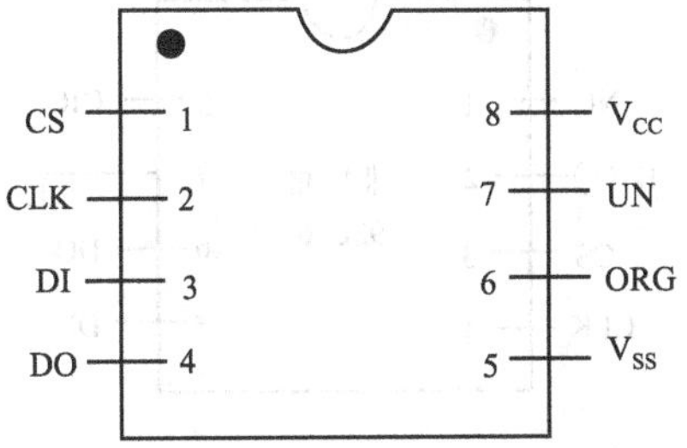

图 6-5　有缺口芯片第 7 脚悬空，第 5 脚接地

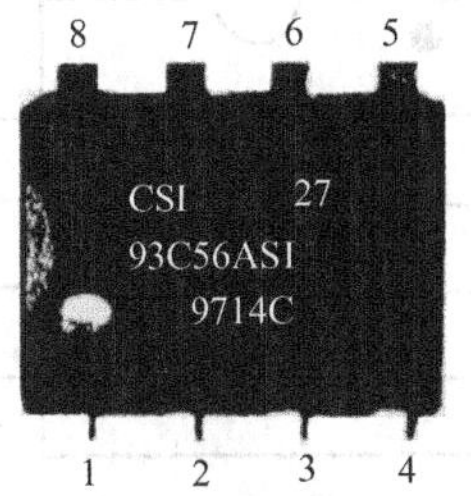

图 6-6　无缺口芯片

② 芯片若无缺口但有“·”点标识的，点向上摆放，靠近“·”点的引脚为 1 脚，其他引脚的识别方法同上。

③ 若芯片只有文字而无缺口或“·”点的，从文字正面看，左下第一个引脚为 1，其他引脚的识别方法同上（图 6-6）。

注意：非标准芯片必须使用非标准芯片的适配器才可以安装到编程器上使用。

6.4.2 汽车常用芯片的替换

汽车常用芯片的替换见表 6-1。

表 6-1 汽车常用芯片替换表

<table>
<tr><th>原芯片型号</th><th>代用芯片型号</th><th>原芯片型号</th><th>代用芯片型号</th></tr>
<tr><td>93C14</td><td rowspan="5">93C46</td><td>3132</td><td rowspan="11">24C16</td></tr>
<tr><td>93C06</td><td>85C72</td></tr>
<tr><td>S130</td><td>85C82</td></tr>
<tr><td>C46M6</td><td>24C01</td></tr>
<tr><td>93LC46</td><td>24C01A</td></tr>
<tr><td>93CS56</td><td rowspan="3">93C56</td><td>24C02</td></tr>
<tr><td>93CL56</td><td>24C04</td></tr>
<tr><td>C56M6L56R</td><td>BAW574252</td></tr>
<tr><td>B58</td><td rowspan="6">93C66</td><td>24C08</td></tr>
<tr><td>S220</td><td>D6253</td></tr>
<tr><td>93CS66</td><td>D6254</td></tr>
<tr><td>C66M6</td><td>PDH001</td><td rowspan="3">24C44</td></tr>
<tr><td>93LC66</td><td>PDH004</td></tr>
<tr><td>DD82</td><td>X2444P</td></tr>
<tr><td>DD72</td><td rowspan="2">93C86</td><td>X24C01</td><td rowspan="2">无代替芯片</td></tr>
<tr><td>93LC86</td><td>35080</td></tr>
<tr><td>68343</td><td>25010</td><td>25043</td><td rowspan="4">25045</td></tr>
<tr><td>ST14771</td><td>25040</td><td>25045</td></tr>
<tr><td></td><td></td><td>X5045</td></tr>
<tr><td></td><td></td><td>X5043</td></tr>
</table>

注意：代用芯片可以代换原芯片，但原芯片不一定能代换代用芯片。

6.4.3 汽车芯片端子说明

① 标准芯片 93 系列如图 6-7 所示。该芯片在电路板上的特点是脚 5 接地，脚 6、7、8 连在一起。

② 非标准芯片 93 系列如图 6-8 所示。该芯片在电路板上的特点是脚 1 悬空，或脚 1、2 连在一起。

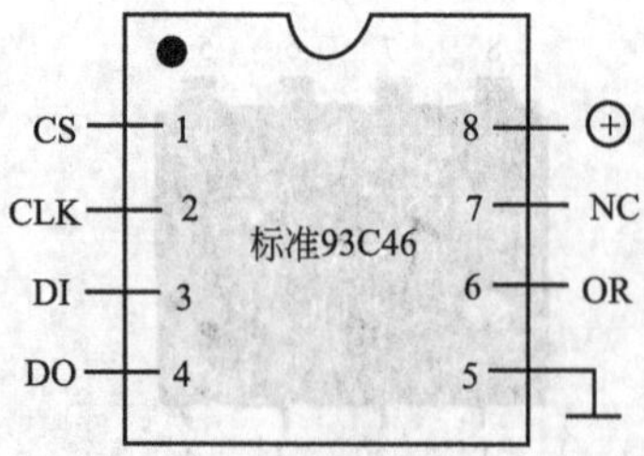

图 6-7 标准芯片 93 系列

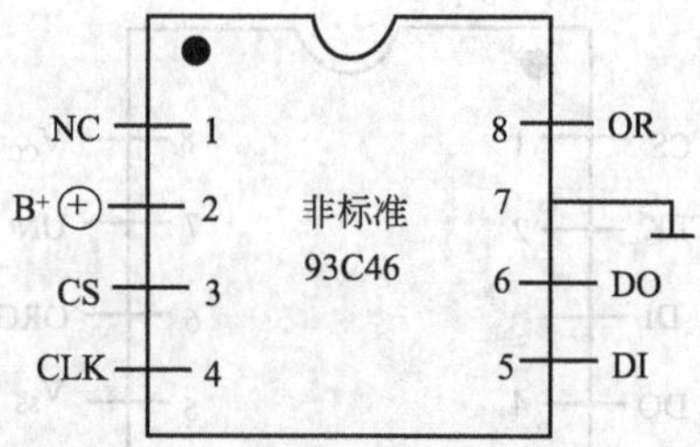

图 6-8 非标准芯片 93 系列

③ 14 脚 93CS56 如图 6-9 所示。该芯片有 6 个脚悬空。

④ 24 系列芯片如图 6-10 所示。该芯片特点是 1、2、3、4 连接在一起，接地。

汽车芯片主要是储存汽车电脑中的一些常用数据，例如，在仪表芯片中储存里程表的里程数据，在音响芯片中储存音响的密码，在防盗系统芯片中储存防盗登录密码，在安全气囊电脑芯片中储存安全气囊碰撞数据。

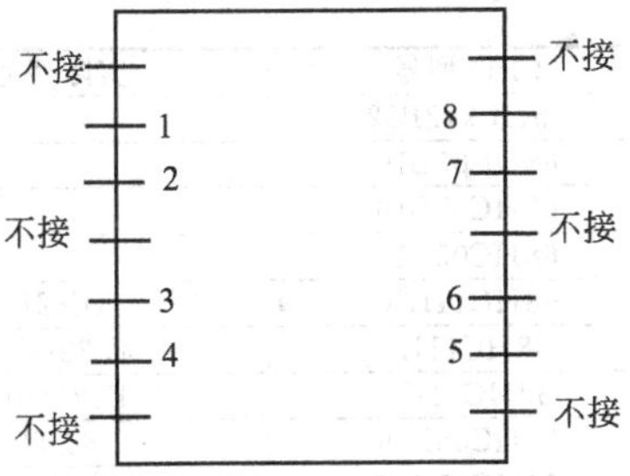

图 6-9　14 脚 93CS56

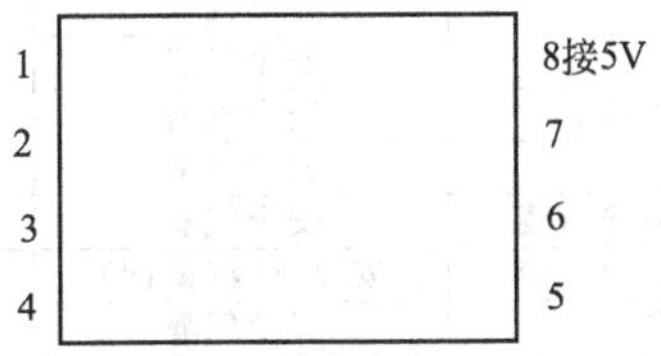

图 6-10　24 芯片系列

6.5　汽车电脑 CPU 的识别与替换

6.5.1　汽车电脑 CPU 类型

常见的 CPU 存储芯片以摩托罗拉为主。摩托罗拉的 CPU 在汽车电脑上的应用见表 6-2。常用芯片型号有 MC68HC05 系列、MC68HC08 系列、MC68HC11 系列、MC68HC912 系列摩托罗拉 4 种。

表 6-2　应用摩托罗拉 CPU 的车型

车　型	系统	零件号	CPU 型号	实际型号
别克 GL8	仪表	471132	68HC912BE32	J38M2H54T
大切诺基	仪表	33257	68HC912B32	J64Y J54E
本田 CR-V	仪表	00069	68HC912B32	J64Y J54E
奥迪 2003 A3	仪表		68HC912	J56W K22K
奥迪 TT	仪表	ZZ4534	68HC912DG128	5H55W
奥迪 2.7	仪表		68HC912DG128	5H55W
福特 MONDEO	仪表		68HC912D60	2K38K L02H
甲壳虫	仪表		68HC912D60	K75F F68K
林肯	仪表		68HC11E9	B60RC83WD35E
道奇	仪表		68HC11E9	52 针
道奇	仪表		68HC11KA4	84 针
福特翼虎	仪表		68HC11K4	68 针
本田 3.0	仪表		68HC05B16	
雷诺	仪表		68HC908AZ60	
雪铁龙 C5	仪表		68HC908AZ60	
雪铁龙 C5BS1	仪表		68HC912DC128	
奔驰 A160	仪表		68HC908AZ60	
别克 CL8	安全气囊		68HC08AS32	
奔驰 S320	安全气囊	0018200026	68HC11KA4	
奔驰 220	安全气囊	0018202226	68H912B32	
奥迪 A6	安全气囊	4B0959655JE62H	68HC11K4	
宝马 745	安全气囊	6577-6922463	68HC912BD32	
羚羊	安全气囊	38910-80E00	68HC05B16	
东风悦达起亚千里马	安全气囊	959-10-22410	68HC05B16	
江淮瑞风	安全气囊	95900-4A301	68HC05B16	
赛欧	安全气囊	92099726	68HC08AZ32	J66D
别克世纪	安全气囊	10315230	68HC08AS32	

续表

车　型	系统	零件号	CPU 型号	实际型号
福特嘉年华	安全气囊		68HC912B32	
大宇蓝龙	安全气囊		68HC05B16	
哈飞路宝	安全气囊	AAB37213010	68HC05B16	
北京吉普 OD60	安全气囊		68HC05B16	
特拉卡	安全气囊	4E82K	68HC11E20	4E82K
老奥迪单安全气囊	安全气囊	4E28B	68HC11E9	4E28B52z
奥迪 2.4 安全气囊	安全气囊(德国)	4B0959655C	68HC11K4	E62H80z
福特嘉年华	安全气囊		68HC05B16	D60J52z
帕萨特	舒适系统	1J0959799AH	68HC05X32	D69J64z
帕萨特	安全气囊		68HC08AZ32	J66D64z
现代伊兰特	安全气囊	12225789		H01AF429

读写摩托罗拉系列 CPU，市面上常用的工具为摩托罗拉 UPA，与 CPU 连接说明如下。

① MC68HC08 系列 CPU（见图 6-11）适配线与电脑板的连接说明 MCU 必须处于监视模式，适配器和 CPU 的连接如图 6-12 所示。

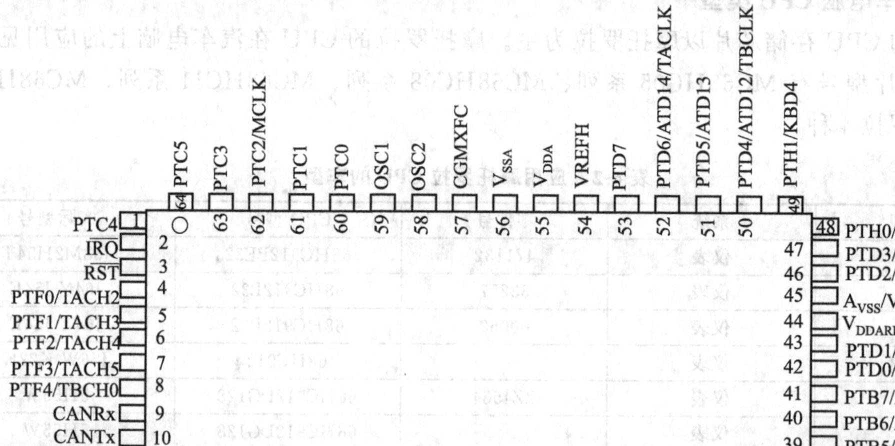

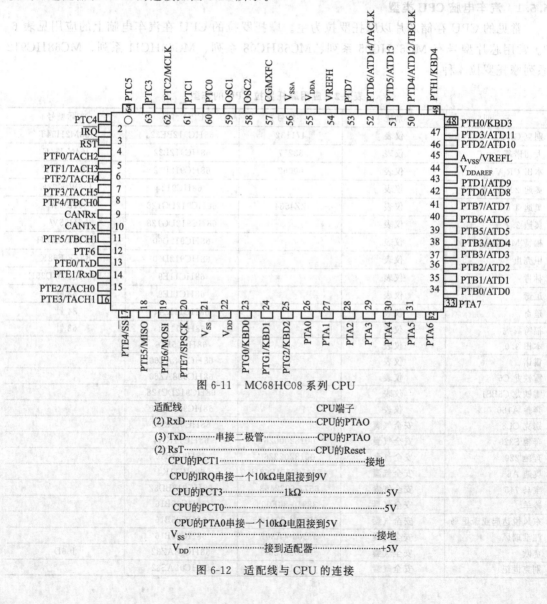

图 6-11　MC68HC08 系列 CPU

适配线　　　　CPU端子

(2) RxD……………………CPU的PTAO

(3) TxD………串接二极管………CPU的PTAO

(2) RsT……………………CPU的Reset

CPU的PCT1……………………接地

CPU的IRQ串接一个10kΩ电阻接到9V

CPU的PCT3…………1kΩ…………5V

CPU的PCT0……………………5V

CPU的PTA0串接一个10kΩ电阻接到5V

V_{SS}……………………接地

V_{DD}…………接到适配器…………+5V

图 6-12　适配线与 CPU 的连接

② MC68HC05 系列 CPU（图 6-13）适配线与电脑板的连接说明 MCU 必须处在串行 RAM 加载模式，连接如图 6-14 所示，即可置于串行 RAM 加载模式。

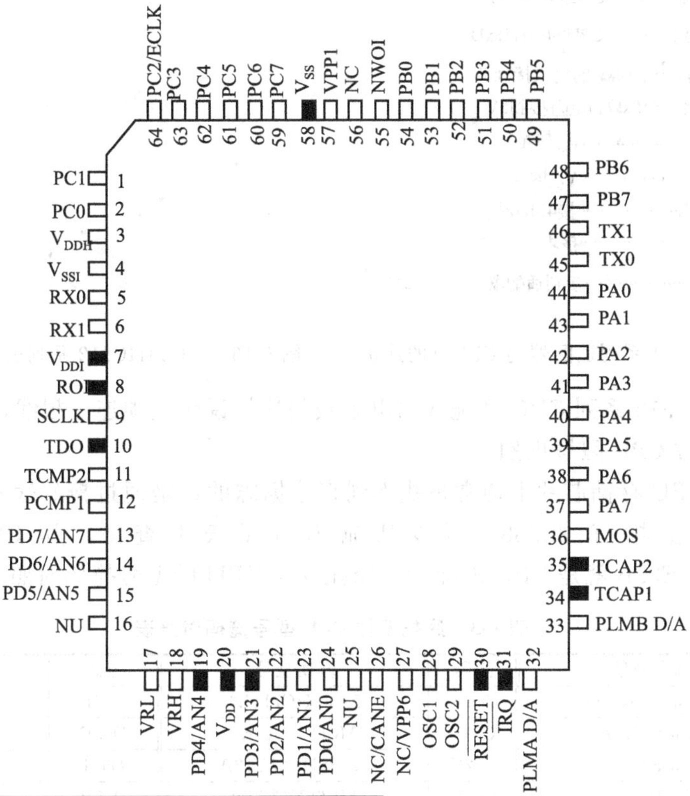

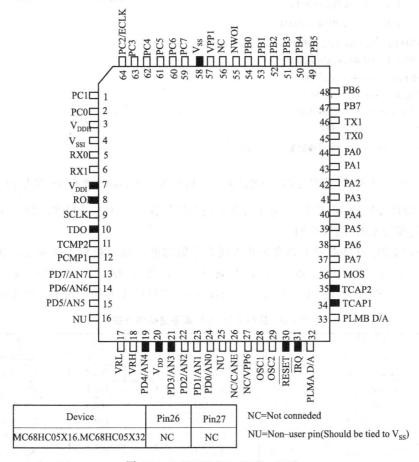

Device	Pin26	Pin27
MC68HC05X16.MC68HC05X32	NC	NC

NC=Not conneded

NU=Non–user pin(Should be tied to V_{SS})

图 6-13　MC68HC05（64Z）CPU

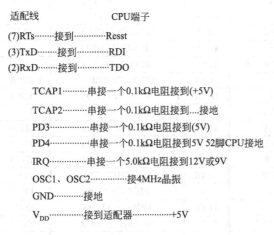

适配线　　　　　　CPU端子

(7)RTs……接到…………Resst

(3)TxD……接到…………RDI

(2)RxD……接到…………TDO

TCAP1………串接一个0.1kΩ电阻接到(+5V)

TCAP2………串接一个0.1kΩ电阻接到....接地

PD3……………串接一个0.1kΩ电阻接到(5V)

PD4……………串接一个0.1kΩ电阻接到5V 52脚CPU接地

IRQ……………串接一个5.0kΩ电阻接到12V或9V

OSC1、OSC2…………接4MHz晶振

GND…………接地

V_{DD}…………接到适配器……………+5V

图 6-14　MC68HC05 系列适配线与 CPU 连接

③ MC68HC11 系列 CPU 适配线与电脑板的连接必须处于自举引导模式，适配器和 CPU 的连接如图 6-15 所示。

适配线　　　　　　　　CPU端子

(7) RST··········接到·············CPU的Reset

(3) TxD··········接到·············CPU的PD0/RxD

(2) RxD··········接到·············CPU的PD1/TxD

CPU的TXD串接一个10kΩ的电阻接到5V

CPU的IRQ串接一个5kΩ的电阻接到5V

CPU的MODA························V_{SS}接地

CPU的MODB························V_{SS}接地

XTAL、EXTAL····················接4MHz晶振

GND·····································接地

V_{DD}··································接到适配器·············+5V

图 6-15　MC68HC11 系列适配器与 CPUD 的连接

V_{SS}························接地

RESET·····················复位

BKGD························BDM

图 6-16　MC68HC912 系列适配线与 CPU 的连接

④ MC68HC912 系列 CPU 适配线与电脑板的连接说明只须连 3 根线，如图 6-16 所示。

6.5.2　摩托罗拉 CPU 型号识别

摩托罗拉 CPU 存储芯片上通常是找不到直接标志的，是通过掩码表示的，如奥迪气囊电脑板，CPU 上标有 4E288，可以从掩码对照表中查出，其 CPU 真实型号为 MC68HC11E9，E28B 就是 CPU 的掩码。摩托罗拉 CPU 的型号掩码对照表见表 6-3。

表 6-3　摩托罗拉 CPU 型号掩码对照表

掩码	真实型号	掩码	真实型号	掩码	真实型号
A20T	MC68HC705S3	C85W	XC68HC711L6	D67F	MC68HC71K4
A38P	MC68HC11A8	C91F	MC68HC11E1	D69F	PC68HC711N4
A49N	MC68HC11A8	C92K	MC68HC05C12A	D69J	MC68HC05X32
A75H	MC68HC11A2	C95K	MC68HC05E0	D82R	MC68HC11E9
B16B	MC68HC805C4	D10J	MC68HC705B5	D86B	MC68HC705J2
B19C	MC68HC811E2	D20J	MC68HC05B16	D99H	MC68HC711P2
B35N	MC68HC05B16	D26E	MC68HC11A1	E11P	MC68HC16Z2
B36T	MC68HC805B6	D28J	MC68HC705B16	E20T	MC68HC705C4A
B46E	MC68HC11A8	D33J	MC68HC705B16	E20Y	MC68HC705P6CP
B60R	MC68HC11E9	D35E	MC68HC11E9	E22B	MC68HC11E20
B65H	MC68HC11A8	D37R	MC68HC05C12A	E25B	MC68HC6805P3
B83T	MC68HC05B8	D40J	MC68HC705B32	E28B	MC68HC11E9
B84N	MC68HC11A1	D40J	MC68HC705X32	E31M	MC68HC6705K1
B91T	MC68HC05B5	D41V	XC68HC705BE12	E32B	MC68HC05C8
B95T	MC68HC11A8	D45R	MC68HC11ED0	E38B	MC68HC05J3
B96D	MC68HC11A8	D46J	MC68HC11A8	E41C	PC68HC916Y1
C11W	MC68HC11A1	D47J	MC68HC11EA9	E53M	MC68HC711P2
C13W	MC68HC11L6	D48J	MC68HC11PH8	E54F	MC68HC16Z1
C14H	MC68HC05B6	D53J	MC68HC05X32	E57S	MC68HC11KA4
C16J	MC68HC811E2	D54E	MC68HC705P9	E59B	MC68HC11KA4
C16W	MC68HC705C8	D54J	MC68HC05B8	E61R	MC68HC705C8
C27B	MC68HC11E1	D58J	MC68HC11PA8	E61W	MC68HC705F8
C28M	MC68HC11G5FN1	D59J	MC68HC705B32	E62H	MC68HC11K4
C40H	MC68HC05J1	D59J	MC68HC705X32	E62W	MC68HC16Z1
C45A	XC68HC711D3	D60J	MC68HC05B16	E69W	MC68HC11KA4
C47M	MC68HC711E9	D61N	XC68HC711KA4	E74J	MC68HC11P2
C83W	MC68HC11E9	D62J	MC68HC05X16	E75J	MC68HC11K4

续表

掩码	真实型号	掩码	真实型号	掩码	真实型号
E78C	MC68HC05J1A	G54K	MC68HC05TB	J66H	MC68HC705J1A
E79R	MC68HC705C8A,C4A	G58F	MC68HC705JIA	J73R	MC68HC705C8A
E82K	MC68HC11E20	G58T	MC68HC705JJ7orHP7	J74Y	MC68HC908AS60
E88N	MC68HC711KA2	G59F	MC68HC711E20	J79Y	MC68HC908BD48
F10V	MC68HC05B6	G62K	MC68HC708AS48	J88Y	MC68HC908JK3
F10W	MC68HC705SR3	G63P	MC68HC705JIA	K00J	MC68HC908RK2
F11N	MC68HC11L6	G78M	MC68HC705V12	K02S	MC68HC05P4A
F12A	MC68HC05J1A	G96A	MC68HC705B32	K03B	MC68HC705C9A
F17V	MC68HCAAFIB4	G96Y	MC68HC705V12	K05W	MC68HC711D3
F23H	MC68HC05P4A	H14A	MC68HC708AS48	K07E	MC68HC11KS2
F29K	MC68HC11MA8	H19S	MC68HC711E20	K08B	MC68HC705C8A
F33P	MC68HC16V1	H24M	MC68HC05V12	K08S	MC68HC908CP32
F37E	MC68HC11F1	H32S	MC68HC705JB4	K08W	MC68HC711KSS2
F41E	MC68HC05L28	H42K	MC68HC705C8A	K11N	MC68HC908LD64
F41J	MC68HC05L28	H48T	XC68CM16Z1	K13J	MC68HC02D60
F44T	MC68HC705JIA	H50F	MC68HC812AV4	K20R	MC68HC005PV8A
F49K	MC68HC705C8A	H50W	MC68HC711E9	K22K	MMC2001or2003
F52E	MC68HC11E32	H52P	MC68HC705V12	K25E	MC68HC912BC32
F53E	MC68HC11KC4	H54T	MC68HC12BE32	K29E	MC68HC912BD32
F56K	MC68HC705B16	H55B	MC68HC705BD9	K36N	MC9S12DP256
F62A	MC68HC05C8	H55F	MC68HC805K3	K38K	MC68HC912D60
F62J	MC68HC05B16	H55W	MC68HC912DG128,DA128	K39K	MC68HC908SR12
F63J	MC68HC705C9A	H56A	MC68HC089AZ32	K45D	MC68HC908KX8,KX2
F67V	MC68HC16Z1	H57A	MC68HC05H12	K45H	MC68HC908JB8
F68K	MC68HC912D60	H62A	MC68HC908AS60 Or AZ60	K50E	MC68HC912DC128,DA128
F71L	MC68HC05C8or705C8	H62P	MC68HC908AT32	K54X	MC68HC711K4
F73K	MC68HC912D60	H72J	MC68HC705C8A	K56G	MC68HC908AB32
F73T	MC68HC16Z1	H73K	68HC812AV4	K59D	MC68HC08JB8
F74B	MC68HC05X4	H77A	MC68HC705C9A	K59H	PC527283MFU
F88B	MC68HC705X4	H86A	MC68HC711KG2	K75F	MC68HC912D60
F92J	MC68HCPIIA1	H91F	MC68HC912B32	K78X	MC9S12H256
F96J	MC68HCIIE9	H94K	MC68HC08AS20	K79X	MC9S12DP256 Or256
F97J	MC68HCIIE9	H96J	MC68HC05JJ6 JP6	K81H	MC68HC711E9
F98Y	MC68HO708AS48	H98X	MC68HC11KS8	K82H	MC68HC11E20
G10V	MC68HC(7)11P2	J15G	MC68HC912BC32	K85K	MC68HC908AZ60A OrAS60A
G11D	MC68HC16Z2	J20X	MC68HC908CP32	K85V	MC68HC908AZ60A
G23V	MC68HC08AZ32	J26H	MC68HC08AS20	K91D	MC68HC912DG128
G26C	MC68HC16Z3	J26R	MC68HC08AS20	L02H	MC68HC912D60
G28F	MC68HC05B16	J34P	MC68HC08AS32	L05H	MC68HC912DT128
G32V	MC68HC11KC4	J35D	MC68HC12BE32	L06H	MC68HC908SR12
G33P	MC68HC705P6ACP	J35Q	MC68HC08AZ60	L09H	MC68HC908KX8 OrKX2
G35N	MC68HC05B16	J37F	MC68HC908MR24	L45J	MC9S12C32
G39Y	MC68HC08AS20	J38M	MC68HC12BE32	L51J	MC68HC912D60
G40C	MC68HC805K3	J54E	MC68HC912B32	L52H	MC68HC08AZ32A
G41V	MC68HC705B32	J56W	MMC2001or2003	J53J	MC68HC908GR8
G47V	MC68HC705X32	J61D	MC68HC908AS60	L54J	MC68HC908MR32 Or16
G49V	MC68HC08AZ32	J64Y	MC68HC912B32	L69J	MC68HC908QT 1-4orQY1-4
G53F	MC68HC05JIA	J66D	MC68HC08AZ32	L85D	MC9S12A128 OrDTB128
				L87J	MC68HC908AZ60AorAS60A

6.6 集成电路与 QEP 芯片的拆焊方法

6.6.1 SOP 小外形封装集成电路拆焊方法

电脑主板中采用了较多的小外形封装的集成电路，如码片、存储器等，现介绍常用的拆卸和焊接方法。

（1）拆卸方法

① 用热风枪拆卸。对于脚位数目较多且脚位间距较大的芯片（IC），用烙铁拆卸不方便，一般使用热风枪进行拆卸。将热风枪的风力调到 3 挡，温度也调到 3 挡，风嘴沿 IC 两边焊脚上移动加热，当焊锡熔化时，就可用镊子取下 IC 了。

② 用电烙铁拆卸。对于有些 IC，因其在主板上的位置比较特殊，就不能用热风枪拆卸。例如两个焊接距离很近的集成电块，吹其中一个是可能将另外一个吹虚焊，这种情况一般用电烙铁采用“连锡法”拆卸。具体操作是：用电烙铁把焊锡熔化加到 IC 两边的焊脚并短路（即左边短接在一起，右边短接在一起，电烙铁温度可调到最高），焊锡尽量多些，盖住每个焊脚（如图 6-17 所示），然后两边同时轮流加热即加热一下左边又加热一下右边，等焊锡全部熔化时，用镊子移开 IC。用电烙铁把主板上多余的焊锡除掉并清理焊盘，把 IC 焊脚上多余的焊锡也清除掉，保证 IC 焊脚平整。

图 6-17 采用连锡法拆卸 SOP IC

（2）安装方法

对于 SOP 封装 IC 的安装，一般采用电烙铁一个脚一个脚的焊，电烙铁温度不宜太高，一般 350℃即可。如采用热风枪焊接，可先用电烙铁把 IC 定位好，然后调节热风枪风力到 2.5 挡，温度到 3 挡，吹焊 IC，焊接牢固即可。

6.6.2 QEP 芯片拆焊方法

汽车电脑主板中，四方扁平封装（QEP）形式的芯片比较常见，下面介绍 QEP 集成模块的拆卸与焊接方法。

（1）拆卸操作

① 开启热风枪并调节热风枪的气流与温度，一般温度调节在 300～400℃之间，而气流方面根据喷嘴来定，如果是单喷嘴，气流挡位设置在 1～3 挡，其他喷嘴气流可设置在 4～6 挡，使用单喷嘴温度挡不可设置太高。

② 记下待拆卸 IC 的位置和方向，并在 IC 引脚上涂上适当的助焊剂。

③ 手持热风枪手柄，使喷嘴对准 IC 各脚焊点来回移动加热，喷嘴不可触及集成电路块引脚，一般距离 IC 引脚上方 6mm 左右，如图 6-18 所示。

④ 待 IC 脚焊锡点熔化时，用镊子移开 IC，如图 6-19 所示。

⑤ 取下集成电路，清除余锡及焊剂杂质（可用无水酒精或天那水清除焊剂杂质，用 936 电烙铁把电路板上的焊盘整理平整），如图 6-20 所示。

图 6-18 加热拆卸 IC

图 6-19 用镊子移开 IC

图 6-20 整理电路板上的焊盘

（2）焊接操作

① 将拆下来的 IC 用无水酒精或天那水进行清洗，用烙铁将脚位焊平整，并放在带灯放大镜下检查脚位有无离位，有无吃锡短路。如有则重新进行处理，如是新买回的 IC 则不需此步处理。

② 将整理好的 IC 按原标志放回电路板上，检查所有引脚是否与相应的焊点对准，如有偏差，可适当移动芯片或整理有关的引脚。

③ 把助焊剂涂在 IC 各脚上，用烙铁把 IC 芯片四个脚位焊接定位。

④ 用热风枪在集成模块各边引脚处来回移动逐一吹焊牢固，吹焊时要控制好风速，防止把模块吹移位，如发现模块位置稍有偏差，可等四周焊锡完全熔解后，用镊子将其轻推一下，即可复位，然后用镊子在 IC 上面轻轻向下压一下，使其与电路板接触良好，如图 6-21 所示。

⑤ 清除助焊剂，检查电路板上有无锡珠、锡丝引起的短路现象，待 IC 冷却后方可通电试机。

焊接的时候，也可以不用热风枪而用电烙铁焊接，具体方法是：先用烙铁把 IC 芯片四个角位焊接定位，然后电烙铁加足焊锡和焊剂，温度调到 450℃，烙铁头接触 IC 脚并顺着往同一个方向快速拖动，用拖焊的方法，把 IC 焊牢，如图 6-22 所示。

图 6-21 用热风枪焊接 IC

图 6-22 用烙铁拖焊 IC

6.7 典型的汽车电脑检测与维修实例

6.7.1 奇瑞 QQ 不点火故障维修实例

Motronic 系统是由上海大众汽车有限公司与德国博世（BOSCH）公司合作开发的新型电子燃油喷射系统，其形式为 D 型集中控制式，全称是闭路电子控制多点燃油顺序喷射系统，其突出特点是点火系统与燃油喷射系统复合在一起。

Motronic 1.5.4 电脑应用在长安、一汽夏利、桑塔纳 2000GLi、世纪新秀、奇瑞 QQ 等车型上。

（1）电路原理

Motronic 1.5.4 发动机电脑点火部分电路原理图如图 6-23。来自电脑 PIN49、PIN48 脚的霍尔信号送至 30311 的 3 脚，信号经 30311 整形并驱动后由 30311 的 1 脚输出，送至 CPUB58468 的 36 脚，B58468 根据此信号来判断准确的点火时刻，由 62 脚输出点火驱动信号到 B58290 的 2 脚，进一步增加电流驱动能力，同时信号反相后，由 B58290 的 23 脚输出到点火模块 30023 的 1 脚。30023 的 3 脚通过 PIN1 脚控制外部的点火线圈进行点火。

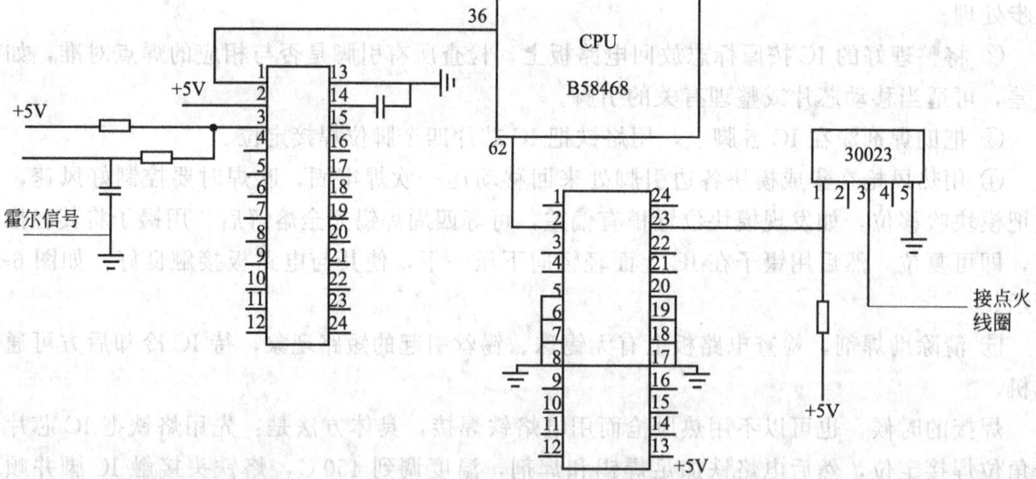

图 6-23 Motronic 1.5.4 发动机电脑点火部分电路原理图

（2）故障检修

给 Motronic 1.5.4 电脑正常加电（PIN18、PIN27、PIN37 脚接＋12V 电源，PIN2 脚搭铁），用信号发生器产生转速信号加至电脑 PIN48、PIN49 脚。检修顺序如下：

① 用示波器检测 30311 的 1 脚有无方波输出。若没有方波输出，则进行以下检查：检查 30311 的 3 脚到电脑插脚的通路，检查 30311 周围附属电路是否正常。

② 测量 B58468 的 36 脚有无方波信号。若没有，则表示 30311 的 1 脚与 B58468 的 36 脚之间断路。

③ 测量 B58468 的 62 脚有无点火驱动信号。若没有，则用示波器测量 27C512，数据及地址脚应有数据交换信号。若没有信号，则说明 CPU 已损坏，更换 B58468（更换 B58468 前需要重写 BootLoader 程序）；若有信号，则需要重写 21C512 程序。

这部分电路中损坏率最高的是 B58468，其次是 30023、30311 和 27C512。

6.7.2 奥迪A4轿车不喷油故障

奥迪A4、途安、甲壳虫、宝来、帕萨特、斯柯达以及高尔夫等轿车都使用了博世ME7.5发动机电脑ECU。

(1) 喷油部分电路原理

喷油电路工作原理如图6-24。CPU对由30343输出到CPU的64、65脚和由PIN86脚传入的霍尔传感器来的57脚的信号进行比较判断，以及各传感器的信号分析计算，由CPU的16、23、24、25脚输出4路喷油信号送到30344（此芯片应为低侧开关），进行放大处理后由30344的6、7脚，33、34脚，46、47脚，50、51和52脚输出4路喷油信号，通过电脑PIN89、PIN88、PIN96、PIN97脚送到喷油器控制喷油。

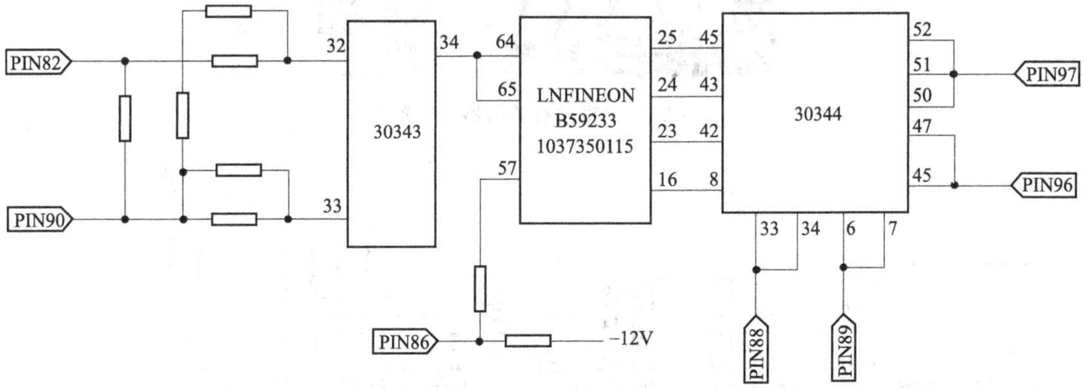

图6-24 博世ME7.5发动机电脑ECU的喷油电路

(2) 故障检修

给电脑通电，PIN2脚接地，PIN3脚、PIN62脚加+12V电源。

给PIN82、PIN90脚加模拟转速信号的正弦波。给PIN86脚加霍尔传感器的方波。转速信号与方波信号的频率比例为2∶1。

测量CPU的16、23、24、25脚有无喷油信号输出。如果没有喷油信号输出，则更换CPU（注意：若更换CPU，则必须对新CPU进行编程）；如果有喷油信号输出，则测量30344的8、42、43、45脚有无喷油信号输入。若没有喷油信号输入，则检查CPU与30344之间的线路是否有断路故障；若有喷油信号输入，则测量30344的6、7、33、34、46、47、50、51、52脚有无喷油信号输出。如果没有喷油信号输出，则检查30344供电是否正常(60脚有无+5V)，若供电正常，则更换30344，如果有喷油信号输出，则检查电脑外部电路。

6.7.3 千里马发动机电脑故障维修

故障现象：一个缸不喷油

故障处理：找不到喷油的喷油器所对应的电脑插针，沿此针脚的连线方向继续向电脑内部检查。对于早期日产车系的电脑，多采用JECS公司的产品，对于喷油器的驱动多是用两个10脚的晶体管阵列或场效应管阵列，比较容易识别，如图6-25所示。

维修的电脑芯片识别号为HF9909，没有找到该芯片的具体子资料，但是从电路的结构形式上来看，与分析一致，按实际电路描绘线路图，如图6-26所示。

芯片的外部特征与维修过的一部日产风度A32的电脑所采用的4AK19极为相似，

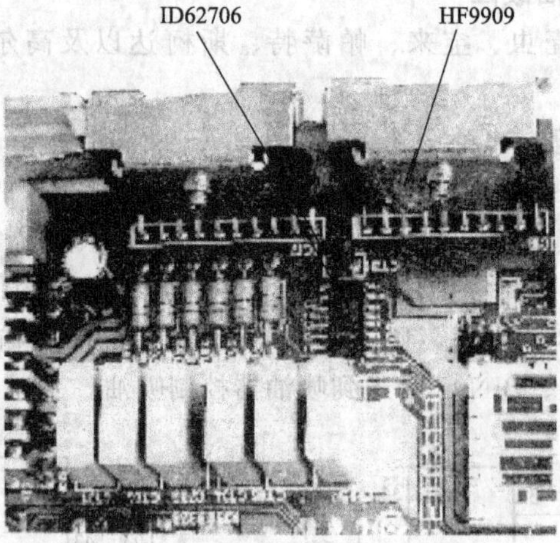

图 6-25　与喷油有关的器件位置图

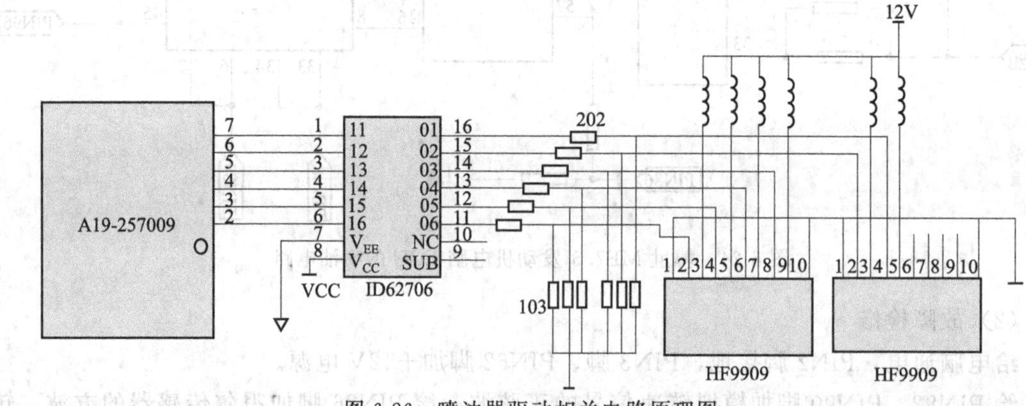

图 6-26　喷油器驱动相关电路原理图

4AK19 为高速开关硅材质 N 沟道 MOS 管，4AK19 内部结构及封装形式如图 6-27 所示。

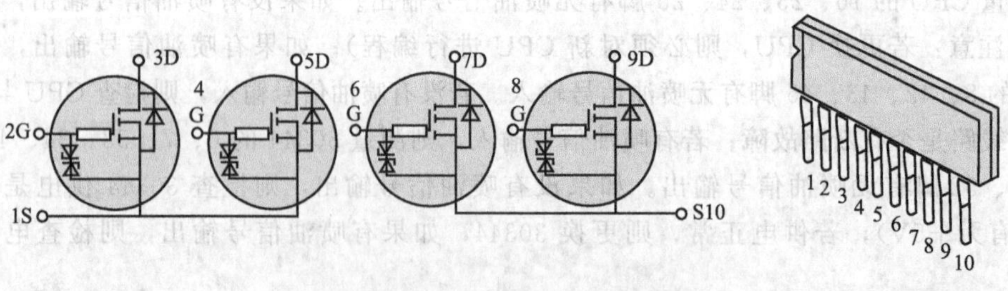

图 6-27　4AK19 内部结构及封装形式

电路中的两片驱动芯片可以驱动 8 个喷油器，实际只应用 6 个喷油器，剩下 2 个驱动端闲置未用。测量这种阵列式驱动芯片的最好方法还是电阻测量法，如前检测 TD62064 一样，因外电路结构形式相同，所以对应引脚的对地阻抗应该是相同的。实际测量中发现，有一个驱动输出端与其他的输出端的阻值有明显差异，反复测量，都是如此。检测外围阻容元件，未发现异常，经对照发现，此输出端所对应的正是不喷油的那个喷油器。由此断定，此喷油器的驱动器损坏。

该芯片内部有 8 个驱动，而本车只用了 6 个，因此可以把有问题的那个驱动直接用闲置的进行替换，电脑配主板上标注有 A 和 B 的是两功率驱动芯片，A 的 4 个通道全部使用，而 B 的仅仅用了两个，这样就用 B 的闲置通道来代替损坏的部分，可以直接用导线进行跨接。为了防止损坏的部分对改动后的线路带来影响，切断原来的连线。经过这样处理后，一个崭新的电脑出现了，因为一切都是原厂的。

6.7.4 金杯海狮汽车发动机怠速偏高的调整

奇瑞 QQ、夏利、金杯海狮等车型都采用了玛瑞利单点发动机电脑控制。

玛瑞利单点电脑的怠速控制电路如图 6-28 所示。它由 CPU、数据锁存器 74HC273、总线驱动器 74HC244 及怠速电动机驱动电路 L9122 等器件组成。

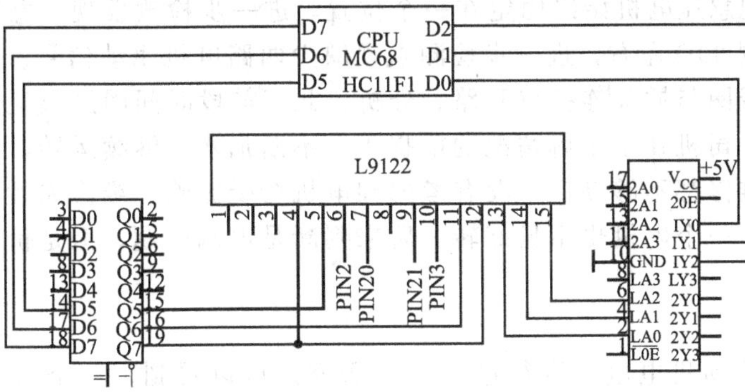

图 6-28 怠速控制电路原理图

玛瑞利 SPI 型发动机怠速控制的工作原理如下：

发动机启动后，CPU 通过 A/D 转换器读入冷却液温度传感器数据，根据冷却液温度通过数据总线 D5、D6、D7 输出数字控制信号至 74HC273 的 14、17、18，经 74HC273 锁存后由 15、16、19 输出加到怠速电动机驱动芯片 L9122 的 5、11、4、12。L9122 将高低电位的数字控制信号转化为电压信号由 6、7、9、10 输出到 ECU 接脚 PIN2、PIN20、PIN21、PIN3，通过两组线圈控制怠速电动机的转向和转角，从而改变空气旁通道的开度，使怠速状态下的进气量发生变化。CPU 通过读取进气压力信号来感知进气量的变化，然后对喷油脉冲宽度做出调整，进而使发动机转速发生变化。转速的变化量又通过转速传感器送回了 CPU，这样就形成了一个闭环控制系统，实现对发动机怠速进行有效的控制。

另外 L9122 的 13、14、15 将当前怠速驱动电路的工作状态信号送至 74HC244 的 2、4、6，经 74HC244A 驱动后，由 18、16、14 送到 CPU 数据总线 D0、D1、D2 上，这样使 CPU 随时可以了解怠速驱动电路的工作状态，以便对其实施有效的控制。L9122 的 14 脚为故障标志脚，当 L9122 处于故障状态时，由该脚输出故障信号经 74HC244 驱动后送给 CPU。

怠速控制电路的检修：

当发动机出现怠速偏高且无法调整故障时，基本上故障是由怠速驱动电路引起的。将 ECU 单元冷却液温度传感器接脚 PIN13 连接 10kΩ 电位器，接法如图 6-29 所示。将 ECU 正常供电，用信号发生器模拟转速信号加至 ECU，调整电位器同时测量 L9122 的 5、11、4、12 脚有无电平跳变信号。如果有电平跳变信号，更换 L9122 或 74HC244；如无电平跳变信号，则更换 74HC273 或 CPU，故障即可排除。

6.7.5 现代 SONATA 无怠速故障维修实例

故障现象：

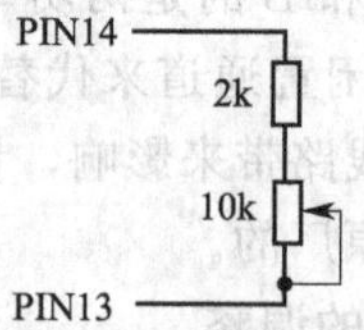

图 6-29 接线图

冷车启动困难，无冷车快怠速，热车正常。

故障分析：

检测中，发现怠速电机始终固定在一个位置，进一步检测发现，怠速电机四组线圈中三组开路，实测 30Ω 左右，进一步检测发现缺少两路电机驱动信号。检测发现，电机内部严重腐蚀，线圈与插脚连接点开路。分析，此车前段时间因缸垫烧蚀而造成发动机水温过高而开锅，司机在不了解情况的前提下，不断加水，继续运转，最后导致车在半路抛锚。每次的维修都不够彻底，没有考虑到电机会受影响，维修完发动机后，就存在这个问题，更换了一个电机也不见好转，后来判断是电脑问题，但是价格比较贵，所以没有更换。

维修操作：

拆下此车的发动机电脑，进行进一步的研究。可以看到，一个 SIP 封装的标记为 M5269L 的芯片已经破损、开裂，此芯片旁边的线路板上也满是焦痕，与之相连接的线路有部分断路，芯片引脚与线路板相连接的铜过孔及孔外侧的线路板也因温度过高而炭化。

该电脑为韩国 KEFICO 公司制造，该汽车电脑 ECU 同很多三菱公司的 ECU 极为相似。ECU 线路如图 6-30 所示。

从图中可以看出，M5269L 为电机驱动专用集成电路，两片 M5269L 驱动怠速电机的四个线圈，一共有两个控制端，对于一片驱动芯片来说，控制信号一路直接送入引脚 3，另外一路经三极管 T_1、T_2 构成的反向器输入到其引脚 6，1 和 7 为芯片的驱动输出引脚，直接连到电机的控制端。

M5269L 的内部结构如图 6-31 所示。M5269L 是一个达林顿电流驱动器（半导体集成电路），包含有 PNP 和 NPN 晶体管，带有钳位二极管，能够直接与 SV 类型的微控制器或逻辑电路进行连接。主要应用在电机驱动器、各种继电器或便携式打印、LED 或指示灯驱动器或功率放大等场合。

故障处理：

拆下损坏的 M5269L，采用 ULN2803 进行替换。需要注意的是逻辑匹配问题，M5269 同前面的 TD62064 输出是不同的，TD62064 是反向输出，而 M5269L 是同向输出。两条输入线同时送入 ULN2803 两个输入通道，但 ULN2803 的输出则不能按原来的对应关系同电机连接，需要将两条输出线对调，这样因为 ULN2803 本身输出的反向同前面输入的一个反向器连接后，负负为正，变为同向输出，而 MCU 直接送过来的同向信号经过 ULN2803 后变成反向输出，对调后等效于原来的电路。

替换后，试车，一次性成功，故障排除。

6.7.6 捷龙自动变速器电脑故障维修实例

故障现象：

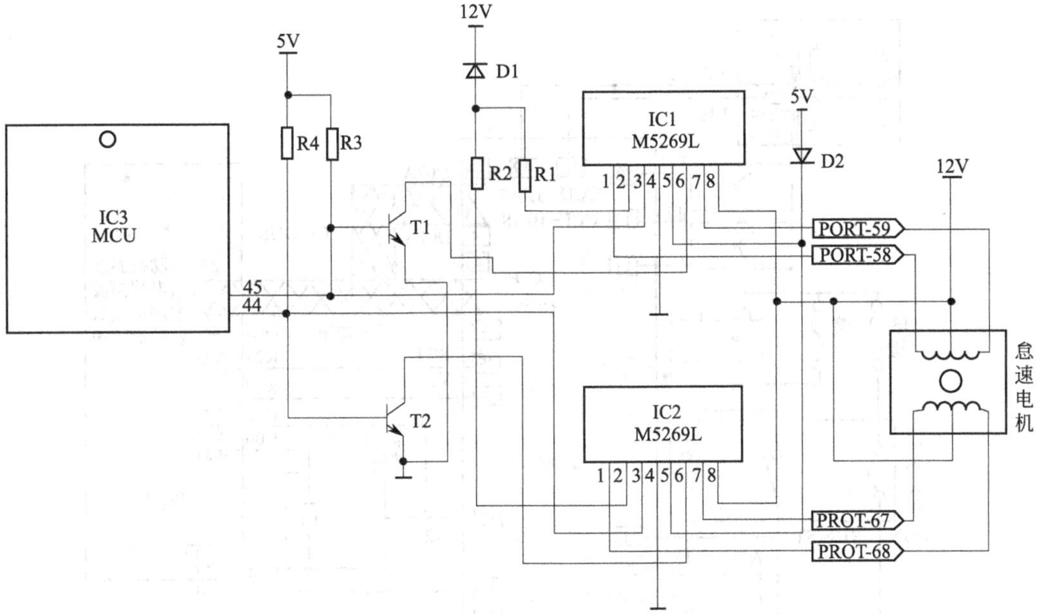

图 6-30　现代怠速电机 ECU 控制电路

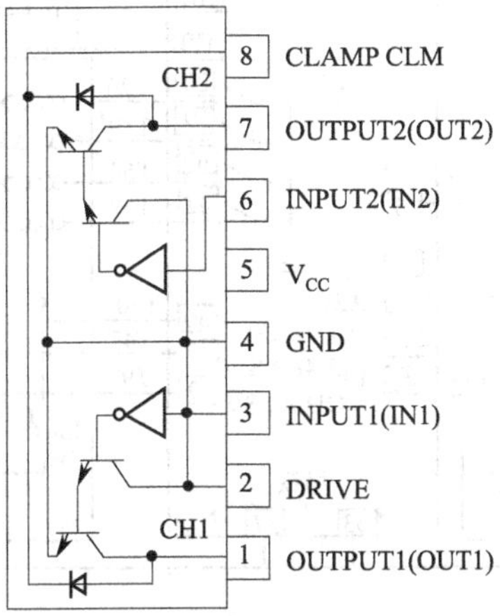

图 6-31　M5269L 的内部结构

功率管有明显的烧蚀痕迹，用以固定功率管的钢制卡夹也被熏黑了一块。取出线路板发现烧蚀的功率管塑料壳体已经面目全非。

故障处理：

用万用表的二极管带蜂鸣挡位，一支表笔接元件三个引脚中的一个，另一表笔快速从输出引脚的插针上划过。经测量，功率元件一引脚连接到 57 脚，另一引脚连到 60 脚，参考 ALLDATA 汽车维修光盘中线路图（见图 6-32），可以看到 57 脚为 GND 引脚，60 脚为 OD 电磁阀驱动引脚，引脚识别可参考图 6-33，根据原理图推测这是一个中功率晶体管，其功用为驱动 OD 电磁阀，其结构应是一 NPN 功率管，因为 NPN 管集电极输出，发射极搭铁，是属于控“地”型；而 PNP 则不会有这样的情况，一般 PNP 功率元件为发射极接电源，集电极输出，是属于控“火”型。

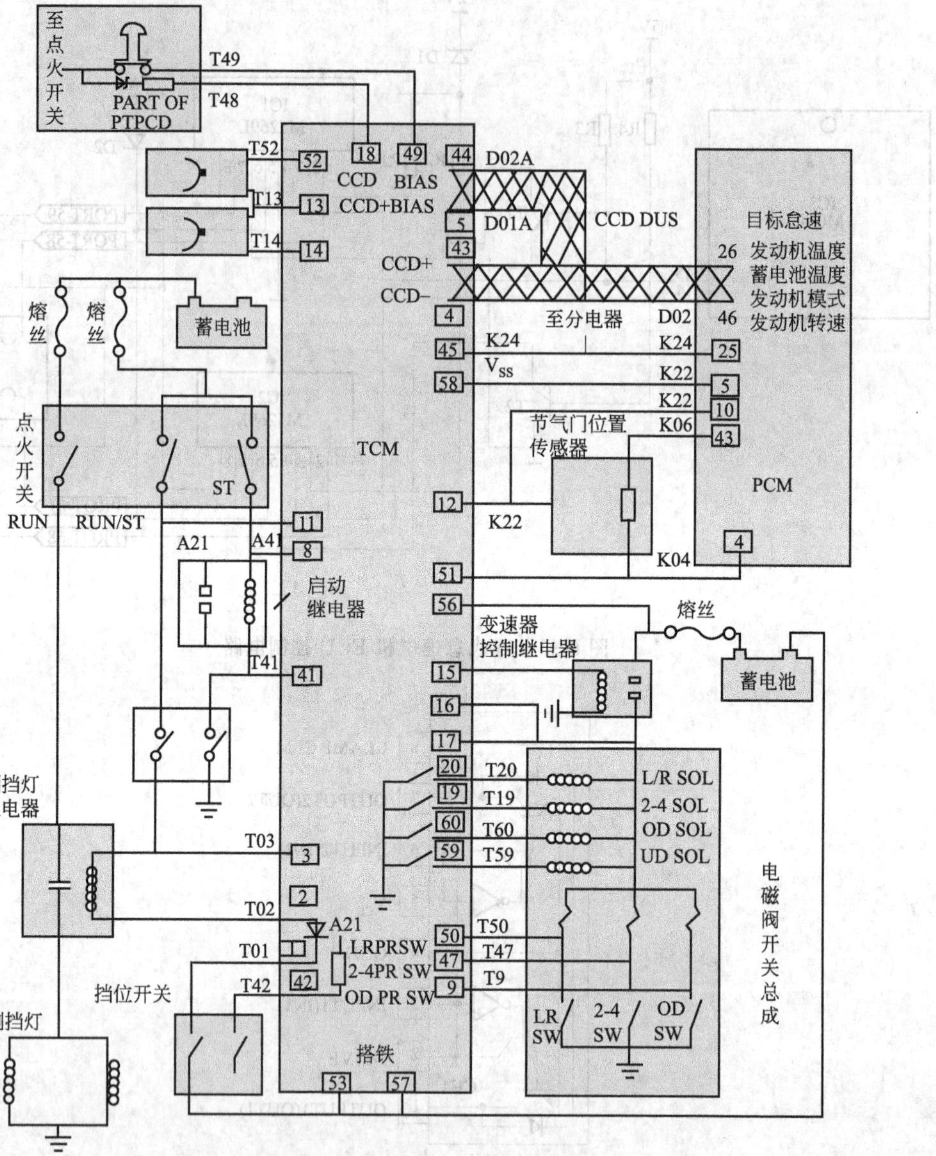

图 6-32　自动变速器外部线路图

从废旧 3S-FE 电脑板上找一个功率晶体管 NEC2SC3691，实测发现引脚排列顺序相同，2SC3691 为一中功率晶体管，耐压 100V，集电极电流 5A，可以满足 OD 电磁阀的驱动要求。替换后试车，一切均正常。

6.7.7　奔驰 300E 点火故障维修实例

故障现象：

发动机无法启动。

故障检查：

将换挡杆拨至空挡，钥匙转到启动位，启动机运转正常，发动机没有着火迹象，该车年代较久，是属于机械连续喷射系统，采用 BOSCH CIS- E 控制系统，点火采用 EZL 模块单

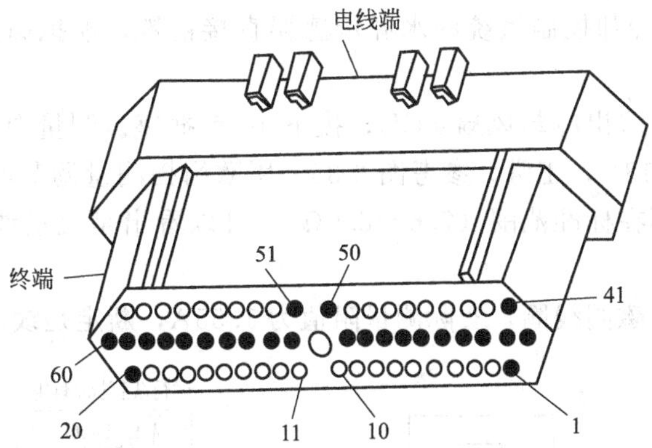

图 6-33 电脑引脚顺序参考图

独控制。

首先拔下主高压线连接试验用火花塞，再次启动试车，火花塞无火花出现。线路如图 6-34 所示。

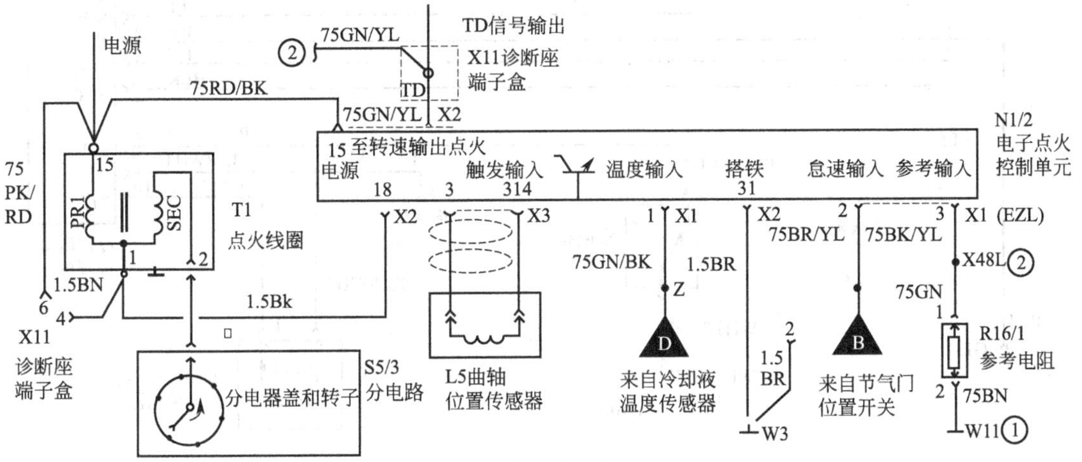

图 6-34 奔驰 300E 点火 ECU 控制 EZL 电路

与产生高压相关的元件有 EZL 点火模块、点火线圈、曲轴位置传感器、节气门位置开关、水温传感器、参考电阻等。首先检查 EZL 的供电情况，点火开关转 ON 挡，15 号引脚为电瓶电压，点火开关转 OFF 挡位，测量 31 号引脚与搭铁的导通性，为 0.25Ω 左右，符合技术要求。又检测另外几个引脚及相关传感器情况，均属正常。检查 EZL 插件连接不好，有虚接现象，重新连好线路各插件，启动试车，故障现象依旧，没有发生任何变化。更换同型号 EZL 故障排除。

6.7.8 丰田佳美冷却风扇电脑 ECU 维修实例

故障现象：

冷却系统水温过高，风扇无高速。

故障检查：

检查时发现风扇一直在低速运行状态，无法进入高速状态，即使水温表指示接近红区，也无法进入高速状态。丰田佳美采用的是电子液力控制冷却风扇。

首先检查助力泵储液罐的液位，在正常范围内。又用导线连接自诊断座的 OPT，端子和 E1 端子（相当于把冷却控制系统的水温传感器直接搭铁，模拟高温状态）。此时风扇转速没有变化。

拆下右侧杂物箱，取出冷却风扇 ECU，拔下 10 针插座。测量白/红线（电源）和棕线（搭铁）之间的电压为 13V，正常，参考图 6-35。用欧姆挡测量调节电磁阀的内阻（黄线与黄/绿线）为 1.5Ω，不在标准范围（7.6～8.0Ω），可以看出是流量调节电磁阀线路及线圈有短路现象。

拆下右前轮取出电磁阀线圈，实际测量阻值为 1.55A，断定是线圈的问题。

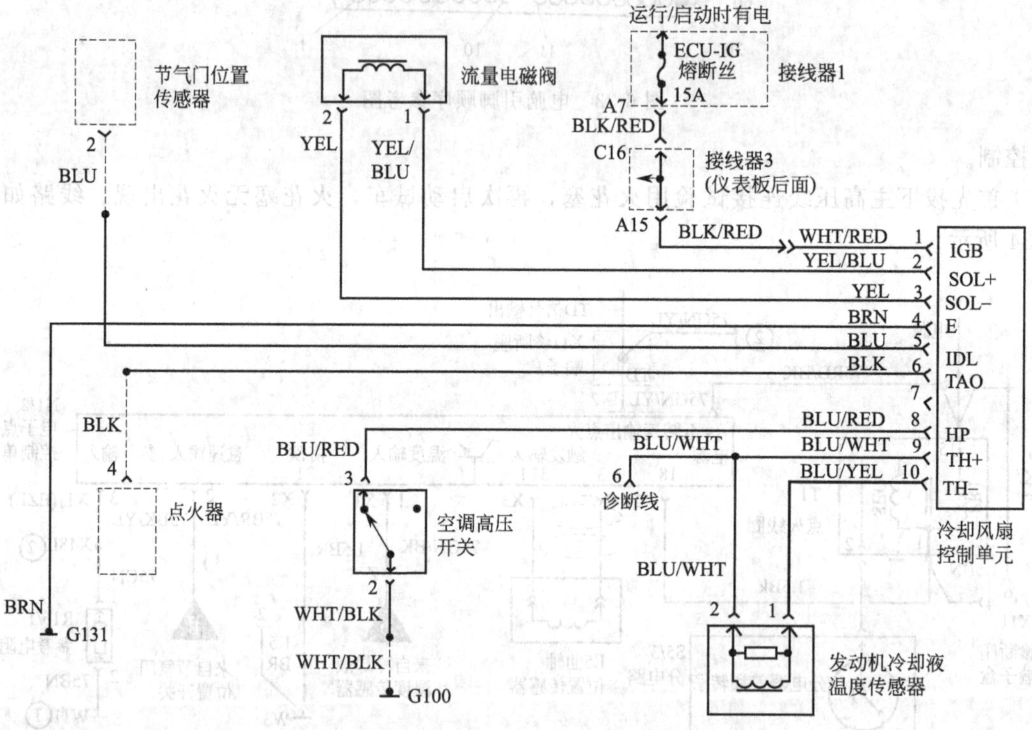

图 6-35　冷却风扇 ECU 控制线路

故障处理：

更换线圈，连接风扇 ECU，启动发动机，短路 OPZ 和 E1 端子，风扇依然没有高速。

此时考虑风扇 ECU 输出功率晶体管可能因为线圈短路电流过大而损坏，于是打开风扇 ECU 检查，发现有两只三极管已经被烧坏。从印刷线路板可以分析出这两只三极管是组成一个复合三极管工作的。用电烙铁把两只三极管焊下，连接 ECU 连线，在诊断座 OPT 与 E1 间连接一只 1000Ω 的可变电阻模拟水温传感器信号。起动发动机，将示波器探头连到小三极管的基极，来回转动可变电阻时，输出方波的占空比也随着变化，由此可断定风扇 ECU 的主体是好的，只是输出驱动部分损坏了。

由于更换两只三极管，装复 ECU 后起动发动机，调节可变电阻，风扇随电阻的变化而产生不同的转速。取下可变电阻。至此发动机水温在 80～90℃之间，保持稳定。故障完全排除。

6.7.9 三菱空调电脑故障维修实例

故障现象：

空调不制冷。

故障检查：

该车在行驶过程中空调突然打不开，空调压缩机电磁离合器不能吸合。检查中发现管路及压力都正常，而空调压缩机的电磁离合器不吸合。

经过分析，可知空调压缩机离合器的吸合要满足三点要求才能实现。即空调压力要满足在标准压力的上限和下限之间；外部温度在 15℃以上，蒸发器温度在 3～5℃以上；发动机转速在 800r/min 以上。经检查这三项都合乎要求，而空调压缩机仍然无法吸合，由此考虑有可能是空调放大器有问题。而后拆下杂物箱，拆开空调放大器，打开后发现内部的功率输出管 T1 B1360 的发射极和基极已经击穿。把它安装后启动车辆，在打开空调开关时测量其基极有电压输出，由此分析放大器的内部没有损坏，换个功率管应该可以继续使用。换三极管后，实测负载电流 0. 5A，远小于功率管的额定电流。

使用几天后，空调又不吸合了。再次拆开空调放大器，发现还是 T1 三极管基极和发射极击穿。这部分电路如图 6-36 所示。

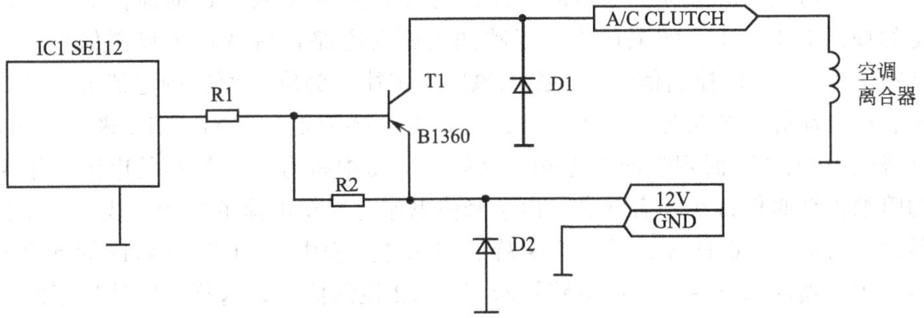

图 6-36 空调电脑局部电路图

经过再次分析认为造成三极管 T1 击穿，应该是由于过高的自感电压而造成的，而自感电压是由并联在三极管 T1 的发射极和集电极的两个二极管 D1 和 D2 来消除的。可检查 D1 和 D2 续流二极管和其他续流二极管都没发现有击穿的现象。可究竟是什么问题造成 T1 击穿呢？为什么 D1 和 D2 不能保护 T1 呢？经过仔细分析后，认为原因不应该在电路板本身，问题很可能是由于搭铁不实，造成 D1 和 D2 不能消除在空调继电器断电时产生的极高的自感电压，从而使三极管被击穿。

用万用表测量从电路板到蓄电池负极的电阻竟能达到 7Ω，压降达到 4V，打开机舱盖检查各个搭铁点，发现此车搭铁端蓄电池负极都已经生锈老化，蓄电池桩头严重腐蚀。因此对桩头进行了更换，各搭铁端都用砂纸除锈后涂上凡士林装好，再次测量从蓄电池负极到车身的电阻达到 0.05Ω，而从蓄电池到发动机的搭铁线电阻达到 1. 5Ω，电压降达 0.8V。检查主搭铁线，从直观上未看出异常，用万用表测量电阻为 0. 02Ω，而在启动时压降达到 2V 以上，重新将它拆下并通过处理后装车试验达到标准。把三极管更换试车一切正常，经过一段较长时间的试验效果很好。

6.7.10 马自达发动机电脑故障维修实例

故障现象：

一辆马自达（MAZDA）929型轿车，开始时启动困难，加速性能不好，车速很难超过100km/h。虽然采取了更换火花塞、清洗喷油器等措施，车况仍无根本改善，只好“带病”运行，几天后发动机便无法启动。

故障检查：

(1) 喷油器性能检测

① 测量电阻值，确定线圈是否短路或断路。

② 外加电压，听“吸合”响声，确定针阀是否动作。

(2) 汽油泵性能检测

① 检查流量与电流值是否分别达到100L/h、5A，确定供油量是否正常；

② 检查油压是否达到250kPa的供油压力，确定油压调节器、脉动阻尼器是否正常。

(3) ECU性能检测

用示波器或试灯对喷油信号进行测量，实际测试结果表明，缺少喷油驱动信号，没有油，发动机自然就无法启动了。

故障分析：

该机ECU的输出电路如图6-37所示。这是一种典型的峰值保持型喷油器驱动电路，图中，由T1、T2构成峰值保持型电路的主体，电阻R用来检测流过喷油器的电流，当达到预先设定的峰值电流，R上的电压作用于喷油器驱动电路，后者输出控制信号，T1截止，同时为T2提供一个开启控制信号，根据电磁感应定律，为维持原来的电流方向，喷油器两端产生一感应电动势，方向为下正上负。此时，这个感应电动势对于T2来讲是正向偏置，感应电动势经由D、T2回到喷油器上端。这样，电路中将有一个较小的电流，用来维持已经开启的喷油器针阀保持在开启状态。由于峰值电流与保持电流的差异，线圈下端会产生一高尖峰脉冲，对应于P&H型的第一个尖峰。在保持过程中，T1以20kHz的频率导通或截止。当达到规定喷油脉宽后，控制电路切断T1、T2控制信号，这样，喷油器下端产生一感

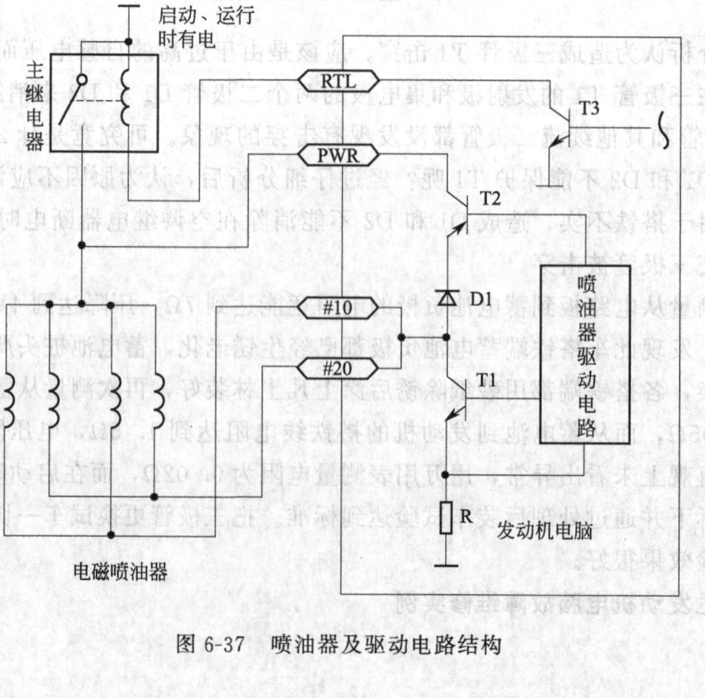

图6-37　喷油器及驱动电路结构

应电压尖峰，对应于 P&H 型的第二个尖峰。

故障原因：

喷油器工作时，续流二极管 D 损坏后未能及时更换，三极管 T1 在高反压的冲击下而损坏。同时二极管 D 损坏后，喷油仅仅剩下峰值部分，保持阶段消失，实际的喷油脉宽远小于 ECU 计算值，从而导致启动困难、加速无力。

故障处理：

功率三极管 T1 控制所有喷油器的工作，工作其负荷最大，首先检查它的性能。用万用表测试时发现，集电结（c，b）的正反向电阻无穷大，说明三极管 T1 已经损坏。考虑到二极管与其相连，再用万用表检测二极管的性能，它的正反向电阻值均无穷大，说明已经断路。这两个元件属于通用件，将其更换后，故障得以排除，发动机工作正常。

6.7.11 日产 MAXIMA 发动机电脑维修实例

故障现象：冷车启动困难，无冷车快怠速，热车正常。

首先排除怠速电动机机械性损坏的可能性，怠速电动机如图 6-38 所示。

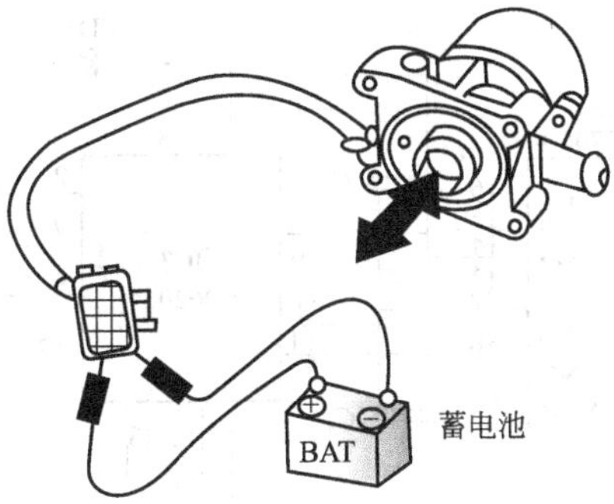

图 6-38 怠速电动机与检测图

依原厂线路图对电动机供电及控制端线路进行检查，供电正常，控制端到 ECU 连线正常，连线无虚接、松动部分。最后焦点落到 ECU 上，用一个试灯一端连蓄电池正极，用另外一端去连接电动机的控制端。正常情况下，试灯会有规律地明暗变化，此车电动机控制线无信号，线色黄/黑，ECU 端接入 4 号连接器。拆检此 ECU，如图 6-39 所示。

MCU 标识：

MAXIMA

A18-A65E177710

JECSCOLTD

与电动机驱动相关 IC：

A19-257010

TD62706

TD62064

依据线路板绘出怠速电动机驱动部分线路详图，如图 6-40 所示。

在图中，A19-257 为专用芯片，直接与 MCU 进行通信，接收 MCU 发出的指令，并作出反应。在这里输出怠速电动机控制信号，经 TD62706 缓冲后，送入电动机驱动专用芯片 TD62064，TD62706 为 6 通道同向输出缓冲器，提供 50mA 电流/通道，TD62064 直接驱动怠速电动机，图 6-41 为该芯片引脚及内部结构图。

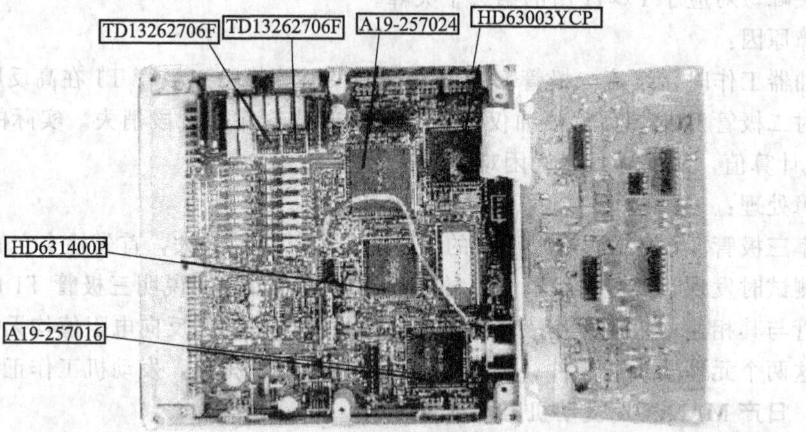

图 6-39　发动机 ECU 实物图

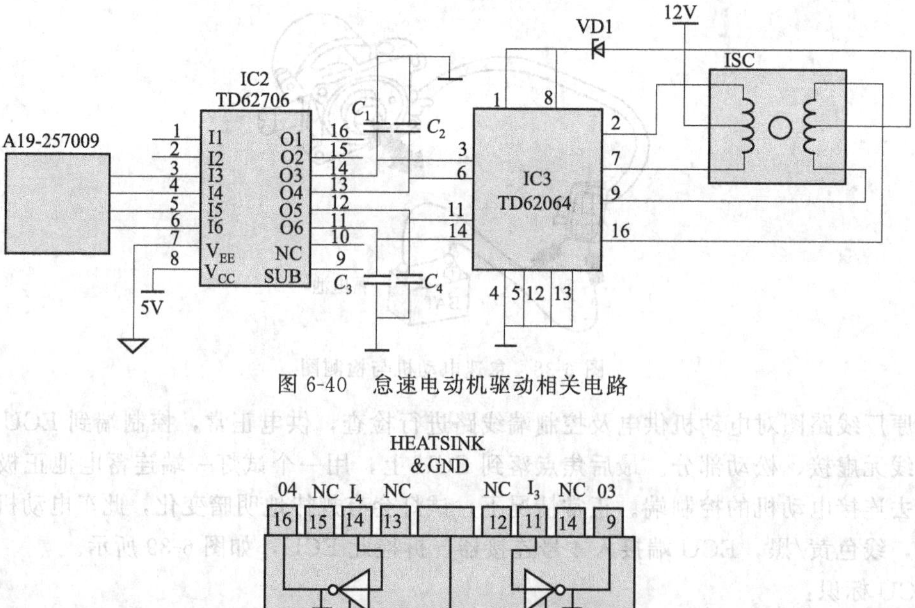

图 6-40　怠速电动机驱动相关电路

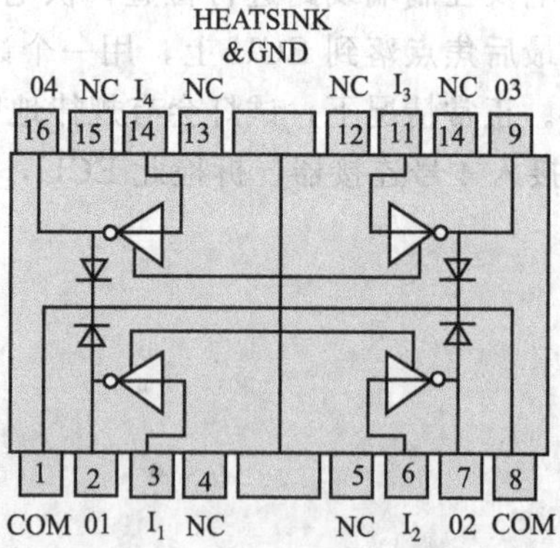

图 6-41　TD62064 引脚及内部结构

从图中可以看出，TD62064 直接与怠速电动机相连，电脑内从 62064 到电脑对外插脚连线正常。于是对电动机驱动芯片进行了实际测量，结果如下：

红表笔搭铁——黑表笔 PIN9∞；

红表笔搭铁——黑表笔 PIN161 0.26M；

红表笔搭铁——黑表笔 PIN21 0.24M；

红表笔搭铁——黑表笔 PIN71 0.24M.

从上面可以看出，唯独 9 脚的阻抗与其他不同，其余三个基本一致，而出现问题的正是该引脚的输出线所驱动的电动机线圈，从而确定 11、9 脚对应的驱动单元损坏了。

从芯片的结构形式分析，可以用 ULN2830 进行替换。

ULN2830 采用 DIP 封装形式的，内部结构及封装形式如图 6-42 所示。

其内部单通道等效电路图如图 6-43 所示。

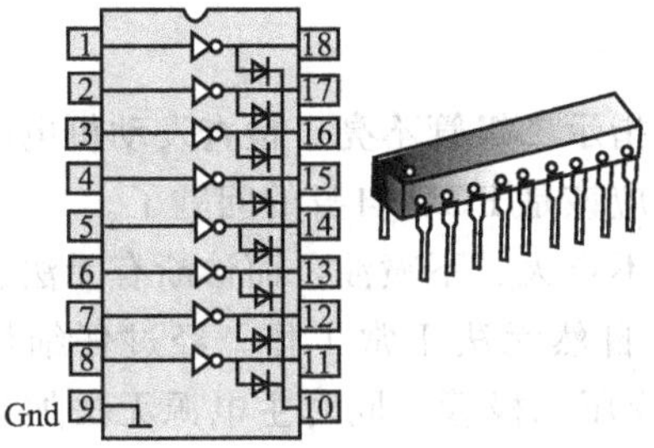

图 6-42　ULN2803 结构及封装形式

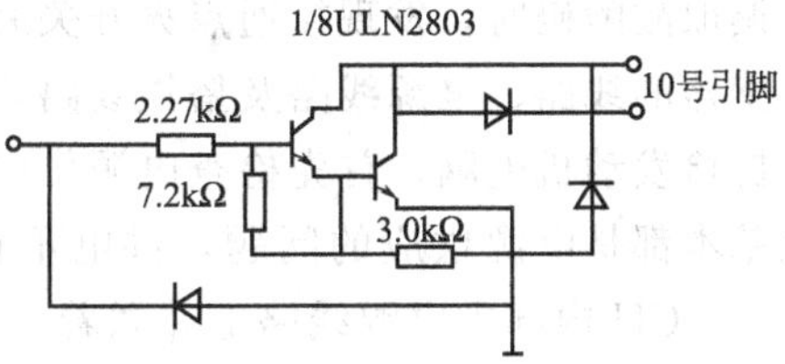

图 6-43　ULN2803 内部等效电路

改动后的线路图如图 6-44 所示。

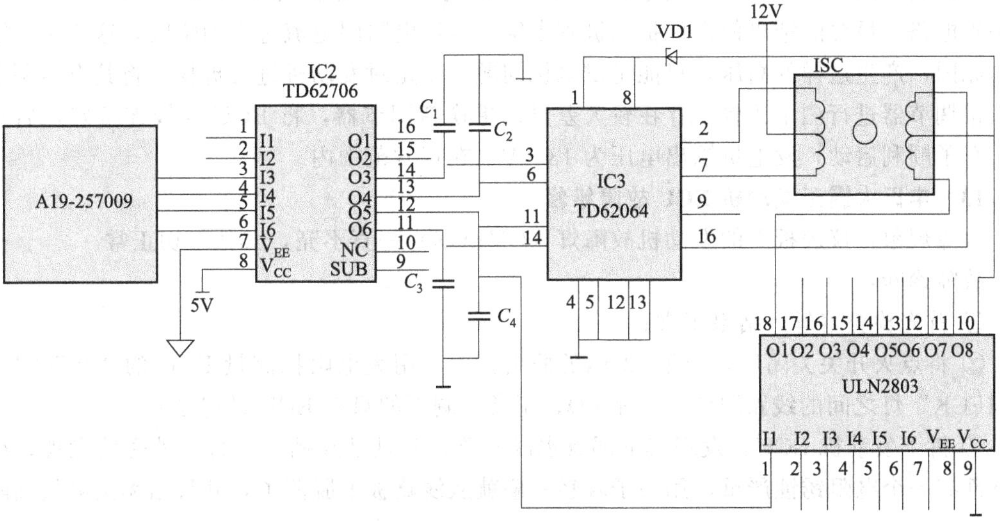

图 6-44　替换电路图

将电脑装到车上，按原位装好，连接蓄电池，启动，从转速表上可以明显地看到指针在起动初期的快怠速约 1600r/min；随着冷却液温度的升高，怠速转速逐渐下降，最后稳定在 850r/min 左右；反复试验，保持不变，怠速转速较正常值略高，依据维修资料对怠速进行调整，方法如下：

① 关掉前照灯、A/C 等用电器，对于自动变速器车辆，置于 N 位，拉紧手制动。

② 启动车辆运行至冷却液温度在 80℃左右。

③ 打开发动机室罩盖，使发动机 2000r/min 无负荷的情况下运行 2min 左右。

④ 确认 ECM 内没有故障码。

⑤ 将 ECM 上的诊断模式选择旋钮顺时针旋转到底，安全关闭 AAC 阀。

⑥ 调整怠速电动机上的怠速调整螺钉，对于自动变速器的车辆，怠速标准值为

700r/min.

⑦ 将ECM上的诊断模式选择旋钮逆时针旋转到底，以恢复怠速电动机工作。

⑧ 使发动机在2000r/min无负荷的情况下运行2min左右。

⑨ 恢复怠速无负荷工况，检查怠速转速。

经以上调整，怠速运转平稳，为750r/min左右。维修工作完成。

6.7.12 日产蓝鸟发动机电脑维修

故障现象：发动机无法启动。

调取故障码时，发现接通点火开关后，故障诊断指示二极管不亮。检查发动机电脑外围各传感器的线路、电源线路及搭铁线路均正常，看来应该是ECU自身的问题了。

拆检发动机电脑，首先检查电源供应部分。这类不点火、不喷油，而诊断有无法进入的情况基本都是电源供应的问题，供电不正常则ECU自然无法正常工作。经过仔细检查发现，在ECU内部主电源线路上并联着一个过压保护稳压二极管，同时主电源无法加到后续电路，进而出现无油、无火、无法启动、诊断知识等不亮的现象。

用相同阻值与功率的电阻及一只18V/5W的稳压二极管替换上述元件，并用电烙铁焊接牢固，但是并没有急着上车，ECU损坏的原因并没有找到。

造成这种故障的原因应该是电压过高而导致的，在不正常的高压作用下，ECU电源输入保护电路，最终的结果使得保护二极管击穿，限流电阻因电流过大而烧毁，这应是问题的根本原因，产生这样的高压，只能是发电机问题。于是对发动机进行拆检，将其电压调节器与正常调节器进行测量比较，存在较大差异。更换新调节器，将ECU插线连接好，启动试车，车子顺利启动，发电机输出电压为13.4V，在正常范围内。

6.7.13 丰田大霸王发动机ECU故障维修

故障现象：仪表板上的发动机故障灯（CHECK）一直不亮，其他一切正常。

故障诊断：

① 首先检查熔丝，结果正常；

② 将点火开关关闭后，拔下ECU的插头，用万用表电阻挡测量ECU的“W”端子与“CHECK”灯之间的线路阻值，显示0Ω，正常。剩下的只有ECU故障了；

③ 拆下发动机ECU，发现其下部有水浸迹象，并且已经锈蚀。打开外壳后发现，线路板下部有一个电阻锈蚀严重，用镊子轻轻一碰就从线路板上脱落了，并且已无法测量其阻值大小；

④ 因此车除发动机故障灯不亮外其他一切正常，估计脱落的电阻与发动机故障灯有一定关系，由于没有相同型号的电脑板进行比较，更无原厂资料可查，只有用模拟器的电阻模拟功能来测定这个电阻的阻值。其方法如下：

a. 在此电阻脱落处两端，分别焊上一段导线，将模拟器的红表笔和黑表笔分别接在这两根导线上。

b. 将ECU与线路正确连接好。

c. 打开模拟器左侧的电源开关，将右侧的功能选择开关置于“ohms”位置，将HI/LO量程置于“HI”位置。将中间的功能选择开关置于“NormaL”位置。

d. 将点火开关置于“ON”挡慢慢地转动旋钮，从高到低逐渐调整模拟器的输出电阻值，当电阻值调到15.6kΩ时，仪表板上的“CHECK”灯点亮，随后，将电灯开关置“ST”挡，启动发动机，运转后，“CHECK”灯熄灭。

故障排除：从旧电路板上找一个 15.6kΩ 的电阻，并且功率相同，焊在 ECU 线路板原来的位置上即可。

6.7.14　捷达轿车发动机 ECU 故障维修

故障现象：

一辆捷达直列四缸发动机，配备 DIGIFANT Li 发动机电控系统，有分电器，启动发动机时，高压无火，喷油器也不工作。

故障检查：拔下空气流量计、冷却液温度传感器、怠速执行机构等线束插头，接通点火开关，用万用表测量。发现空气流量计、进气湿度传感器及冷却液温度传感器对应的插头上没有控制单元提供的 5V 参考电压，怠速执行机构的插头上也没有近似蓄电池电压的电源。至此可以肯定电子控制单元不工作。

接通点火开关后，测得通往控制电源的正极线对地为蓄电池电压，且连接良好，搭铁线也都可靠。可是关闭点火开关后，却没有蓄电池电压送往控制单元。

查看电路图（图 6-45）发现该 DIGIFANT Li 系统在点火开关关闭后并无蓄电池电压提供给控制单元。现在电源属于正常，控制单元却不工作，肯定是控制单元内部出了故障。

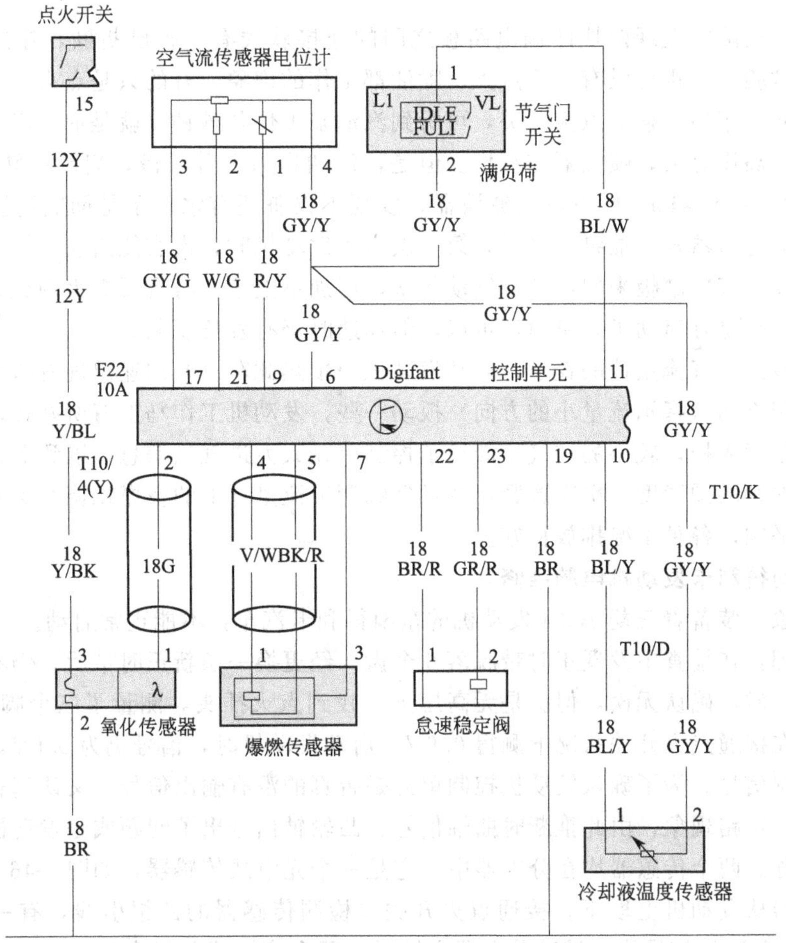

图 6-45　DIGIFANT Li 系统局部电路图

打开控制单元盒，发现怠速执行机构的电阻及三只个头较大的晶体管均更换过。经检查没有发现哪个元件烧坏。

控制单元的14号脚为电源+B，该脚所接的两个晶体管，一个给CPU供电并向各传感器提供5V参考电压，另一个则给怠速执行机构提供近似蓄电池电压的电源。拆下这两个晶体管检测，并没有损坏。但对照应刷电路板上的元件及线路布置，并与晶体管的测量结果核对，终于发现这两个晶体管虽是该控制单元要求的Si-PNP型，但管脚却不相对应：集电极在中间，可基极与发射极颠倒了。

换上两只B950A（即2SB950A）晶体管（当然要注意管脚接法），并更换有裂纹的大电容（以220μF，63V代替）之后，根据系统电路图，给控制单元外接电源，在其17号脚、9号脚、10号脚、17号脚可测得5V参考电压：在22号脚、8号脚可测得近似蓄电池电压。对照系统电路图，连接一个桑塔纳分电器，电子点火模块，点火线圈及高压线。旋转分电器，可产生足够强的高压火花，至此，可认为控制单元已基本修复。

四只喷油器并联后（并联后阻值为5Ω）接在了控制单元相对的脚上。给控制单元通电后，旋转分电器，不仅产生高压火花，喷油器还发出了“嗒嗒”的工作声，并且是先喷油后点火，先后快慢有序，可就在断电后再通电时，任你如何旋转分电器，高压火始终有，喷油器却不动作了。

再次查找故障，发现两块印刷电路板之间的连接软线有一根已折断，接触不良。修复后，再通电试验，却再也没有出现点火、喷油都工作的现象，有的只是点火。

控制单元装车后，接通点火开关，可听到汽油泵工作几秒钟（就是油泵声音不太好听），启动发动机，高压有火，喷油器亦动作。但是，汽油压力上升很慢，启动机转动很长时间，油压才能上升到280kPa，拆下汽油滤清器，发现不仅脏还有水，于是彻底清洗油箱，更换新汽油、汽油滤清器及汽油泵。之后，第一次启动发动机时，没有能启动，第二次启动了很长时间并伴随节气门踏板来回活动才发动起来，但加不上速，时有要熄火现象。于是一一修正。此后，启动是好启动了，怠速还可以，但加速时仍有发噎现象。

掀开叶板式空气流量计的盖子，启动发动机，预热此车。当加速出现发噎时，将叶板门轴向叶板关闭方向（指示流量小的方向）扳动一些，发动机工作马上有所好转，这说明流量计弹簧的预紧度太松，较小的进气量却给了控制单元太大进气量信息，以致混合气过浓。小心仔细地将弹簧的预紧度一次次调紧，并且仔细调节流量计上的空燃比调节螺钉，直到怠速平稳，加速平顺，各种工况排放良好。

6.7.15 东南得利卡发动机电脑维修

故障现象：装备着三菱4G64发动机的东南得利卡汽车，不能正常启动。

故障处理：在检查中发现正时带脱落6个齿，经更换一条新正时带后，仍不能启动。多次查看点火正时，确认无误，但就是无高压火。找到点火插头，测量了三个脚，有火有地，中间信号线在接通点火开关状况下测得0.6V。启动发动机时，信号仍为0.6V，没有输出变化的脉冲控制信号。为了确认发动机控制单元是否真的没有输出信号，又认真查对了此信号线有无断路、短路现象，由此推断时曲轴信号、凸轮轴信号出了问题或是发动机控制单元及线路出了问题。两个传感器均在分电器中，它是一个光电式传感器，如图6-46所示。

将分电器从发动机上取下。接通点火开关，检测传感器的四根引线，有一个火，一个地，两个5V电压的信号线。转动分电器主轴时，两个信号端电压均在0～5V之间变化，说明此传感器及发动机控制单元的连线均正常，传感器信号已输入发动机控制单元。看来有可能是发动机控制单元出了问题。用一只带有发光二极管的试笔，人为模拟一个触发信号。一脚接电源正极，试笔一端触碰点火模块信号脚（点火开关在“ON”位置），此时观察火花情况，火花强烈，结论为发动机控制单元损坏。根据主板走线画了一个发动机控制单元内部简单电路，如图6-47所示。当控制模块输出为高电位时，小功率晶体管导通，其c脚接近0V，也就是输出给点火控制端为低信号，点火模块大功率晶体管不导通，此时c为高压产生火花的时刻。当模块输出低电位时，小功率晶体管截止，其c脚为高电位，点火模块晶体管导通，点火线圈一次电流通过，此时无火花产生。

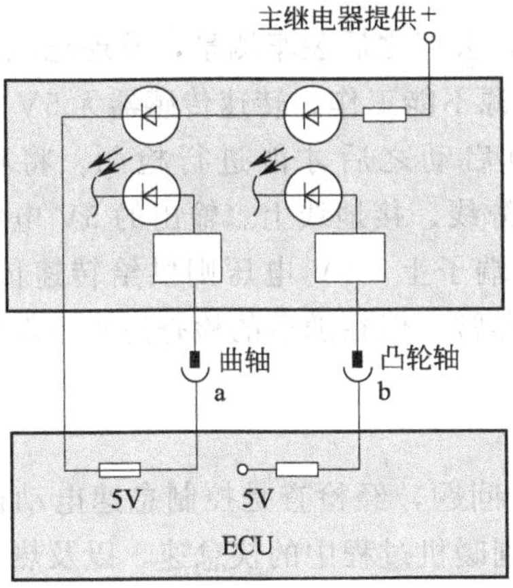

图6-46 分电器中光电式传感器信号控制电路

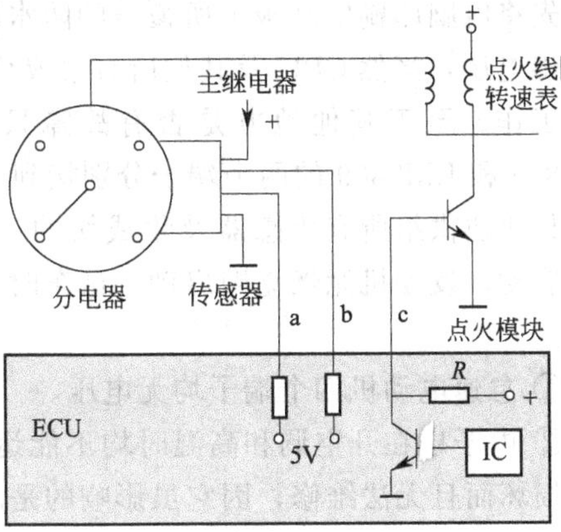

图6-47 点火系统控制电路及电脑内部简单电路

从电路引脚向发动机控制单元内部查找，很容易找到一个微小的贴片晶体管导通，但没有注明晶体管的脚注极性，焊下贴片晶体管后，进行检测，晶体管已损坏短路。将一个NPN型3DG202晶体管焊上后，装复试车，顺利成功启动，发动机运转平稳正常，至此，故障排除。

6.7.16 捷达发动机电脑维修

故障现象：一辆1994年款进口捷达，维修空调时出现发动机无法启动。

故障处理：经检查喷油器在接通点火开关后持续喷油，汽缸内及油底壳内积存了大量的汽油，以至于出现起动机无法带动发动机的现象。在对电喷系统电路作详细检查后并未发现任何短路或搭铁之处，断定电脑可能损坏。

对电脑外围线路如电源搭铁线及所有传感器信号进行检查，未见异常。将电脑外壳接通，测量喷油器功率控制晶体管的集电极对地电压，其值小于1V，而基极对地电压则为2V，显然该晶体管已处于饱和状态，致使喷油器处于持续喷油状态。根据印刷电路板绘制出相应的电路图，从电路图分析：未喷油时集成块输出5V的驱动电压经一限流电阻后进入驱动晶体管的基极，使该晶体管处于饱和状态，也使控制喷油器的功率晶体管基极电位降至1V，此时功率晶体管处于截止状态，喷油器控制端不能接地因而不能喷油，在喷油的瞬时，集成块切断5V电压，驱动晶体管截止，而功率晶体管饱和，喷油器控制端接地喷油。在测量过程中发现驱动晶体管基极与集电极之间断路，使得功率晶体管始终处于饱和状态导致持续喷油的故障，这也正是该电脑的故障点所在。

将损坏的驱动晶体管用9013代替，装复后试车，发动机立即启动，但行驶几天后故障再次出现，查找原因发现蓄电池接地松动，这可能就是电脑损坏的根本原因：接触不良导致发电机瞬时电压升高，于是将驱动晶体管击穿。修复蓄电池接柱，更换损坏的驱动晶体管，故障未再出现。

6.7.17 北京切诺基发动机电脑维修

故障现象：

一辆1994年款北京切诺基（L6缸发动机）在行车过程中发动机右侧的熔丝继电器盒起火烧毁，并导致所连接的线路烧坏。在维修站将线路修复后，发现发动机无法启动，电源搭铁均正常，但电脑无法输出5V和9V的稳定电压。

故障处理：

先将电脑印刷电路板上所覆盖的防水隔热胶去掉，去掉之后装车测量，发现稳压集成块无输出电压，当然CPU及其他所有集成块因无5V电源不能工作，转速传感器无5V电压也不能工作。至于其他地方是否有故障只有等发动机启动之后才能进行检测。将稳压管LM7805和LM7809的两个端子分别接到12V输入电源线、接地线上。输出的5V电源接到损坏集成块供给所有传感器及集成块的5V电压输出端子上，9V电压则供给转速传感器，装车启动，发动机竟然立即启动，试车时并未感觉有异常，但在随后的检查过程中发现几个问题。

① 怠速电动机四个端子均无电压。

② 电子扇在开空调和高温时均不能运转。第一个问题，经检查是控制怠速电动机的集成块损坏而且无法维修，因它虽影响的是启动及冷车到暖机过程中的快怠速，以及热车的稳定性和开空调时的怠速提升，对于6缸发动机影响不是太明显，在将压缩机接通后发动机怠速下降并不明显，而且对其他性能也没有发现很大的影响，所以暂不去考虑。

③ 在电脑板上始终未能找到散热器风扇继电器的控制信号。显然是电脑核心部位出现问题，在无法修复的情况下，只有在散热器水管上加装一个温控开关，来控制继电器。经实验，风扇在93℃时开始运转，较原车设计温度有所提高，但对使用性能并无影响，维修工作至此全部结束。

6.7.18 ABS电脑故障维修实例（本田ACCORD）

故障现象：

车在行驶过程中ABS灯点亮，不能熄灭，同时ABS功能失效。

故障处理：

根据故障现象对ABS系统进行自诊断。点火开关转到OFF位置，在杂物箱下找到蓝色诊断座，用2P维修诊断接头连接测试线，点火开关转到ON挡，ABS故障灯开始闪码。

此处故障码为44，查阅相关资料，描述如下：

44：左右轮车速传感器

可能原因：

① 右后轮车速传感器ABS传感器断路、内部短路或短路到车身搭铁。

② 右后轮车速传感器与ABS电脑间连线短路或传感器信号正短路到车身搭铁。

③ 右后轮车速传感器与ABS电脑间连线断路或传感器信号负短路到车身搭铁。

④ ABS传感器与电脑间传输信号线短路、连接插头松动或存在不良接触。

⑤ ABS传感器安装位置不正确（传感器与信号轮间隙过大或过小）。

⑥ ABS控制单元故障。

⑦ 右后轮传感器脉冲信号丢失。

⑧ ABS调节器不能完全解压。

断开 ABS 电脑的 22P 连接器，检查 15（绿/黄）、16（蓝/黄）与搭铁之间的连续性，正常。测试 15 与 16 端电阻，与传感器端测试一致，将万用表转到交流 2V 挡位，转动右后车轮，仪表显示电压随车轮转速快慢而变化，大约在几百毫伏到一伏，属于正常范围。

检测电脑 22P 连接器，接插件清洁，没有氧化腐蚀现象，无松动、接触不良。

传感器正常，线路没有问题，但是 44 号故障码还是无法消除，将后面两个轮的传感器的插头互换，依旧是 44 号故障码，这样就直接定位到了 ABS 电脑。

该车 ABS 电脑为 NEC 公司产品，如图 6-48 所示，H3302 位置见图 6-49。

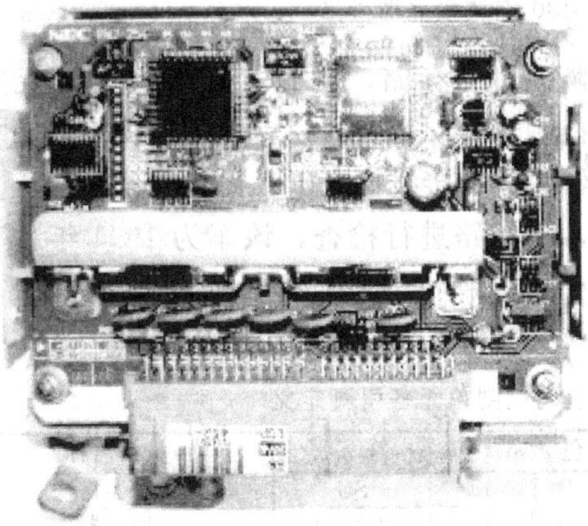

图 6-48　本田雅阁 ABS 控制电脑

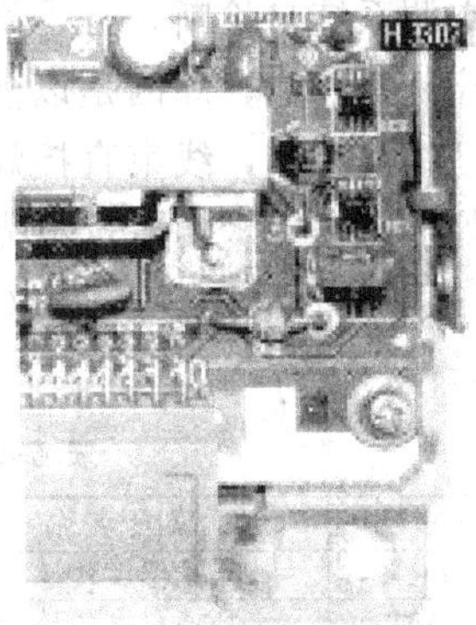

图 6-49　H3302 位置图

该电脑中同样应用了很多专用元件，其编号均为内部编号，依据实物绘制相关线路图，如图 6-50 所示。

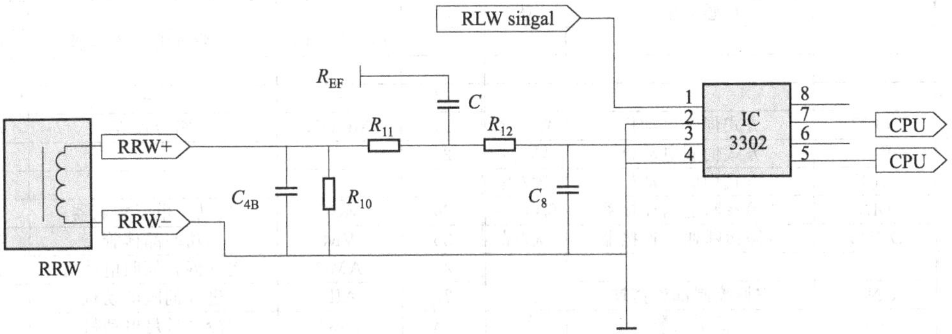

图 6-50　ABS 传感器接口电路

从图 6-50 中可以看出 RRW-在进入电脑后与信号搭铁相连接，RRW＋进入电脑后经阻容元件进行滤波，去掉干扰信号后送入 H3302 处理后送到后面的两块 CPU，主、从 CPU 同时对信号进行运算处理，对处理结果互相监视，一旦有错误发生，将进入失效安全模式，在第一时间停止 ABS 系统工作，恢复常规制动，以免发生危险。

在此电脑中，共用了两块 H3302，其中 A 处的负责后两轮信号的处理，B 处的负责两前轮的信号处理。

检测上面线路中相关的阻容元件，没有发现异常现象，将两块 H3302 互换。

ABS 系统工作正常，70km/h 左右，紧急制动，ABS 系统反应正常，H3302 的引脚存在虚焊引起了该例故障。

6.7.19 LS400汽车空调电脑维修实例

故障现象：LS400汽车模式风门不能切换，暖风工作不正常。

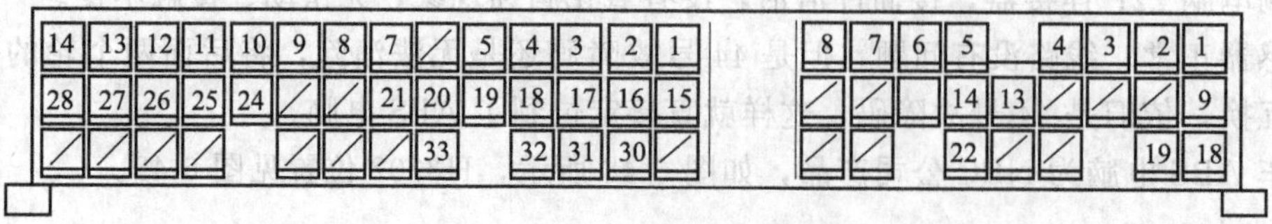

图 6-51 LS400空调接插器外形

采用空调系统自诊断，几乎所有的故障码都有存储，拨DOME熔丝清码无效。此车子换过空调控制器总成，原因是以前的空调控制器连同音响失窃，拆下空调控制器检查，后面的接插件已经没有了，线束直接焊到控制器总成的接线插座上，而且有几根线因为焊接不牢靠已经脱落了，按照米切尔资料光盘数据，对线路进行检查，该车为1994年款车，接插件和1992年以前的不同，为一个40针、一个24针两个连接插座，如图6-51所示，各引脚定义见表6-4。

表 6-4 LS400空调控制单元各引脚定义

端子	符号	端子名称	颜色	端子	符号	端子名称	颜色
B-1	TR	车室温度传感器	黄/蓝	13	SG	传感器搭铁	黄/绿
2	TAM	环境温度传感器	蓝/白	14	REOST	变阻器	白/绿
3	TE	蒸发器温度传感器	黄/红	15			
4	TW	冷却液温度传感器	紫	16	—	—	
5	TS	太阳能传感器	绿/黑	17			
6	TP	空气混合风挡位置传感器	黄	18	ILL＋	照明电源	绿
7	TPI	进气风挡位置传感器	蓝/红	19	TC	灯光控制变阻器盒	黑/红
8	TPB	冷风最足风挡位置传感器	白/蓝	20	—	—	
9	S5	传感器电源	蓝	21	—	—	
10	—			22	LOCK IN	压缩机锁定传感器	白/绿
11	—			23	—	—	
12	—			24	—	—	
A-1	FOOT	方式伺服电动机	浅绿/红	21	AMOUNT	组合仪表	灰/蓝
2	F/D	方式伺服电动机	黑/白	22	—	—	
3	DEF	方式伺服电动机	黄/黑	23	—	—	
4	DIN	故障诊断通信连接器	粉红/绿	24	MGC	发动机电子控制器	黑
5	DOUT	故障诊断通信连接器	灰/绿	25	VM	功率晶体管	蓝/黑
6	—	—	—	26	AMC	空气混合伺服电动机	黄/红
7	GND	空调控制部件搭铁	白/黑	27	AIR	进气伺服电动机	黄
8	＋B	备用电源	红	28	ABO	冷气最足电动机	蓝/红
9	ACC	空调控制单元	灰	29	—	—	
10	IG	点火电源	红/黄	30	IGN	1号点火器	黑
11	BLW	功率晶体管	绿/黑	31	SPEED	组合仪表	粉紫/白
12	AMH	空气混合伺服电动机	粉紫/红	32	RDFGR	除霜器继电器	红/黑
13	AIF	进气伺服电动机	粉红	33	HR	取暖器继电器	蓝/黄
14	ABS	冷气最足伺服电动机	黄/蓝	34	—	—	
15	FACE	方式伺服电动机	棕/白	35	—	—	
16	B/L	方式伺服电动机	绿/红	36	—	—	
17	—	—		37	—	—	
18	A/CIN	压缩机	黑/白	38	—	—	
19	PSW	压力开关	蓝/黑	39	—	—	
20	FR	超高速继电器	绿/橙	40	—	—	

因两组接线中有线颜色相同的，按线路图直接从传感器和执行元件端对电脑引线进行测

量，一一对应，竟发现有五组线因颜色相同或相近而连接有误，纠正后，重新连好，在焊接端用 3mm 热缩管进行绝缘处理。

处理完成以后通电开机，读取故障码，显示：

11（车室温度传感器电路断路或短路）；

13（蒸发器温度传感器电路断路或短路）；

21（太阳能传感器电路有断路或短路）。

进行驱动元件自诊断，惟有方式伺服电动机没有动作。用万用表检查室内温度传感器、蒸发器温度传感器，均有短路现象，日光传感器没有问题。最后检查重点落在方式伺服电动机及其控制电路上，因线路检查过没有问题，于是拆下伺服电动机，按图 6-52 进行检查，方法如下：

① 把正极（+）导线连接到端子 6，负极（−）导线连接到端子 7。

② 负极（−）导线连接到图 6-52 所示的端子上时，检查杆的运转。

③ 正常：杆平稳地移动到每个方式的位置，见表 6-5。

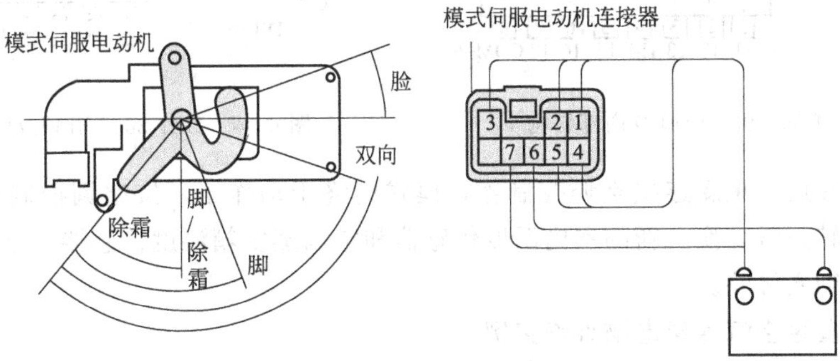

(a) 模式伺服电动机测试连接图

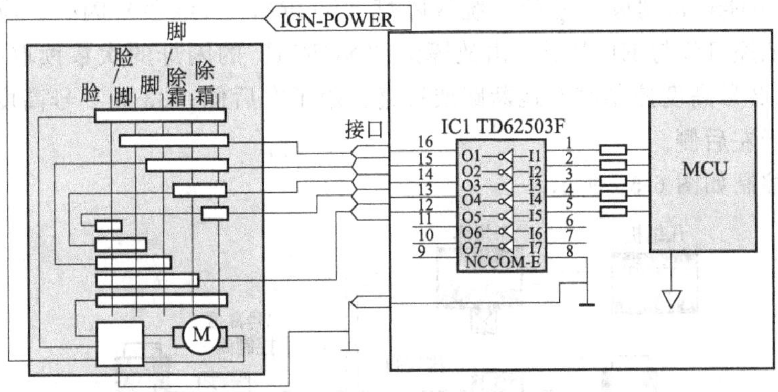

(b) 模式伺服电动机及控制电路

图 6-52 空调控制器和伺服电动机接口电路

表 6-5 方式伺服电动机位置表

搭铁端子	位置	搭铁端子	位置
1	脸	4	脚/除霜器
2	脸和脚	5	除霜器
3	脚		

经检验，方式伺服电动机运转正常。问题出在空调控制器上，于是拆开空调控制器，重点检查方式伺服电动机控制线路，按线路板走线找到模式门控制线出自一个 16 脚贴片元件 TDB2503F。仔细查看，发现这个芯片表面有裂痕，明显是因为短路或芯片过热而损坏造成的结果。

经检查 TD62503F 为 TOSHIBA 公司的 7 SINGL EDRIVER，单端最大驱动电流 200mA，输入电阻 2.7kΩ，采用 5V CMOS 接口。ULN2003 和此元件功能相近，ULN2003 的单端最大驱动电流为 500mA，引脚除了多一个钳位二极管引出端供连接感性负载外，其他同 TD62503。因 UNL2003 为 DIP 16 封装，不能直接连到线路板上，需用线路板进行转接。

TD525C3F 和 ULN2003 的引脚及内部结构如图 6-53 和图 6-54 所示。

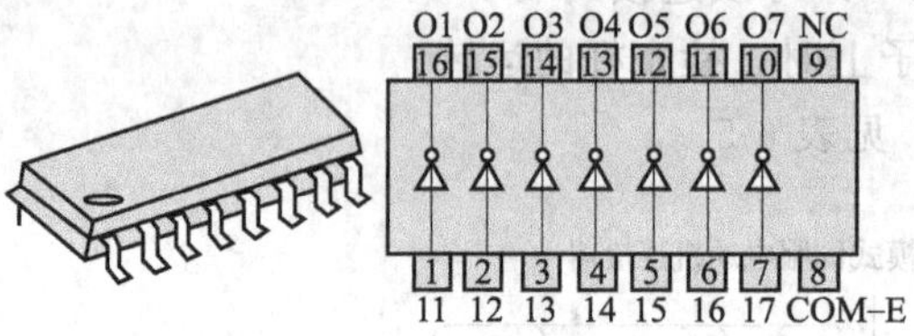

图 6-53 TD62503F 引脚及内部结构

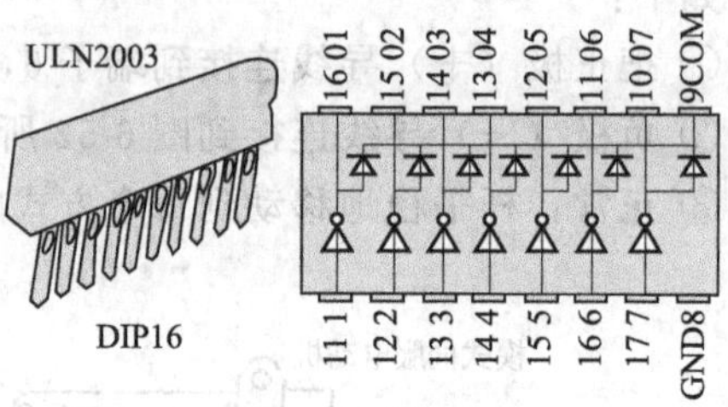

图 6-54 ULN2003 引脚及内部结构

替换此芯片后，重新连接空调控制器，模式门终于动作了，按空调控制板上的切换按键，模式门运转正常。换上新的室内温度传感器和空调蒸发箱温度传感器，空调运转一切正常，至此故障彻底排除。

6.7.20 丰田皇冠空气悬架电脑维修实例

故障现象：一辆丰田皇冠 3.0（改舵）轿车车身高度控制系统失去控制，车身离地面 100mm 左右，不能正常驾驶。悬架系统故障灯“NORM”（绿色）闪亮，应为电控系统故障。跨接诊断插座 TC 与 E1 端子，由故障灯“NORM”的闪烁的次数读取故障码为 34 和 33，其中 34 为 2 号高度控制阀对地断路或短路，用于右后侧；33 为 2 号高度控制阀对地断路或短路，用于左后侧。

该车气路控制如图 6-55 所示。

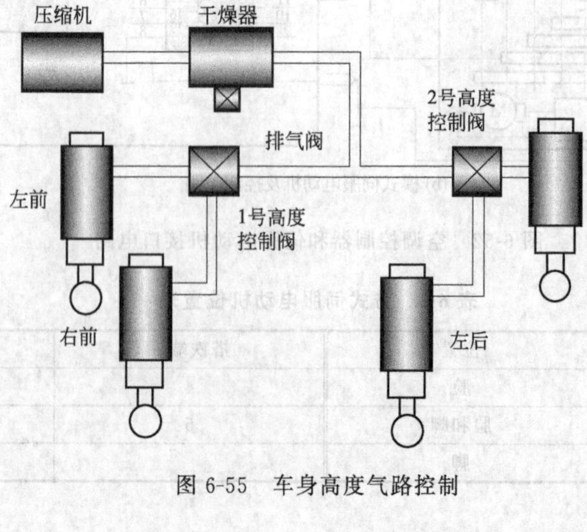

图 6-55 车身高度气路控制

故障诊断：

经检测发现电脑外部控制电路、高度控制阀、排气阀、压缩机、空气管路和悬架气囊等皆正常。

断电后，故障码不能清除，故怀疑电脑故障。拆下后备箱右侧悬架电脑并打开，发现电路板有一处铜箔上的漆皮已经变色。经实际测量，电脑内部高度控制部分电路有故障，如图 6-56 所示。检测出 IC10 内部断路，无输出。IC11 内部短路，通电时发热严重。两块集成电路均已损坏，集成块型号为 T2838，经观察发现它与达华电子厂的 TWH8751 管脚排列及功能相似，只有 3 号脚供电电压和 4 号脚输出方式不同（如图 6-57 所示）。于是用其替换，将 TWH8751 第 3 号脚串联一只 680Ω 电阻接入原电路，2 号高度控制阀接地脚改接电源后，装车试验，在 CPU38 脚加＋5V 时，能听到 2 号电磁阀的吸合声，说明 TWH8751 在 CPU 输出信号时可以正常控制 2 号电磁阀工作，认为电脑已修复，将全部电路修复后，接通点火开关后，故障灯还闪烁，再次读故障码还是 34 和 33，且故障码清不掉。通过上述改造后，虽然理论上可以正常工作，但点火开关接通后，电脑自检电路检测到与原电路不符，误认为 2 号高度控制阀断路，同时储存故障码，进入保护程序，使悬架系统停止工作。故需在原基础上接入晶体管 Q1 和 Q2 倒相，基极分别接入电阻 R2 和 R4 限流，如图 6-58 所示。

再次装车，点火开关接通后“NORM”灯常亮，启动后熄灭，压缩机工作，车身缓慢升到正常高度后压缩机停止工作，将车身高度控制开关拨到“HIGH”（高位），“HIGH”指示灯同时点亮，压缩机再次工作，车身再次升高，稍后，将车身高度控制开关拨到“NORM”（常规）位置即可听到排气阀的排气声，车身缓慢降至正常高度。至此，悬架系统全部修复。

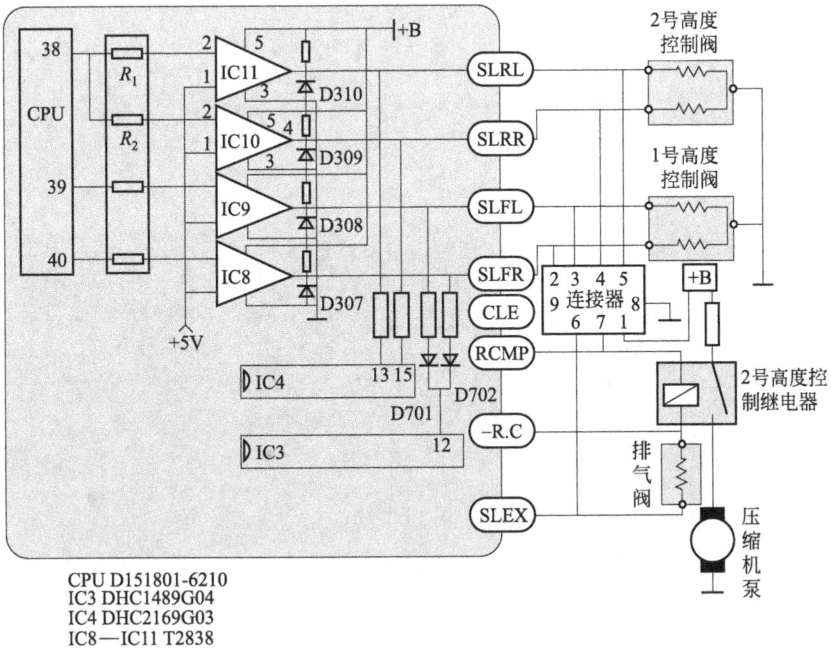

图 6-56 丰田皇冠 3.0 轿车悬架电脑内部高度控制电路原理图

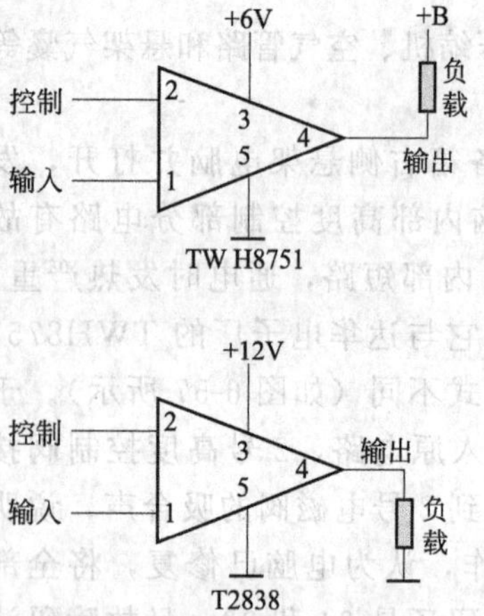

图 6-57　TWH8751、T2838 管脚排列图

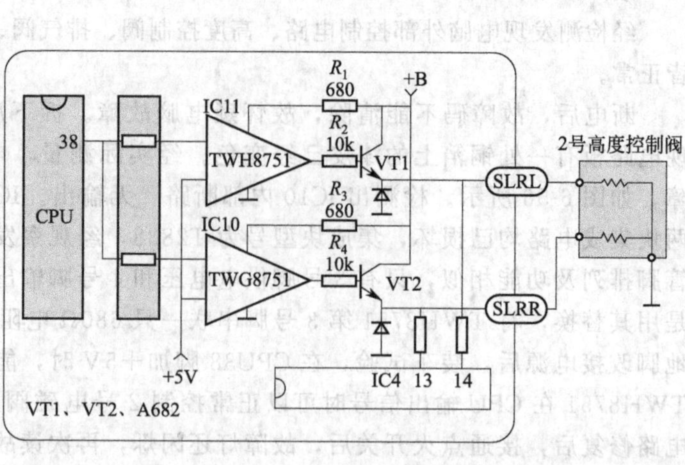

图 6-58　修复后悬架电脑内部电路原理图

习题与思考题

1. 简述汽车电脑检测的原则。
2. 汽车电脑检测方法有哪些？
3. 简述汽车示波器的功用。
4. 叙述 SOP 小外形封装集成电路拆焊方法。
5. 收集并分析一例汽车电脑 ECU 及其外围电路引起的故障。

附录

常见汽车电脑芯片的规格型号

型号	封装	厂家	管脚	备注
30358	ZIP	BOSCH	15	电源芯片
30373	ZIP	BOSCH	15	驱动
30356	PLCC	BOSCH	28	转速处理
30311	SOP	BOSCH	24	转速处理
30424	PLCC	BOSCH	28	爆震检测
30023	ZIP	BOSCH	5	点火驱动
30373	ZIP	BOSCH	15	喷油驱动
30374	ZIP	BOSCH	15	喷油驱动
B58290	SOP	BOSCH	24	低侧开关
TLE4264 G	SOP	SIEMENS	24	低侧开关
74HCT573D	SOP	PHILIPS	20	地址数据锁存器
27C512	DIP	WINBOND	28	EPROM
B28253	SOP	PHILIPS	20	数字处理
B58091	SOP	PHILIPS	24	点火前级驱动
B57965	SOP	PHILIPS		M154
55199	ZIP	SINGAPOR	15	电源芯片
42827	ZIP	SINGAPOR	15	怠速驱动
09380232	ZIP	SINGAPOR	23	空调驱动
62285	PLCC	SINGAPOR	68	德尔福
CA3262	PLCC	DELCO	28	低侧开关
16132083	PLCC	DELCO	28	德尔福
16204891	PLCC	DELCO	28	德尔福
21002	PLCC	DELCO	52	德尔福
ET455	TOP	ST	3	夏利点火驱动
16205799	SOP	DELCO	28	德尔福
151821—0571		DENSO		代用夏利转速处理
68HC711E9	PLCC	MOT	52	福田、夏利 CPU 带程序
68HC11F1	PLCC	MOT	64	金杯、奇瑞等带程序
SAK—C167SR—LM	QFP	INFNEON	144	西门子 CPU 带程序
ATIC17 D1	铁底	INFINEON	20	捷达电源
30322	ZIP	BOSCH	15	电源
30381	铁底	infineon	20	捷达喷油
151007	SOP	hiachi	20	风度点火驱动
74HC14D	SOP	PHILIPS	14	非门
74HC173D	SOP	PHILIPS	14	非门
B30284	ZIP	HBOSCH	15	电源
B57965	SOP	BOSCH	14	非门
B58253	SOP	BOSCH	8	存储器
B58091	SOP	BOSCH	16	锁存器
L9170	ZIP	ST	11	电源
L9150	ZIP	ST	11	喷油
L9122	ZIP	ST	11	怠速

续表

型　号	封　装	厂　家	管　脚	备　注
2903	SOP	ST	8	双运放
BU941	TOP	ST	3	点火驱动
L9111	SOP	ST	8	运放
74HC273	SOP	PHILIPS	20	锁存器
74HC244A	SOP	PHILIPS	20	锁存器
B57914	SOP	PHILIPS	20	锁存器
30301	PLCC	BOSCH	28	爆震处理
B58655	SOP	BOSCH	20	节气门驱动
B58468	PLCC	BOSCH	84	M1 5 4 CPU 带程序
B58472	PLCC	BOSCH	68	富康 CPU 带程序
2248		IR	3	德尔福喷油
CA 贴片		IR	3	夏利电子扇驱动
B58713	ZIP	BOSCH	15	富康喷油驱动
B58381	PLCC	AMD	28	富康存储器
M27C1001	PLCC	ST	28	富康存储器
30356	PLCC	BOSCH	28	转速处理
30046		BOSCH	3	点火驱动
16212886	SOP		24	点火驱动
30221	ZIP		21	驱动
AM29F010B—120	PLCC	AMD	28	德尔富存储器
7900F	SOP	TOSHIBA	14	夏利电源采样
E328	QFP	MITSUBIS	80	三菱点火
E322A	SOP	ALLEGRO	16	驱动
916741	SOP	ST	16	红旗 488 点火驱动
TLE5203		SIEMENS	7	怠速
X1	SOP		6	三菱点火驱动
ATIC44—1B	SOP	MOT	20	捷达点火
ATM46C3	SOP	SIEMENS	24	转速处理
29F400BB	SOP	AMD	44	存储器
93C76	SOP	ST	8	存储器
U62H64SA	SOP	ZMD	28	锁存器
30309	PLCC	BOSCH	44	转速处理
30322	ZIP	BOSCH	15	电源
30054	ZIP	BOSCH	3	点火驱动
5205—2	ZIP	BOSCH	7	怠速驱动
SE145	ZIP	D	12	夏利电源采样
B1453	ZIP	NEC	3	夏利电源芯片
D2162	ZIP	NEC	3	夏利喷油驱动
E310	PLCC	MITSUBIS	44	三菱点火
M59104	PLCC	MTSUBIS	44	三菱点火
MH6111	PLCC	MTSUBIS	68	三菱 CPU
MA7815	厚膜	MTSUBIS	14	三菱电源采样
30639	铁底	BOSCH	36	欧三电源
30380	FFP	BOSCH	80	转速处理
30344	铁底	BOSCH	64	喷油驱动
30028	铁底	BOSCH	3	点火驱动
30348	铁底	HOSCH	20	怠速驱动
L9113	QFP	ST	64	电源
MAR9109PD	铁底	ST	20	喷油驱动

续表

型号	封装	厂家	管脚	备注
U705	铁底	ST	20	怠速驱动
V8025MCP	铁底	ST	10	点火驱动
UPA1456H	ZIP 直插	ST	10	喷油
30313	ZIP 直插	HOSH	21	喷油驱动
STA509A	ZIP	ST	10	风度怠速
D16861GS	TSOP	NEC	24	A33 点火专用
ATIC39—B4	QFP	ST	64	喷油驱动
TH—3140	SOP	H	20	新款捷达点火
L9935	SOP	ST	20	赛欧怠速驱动
B59233	QFP	INFIEON	144	宝来 CPU

参考文献

[1] 丁问司，谭本忠．汽车电脑维修教程．北京：机械工业出版社，2007.

[2] 冯渊．汽车电子控制技术．北京：机械工业出版社，2007.

[3] 金雷．汽车电脑维修．北京：中国人民大学出版社，2010.

[4] 杨宝玉．汽车电脑．北京：人民交通出版社，2004.

[5] 吴文琳．汽车电脑原理与检修．北京：人民邮电出版社，2007.

[6] 马国福．最新汽车电脑维修彩色图解．沈阳：辽宁科学技术出版社，2009.

[7] 刘俊萍．汽车电脑与总线技术．武汉：武汉理工大学出版社，2009.

[8] 刘锋．汽车电脑与网络技术．北京：中国劳动社会保障出版社，2009.

[9] 麻友良．汽车电器与电子控制系统．北京：机械工业出版社，2003.

[10] 罗玉涛．现代汽车电子控制技术．北京：国防工业出版社，2006.